Das Buch

Was haben das dekadente Rom, das stolze Maya-Reich, die frühen Hochkulturen Asiens und die moderne Industriegesellschaft gemeinsam? Eine natürliche Wachstumsgrenze – wie alle anderen hochorganisierten Zivilisationen. Drei Faktoren sind es, die in wechselseitiger Abhängigkeit Aufstieg und Niedergang bedingen: Produktion, Reproduktion, Ressourcen. Marvin Harris beweist in dieser überzeugenden Darstellung der kulturellen Evolution, daß bislang noch jede Zivilisation, die ihre Produktion stetig ausweitete, in eine nicht mehr zu schließende »Schere« von jeweils zwei dieser Faktoren geriet und so zusammenbrechen mußte. Und er fördert deutliche Anzeichen zutage, daß auch unserer Lebensform vermutlich kein anderes Schicksal beschieden sein wird. Doch steht hinter diesem anschaulich und manchmal mit sarkastischer Schärfe geschriebenen Buch kein purer Kulturpessimismus, sondern eine tiefe Einsicht in kulturelle Bedingungen. Gerade dadurch kann die Kulturwissenschaft, und nicht die Technologie, Auswege weisen – ein »gelungener universalgeschichtlicher Entwurf« (Frankfurter Allgemeine Zeitung) und eine »sinnvolle Provokation« (Die Zeit).

Der Autor

Marvin Harris gehört zu den einflußreichsten und populärsten Anthropologen der Gegenwart. Er lehrt und forscht an der Universität von Florida. Seine zahlreichen Veröffentlichungen haben ihm auch bei einem breiten Publikum den Ruf eines witzigen und fesselnden Autors eingebracht. Veröffentlichungen auf deutsch u.a.: ›Kulturanthropologie‹ (1988), ›Wohlgeschmack und Widerwillen‹ (1990), ›Menschen‹ (1991), ›Fauler Zauber‹ (1993).

W0180058

Marvin Harris:
Kannibalen und Könige

Die Wachstumsgrenzen der Hochkulturen

Aus dem Amerikanischen von
Volker Bradke, Gisela und Thomas Maler,
Friedrich Griese

Klett-Cotta/dtv

Von Marvin Harris
ist im Deutschen Taschenbuch Verlag erschienen:
Wohlgeschmack und Widerwillen (30470)

Ungekürzte Ausgabe
November 1995
Deutscher Taschenbuch Verlag GmbH & Co. KG, München
© 1977 Marvin Harris
  Titel der amerikanischen Originalausgabe:
  Cannibals and Kings
  Random House, Inc., New York 1977
© der deutschsprachigen Ausgabe:
  1990 C. G. Cotta'sche Buchhandlung Nachfolger GmbH
  gegr. 1659, Stuttgart
  ISBN 3-608-95812-6
  Umschlaggestaltung: Helmut Gebhardt
  Satz: Fotosatz Janß, Pfungstadt
  Druck und Bindung: C. H. Beck'sche Buchdruckerei, Nördlingen
  Printed in Germany · ISBN 3-423-30500-2

Inhalt

Einführung

Jahrhundertelang hat sich die westliche Welt in dem Glauben gewiegt, der materielle Fortschritt werde nie enden. Wir werten unsere Autos, Telefone und Zentralheizungen als Beweis, daß es uns weit besser gehe als noch unseren Großeltern. Und obschon wir bemerken, daß der Fortschritt langsam und stockend – sogar mit zeitweiligen Rückschlägen – verlaufen kann, haben wir den Eindruck, daß das Leben per saldo in Zukunft erheblich leichter sein wird, als es jetzt ist.

Wissenschaftliche Theorien, in der Mehrzahl schon vor einem Jahrhundert formuliert, fördern diese Auffassung. Aus der so erhabenen Perspektive des viktorianischen Wissenschaftlers stellte sich die Entwicklung der Kultur als Wallfahrt auf einen steilen Berg hinauf dar, von dessen Gipfel aus zivilisierte Völker auf verschiedene Stufen der Unzivilisiertheit und Barbarei hinabschauen konnten, die die »niedrigeren« Kulturen noch zu überwinden hatten. Die Viktorianer zeichneten die materielle Armut der sogenannten Wilden überspitzt und übertrieben gleichzeitig die Vorteile der industriellen »Zivilisation«. Sie beschrieben die Altsteinzeit als eine Epoche großer Furcht und Unsicherheit, in der die Menschen ihre Tage in rastloser Nahrungssuche verbrachten und sich nachts um Feuer in unbehaglichen Höhlen drängten, die von Säbelzahntigern belagert wurden. Erst als das Geheimnis des Ackerbaus enthüllt wurde, hatten unsere »wilden« Vorfahren genügend Muße, sich in Dörfern anzusiedeln und behagliche Behausungen zu bauen. Erst jetzt konnten sie überschüssige Nahrung lagern, hatten Zeit zu denken und neue Ideen auszuprobieren. Dies wiederum führte, so nahm man an, zur Erfindung der Schrift, zur Entstehung von Städten, organisierten Staatswesen und zur Blüte von Kunst und Wissenschaft.

Dann leitete die Dampfmaschine eine neue und noch raschere

Phase des Fortschritts ein, die industrielle Revolution mit ihrem wundersamen Füllhorn massenproduzierter, arbeitssparender Maschinen und lebenserleichternder Technologie.

Es ist nicht leicht, derartige Fehlauffassungen zu überwinden. Nichtsdestoweniger gewinnen immer mehr Menschen den Eindruck, daß die Industriegesellschaft im Kern hohl ist und unsere Nachfahren entgegen dem von den Medien verbreiteten Bild freuderfüllter Freizeitstunden immer härter werden arbeiten müssen, um sich das bißchen Luxus zu bewahren, das wir derzeit genießen. Das große industrielle Füllhorn hat die Erde nicht nur mit Abfällen und Giften verseucht; es hat auch zunehmend minderwertige, kostspielige und fehlerhafte Güter und Dienstleistungen ausgespien.

Ich will mit diesem Buch die alte viktorianische Auffassung, der Fortschritt gehe immer nur voran und aufwärts, durch eine wirklichkeitsnähere Darstellung kultureller Evolution ablösen. Was mit dem heutigen Lebensstandard geschieht, hat es auch in der Vergangenheit schon gegeben. Unsere Kultur ist nicht die erste, die an ihrer Technologie scheitert. Sie ist auch nicht die erste, die an ihre Wachstumsgrenzen stößt. Die Technologien früherer Gesellschaften haben immer wieder versagt, nur um durch neue Technologien ersetzt zu werden. Und die Grenzen des Wachstums sind immer wieder erreicht und überschritten worden, nur um erneut erreicht und überschritten zu werden. Vieles von dem, was wir für Fortschritte unserer Tage halten, ist tatsächlich nur ein Wiedergewinn von Standards, die wir weitgehend schon in vorgeschichtlicher Zeit erreicht hatten.

Die Populationen der Steinzeit lebten gesünder als die meisten Völker, die ihnen nachfolgten: Zur Zeit der Römer gab es mehr Krankheit in der Welt als je zuvor, und selbst im England des früheren neunzehnten Jahrhunderts dürfte die Lebenserwartung von Kindern kaum höher gewesen sein als schon vor 20 000 Jahren. Überdies arbeiteten die Steinzeitjäger weniger Stunden als chinesische und ägyptische Bauern von heute – oder als Fabrikarbeiter des 20. Jahrhunderts es trotz ihrer Gewerkschaften tun. Und was Annehmlichkeiten wie gutes Essen, Unterhaltung und künstlerische Vergnügungen betrifft, genossen die frühen Jäger und Sammler einen Luxus, wie ihn sich heute allenfalls die Reichsten leisten können. Für den zweitägigen Genuß des Wertes, der Bäumen, Seen und reiner Luft zugeschrieben wird, arbeitet der zeitgenössische Angestellte fünf Tage. Heute schuften ganze Familien dreißig Jahre und sparen für das Privileg, beim Blick aus dem Fenster auf ein paar Quadratmeter Rasen schauen zu können. Und bei ihnen handelt es sich um die wenigen Privilegierten. Die Amerikaner sagen: »Fleisch macht die Mahlzeit aus«, und ihre Kost ist reich – manche meinen sogar zu reich – an tierischem Eiweiß; zugleich leben derzeit zwei Drittel der Weltbevölkerung unfreiwillig vegetarisch. In der Steinzeit dagegen kam jedermann in den Genuß einer eiweißreichen, stärkearmen Kost. Und das Fleisch war nicht tiefgefroren oder mit Antibiotika und Farbstoffen vollgepumpt.

Ich habe dieses Buch nicht geschrieben, um den Lebensstandard im modernen Amerika und Europa ausschließlich negativ darzustellen. Niemand kann leugnen, daß es uns heute besser geht als unseren Urgroßeltern vor hundert Jahren. Und ebensowenig kann jemand leugnen, daß Wissenschaft und Technologie dazu beigetragen haben, Nahrung, Gesundheit, Lebenserwartung und materielle Annehmlichkeiten Hunderter Millionen Menschen zu verbessern. In Fragen wie Empfängnisverhütung, Schutz vor Naturkatastrophen und Erleichterung von Transport und Kommunikation haben wir auch die reichsten früheren Gesellschaften offenkundig überrundet. Meine vordringlichste Frage lautet daher nicht, ob die Fortschritte der letzten einhundertfünfzig Jahre wirkliche Fortschritte sind, sondern ob sie sich werden halten lassen. Ist das industrielle Füllhorn der letzten Zeit als momentane Spitze einer einzigen, beständig steigenden Kurve materiellen und geistigen Aufstiegs einzuschätzen, oder handelt es sich nur um den jüngsten Höcker in einer Kurve, in der Talfahrten ebenso häufig sind wie Anstiege? Ich glaube, die letztere Auffassung deckt sich eher mit dem Belegmaterial und den Erklärungsprinzipien der modernen Anthropologie.

Mein Ziel ist es, den Zusammenhang zwischen dem materiellen Wohlstand und der Kosten-Nutzen-Relation verschiedener Systeme der Produktionssteigerung wie der Steuerung des Bevölkerungswachstums zu zeigen. In der Vergangenheit bedingten unüberwindliche Fortpflanzungszwänge, die aus dem Mangel an sicheren und wirksamen Empfängnisverhütungsmitteln erwuchsen, wiederholt die Intensivierung der Produktion. Solche Intensivierung hat immer zur Erschöpfung der Umwelt geführt, was im allgemeinen neue Produktionssysteme hervorgebracht hat – von denen sich jedes durch eine spezifische Form von institutionalisierter Gewalt, Schufterei, Ausbeutung oder Grausamkeit auszeichnet. Daher scheinen mir der Fortpflanzungszwang, die Produktionsintensivierung und die Ausblutung der Umwelt den Schlüssel zum Verständnis der Evolution der Familienorganisation, der Eigentumsverhältnisse, der politischen Ökonomie und der religiösen Glaubensauffassungen einschließlich der Nahrungspräferenzen und -tabus zu liefern. Die modernen Empfängnisverhütungs- und Abtreibungsverfahren treten in dieses Bild als möglicherweise entscheidende neue Elemente ein, da sie den qualvollen Nachteilen ein Ende bereiten, die sich aus allen bisherigen Methoden ergeben, die Fortpflanzungszwänge durch Fruchtbarkeitskontrolle unmittelbar in den Griff zu bekommen. Aber die neue Technologie der Empfängnisverhütung und Abtreibung kommt vielleicht schon zu spät. Die heutigen Staatsgesellschaften sind an die Intensivierung der industriellen Produktionsweise gebunden. Wir haben gerade begonnen, die Strafgebühren für die Umweltvernichtung zu entrichten, die mit dieser neuen Runde der Intensivierung einhergeht, und niemand vermag zu sagen, welche neuen Einschränkungen erforderlich sein werden, um die Wachstumsgrenzen der industriellen Ordnung zu überwinden.

Ich bin mir bewußt, daß meine historisch-deterministischen Theorien geeignet sind, eine Unmutsreaktion hervorzurufen. Mancher Leser wird sich von den Kausalverbindungen, die ich zwischen Kannibalismus, Religionen der Liebe und Gnade, Vegetariertum, Kindesmord und der Kosten-Nutzen-Relation der Produktion sehe, abgestoßen fühlen. Infolgedessen wird man mir vielleicht vorwerfen, ich wolle den menschlichen Geist in ein geschlossenes System mechanistischer Beziehungen einkerkern. Ich beabsichtigte jedoch genau das Gegenteil. Daß eine blinde Form von Determinismus die Vergangenheit beherrscht hat, bedeutet nicht, daß sie auch die Zukunft beherrschen müsse.

Bevor ich weitergehe, möchte ich die Bedeutung des Wortes »Determinismus« klären. Im Kontext der Wissenschaft unseres Jahrhunderts spricht man nicht mehr von Ursache und Wirkung im Sinne einer mechanischen Eins-zu-Eins-Beziehung zwischen abhängigen und unabhängigen Variablen. In der Quantenphysik hat sich Heisenbergs »Unschärferelation« längst durchgesetzt, die an die Stelle von Ursache-Wirkung-Gewißheiten das Prinzip Ursache-Wirkung-Wahrscheinlichkeit hinsichtlich der Lage und Energieladung von Mikropartikeln setzt. Da das Paradigma: »Eine Ausnahme falsifiziert das Gesetz« in der Physik seine Gültigkeit verloren hat, habe ich nicht die Absicht, es auf kulturelle Phänomene anzuwenden. Mit deterministischer Beziehung zwischen kulturellen Phänomenen meine ich einzig, daß ähnliche Variablen unter ähnlichen Bedingungen dazu neigen, ähnliche Resultate hervorzubringen.

Da ich der Auffassung bin, daß die Beziehung zwischen materiellen Prozessen und moralischen Präferenzen eher eine Beziehung von Wahrscheinlichkeiten und Ähnlichkeiten als eine von Gewißheiten und Identitäten ist, fällt es mir nicht schwer, zweierlei Ansätze gleichermaßen für richtig zu halten: daß die Geschichte determiniert ist *und* daß Menschen die Fähigkeit besitzen, moralische Entscheidungen zu treffen und nach freiem Willen zu leben. Ja, ich behaupte, daß unwahrscheinliche historische Ereignisse, unvorhersagbare Umkehrungen normaler Ursache-Wirkung-Zusammenhänge, eintreten können und daß daher jeder einzelne von uns für seinen Beitrag zur Geschichte verantwortlich ist. Doch die Behauptung, daß wir Menschen die Fähigkeit besitzen, Kultur und Geschichte konform den Normen unserer eigenen freien Wahl herzustellen, besagt nicht, Geschichte sei tatsächlich der Ausdruck dieser Fähigkeit. Weit gefehlt! Wie ich zeigen werde, haben sich Kulturen, allgemein betrachtet, entlang paralleler und konvergenter Pfade herausgebildet, die aufgrund der Kenntnis der Prozesse der Produktion, der Fortpflanzung, der Produktionsintensivierung und der Umwelterschöpfung hochgradig vorhersagbar sind. Und ich schließe hier sowohl verabscheute wie geschätzte Rituale und Glaubensauffassungen aus der ganzen Welt ein.

Meiner Ansicht nach haben freier Wille und Moralentscheidungen bislang praktisch keinen signifikanten Einfluß auf die Richtung genommen, die sich herausbildende Systeme gesellschaftlichen Lebens eingeschlagen haben. Wenn ich es genau nehme, müssen sich diejenigen, die sich um den Schutz der menschlichen Würde vor Bedrohungen durch den mechanischen Determinismus Sorgen machen, meiner Argumentation in der Frage anschließen: »Weshalb hat das gesellschaftliche Leben bisher überwiegend stärker aus vorhersagbaren als unvorhersagbaren Übereinkünften bestanden?« Ich bin überzeugt, daß das größte Hindernis bei unseren Bemühungen, über freie Entscheidung zu den kaum erreichbaren Zielen Frieden, Gleichheit und Wohlstand zu gelangen, unsere Unfähigkeit ist, die materiellen evolutionären Prozesse als die Ursache von Kriegen, Ungleichheit und Armut zu erkennen. Infolge der akademischen Mißachtung der Wissenschaft von der Kultur ist die Welt voller Moralisten, die stur behaupten, sie hätten frei gewollt, was sie unwissentlich zu wollen gezwungen waren, während infolge der Unkenntnis der Faktoren, die freier Entscheidung entgegenstehen, sich Millionen Menschen, die frei sein könnten, in neue Formen von Versklavung und Abhängigkeit begeben haben. Um das gesellschaftliche Leben zum Besseren zu wenden, muß man an der Analyse dessen ansetzen, weshalb es sich gewöhnlich zum Schlechteren wendet. Deshalb erachte ich die Unkenntnis der ursächlichen Faktoren der kulturellen Entwicklung und die Mißachtung der Momente, die den gewünschten Resultaten entgegenstehen, als Formen moralischer Duplizität.

1. Kapitel

Kultur und Natur

Die Forscher, die während Europas großer Entdeckerepoche ausgesandt wurden, haben das globale Muster der Sitten, Bräuche und Institutionen nur sehr langsam begriffen. In einigen Regionen – Australien, der Arktis, an den Südspitzen Afrikas und Südamerikas – stießen sie auf Gruppen, die noch so lebten wie Europas längst vergessene Steinzeitvorfahren: Horden von zwanzig bis dreißig Personen, die über riesige Gebiete verstreut lebten, sich ständig auf der Wanderschaft befanden und ausschließlich von der Jagd auf Tiere und dem Sammeln wildwachsender Pflanzen ernährten. Diese Jäger-Sammler schienen einer seltenen und bedrohten Spezies anzugehören. In anderen Regionen – den Wäldern des östlichen Nordamerika, den Dschungeln Südamerikas sowie in Ostasien – stießen sie auf dichtere Populationen, die mehr oder weniger ständig Dörfer bewohnten, deren Grundlage der Ackerbau war und deren Wohnstätten aus ungefähr ein oder zwei großen Gemeinschaftsgebäuden bestanden; auch hier wirkten Waffen und Werkzeuge wie Relikte aus der Vorgeschichte.

Entlang der Ufer des Amazonas und des Mississippi sowie auf den pazifischen Inseln waren die Dörfer größer, umfaßten zuweilen tausend und mehr Einwohner. Manche waren als Konföderationen organisiert, die fast schon die Stufe von Staatsgebilden erreicht hatten. Wenn auch die Europäer ihre »Wildheit« übertrieben darstellten, so sammelte doch die Mehrzahl dieser Gemeinwesen die Köpfe ihrer Feinde als Trophäen, röstete ihre Kriegsgefangenen bei lebendigem Leibe und verzehrte bei rituellen Festen Menschenfleisch. In diesem Zusammenhang sollte man jedoch nicht aus dem Auge verlieren, daß die »zivilisierten« Europäer gleichfalls Menschen folterten – in Hexenprozessen z. B. –, und daß es ihnen nichts ausmachte, die Einwohnerschaften ganzer Städte auszurotten (auch wenn sie sich davor ekelten, sich gegenseitig zu verzehren).

Andernorts allerdings fanden die Forschungsreisenden voll entfaltete Staaten und Imperien vor, an deren Spitze Despoten und herrschende Klassen standen und die von stehenden Heeren verteidigt wurden. Gerade diese großen Imperien mit ihren Städten, Monumenten, Palästen, Tempeln und Schätzen hatten all die Marco Polos und Kolumbusse über die Wüsten und Weltmeere hinweg angelockt. Da war China, das größte Kaiserreich der Welt, ein unermeßliches, hochkultiviertes Reich, dessen Herren die »rotgesichtigen Barbaren« verachteten und in ihnen Bittsteller aus belanglosen Königtümern jenseits der Grenzen der zivilisierten Welt sahen. Und da war Indien, ein Land, in dem Kühe verehrt wurden und die ungleichen Bürden des Lebens danach zugemessen wurden, welche Verdienste sich eine Seele in einer früheren Inkarnation erworben hatte. Und dann gab es da die amerikanischen Staaten und Reiche, Welten ganz eigener Prägung, die jede eine eigenständige Kunst und Religion besaßen: die Inkas mit ihren großen steinernen Festungen, Hängebrükken, zahllosen Kornspeichern und staatlich gelenkter Wirtschaft; die Azteken mit ihren blutdürstigen Göttern, die mit Menschenherzen gefüttert wurden, ein Volk, das sich auf beständiger Jagd nach frischen Opfergaben befand. Und da waren die Europäer selbst mit ihren eigenen exotischen Eigenheiten: kleine Königreiche, die namens eines friedliebenden Heilands Kriege führten, um des Profits willen zwanghaft kauften und verkauften und infolge einer schlauen Beherrschung mechanischer Fertigkeiten und des Ingenieurwesens weit über ihre Zahlenstärke hinaus Macht besaßen.

Was leitet sich aus dieser Struktur ab? Weshalb gaben manche Völker ihr Jäger- und Sammlerdasein auf, weshalb blieben andere dabei? Und weshalb begnügten sich von den Völkern, die zum Ackerbau übergingen, einige mit dörflicher Lebensweise, während andere sich stetig zu annähernden Staatswesen herausbildeten? Und unter denjenigen, die sich als Staaten organisierten: Weshalb errichteten manche Kaiserreiche und Imperien, und andere wiederum nicht? Weshalb beteten einige Kühe an, während andere Menschenherzen an kannibalische Götter verfütterten? Wird die Menschheitsgeschichte nicht von einem einzelnen, sondern von zehn Milliarden

Schwachsinnigen gemacht – sozusagen als Laune des Zufalls und der Leidenschaft? Ich glaube nicht. Ich meine, es gibt einen verstehbaren Prozeß, der die Beibehaltung allgemeiner Kulturformen regelt, Veränderungen einleitet und die Transformationen der Gesellschaften entlang paralleler oder divergenter Pfade bestimmt.

Der Kern dieses Prozesses ist die Tendenz, die Produktion zu intensivieren. Intensivierung – die Investition von mehr Boden, Wasser, Mineralien oder Energie pro Zeit- und Flächeneinheit – ist eine immer wiederkehrende Antwort auf Bedrohungen des Lebensstandards. In frühester Zeit erwuchsen solche Bedrohungen hauptsächlich aus Klimaänderungen und Wanderungen von Menschen und Tieren. Später wurde die Konkurrenz zwischen Staaten zum Hauptanreiz. Ungeachtet ihrer unmittelbaren Ursache zieht Intensivierung immer das Gegenteil der gewünschten Ergebnisse nach sich. Ohne technologischen Wandel führt sie unweigerlich zur Minderung der Produktionseffektivität, da die gesteigerte Anstrengung früher oder später auf Randsektoren der Umwelt ausgedehnt werden muß: auf entferntere, weniger zuverlässige, nicht so zahlreich vorhandene Tiere, Pflanzen, Böden, Mineralien und Energiequellen. Abnehmende Effektivität wiederum bedingt niedrigere Lebensstandards – das genaue Gegenteil der gewünschten Resultate. Aber dieser Vorgang endet nicht einfach und jedes Mal darin, daß jeder einzelne als Lohn für mehr Arbeit weniger Nahrung, Schutz vor widrigen Naturbedingungen und andere Notwendigkeiten erhält. Wenn die Lebensstandards sinken, erfinden durchsetzungsfähige Kulturen neue, effektivere Produktionsweisen, die über kurz oder lang dann zur Erschöpfung der natürlichen Umwelt führen.

Weshalb versuchen Menschen, ihre wirtschaftlichen Probleme durch Intensivierung der Produktion zu lösen? Theoretisch besteht der einfachste Weg zu einer qualitätvollen Nahrung und einem gedeihlichen, langen Leben frei von Plagen und Mühsal nicht in einer Steigerung der Produktion, sondern in einer Senkung der Bevölkerungszahl. Falls aus irgendeinem sich menschlichem Einfluß entziehenden Grund – z. B. einer ungünstigen Klimaveränderung – das Angebot an natürlichen Reichtümern pro Kopf auf die Hälfte sinkt, müssen die Menschen dies nicht durch verdoppelte Anstrengungen ausgleichen; statt dessen können sie ihre Bevölkerungszahl halbieren – beziehungsweise, sie könnten dies tun, gäbe es nicht ein großes Problem. Da die heterosexuelle Betätigung ein genetisch aufgezwungenes Verhalten ist, von dem das Überleben unserer Spezies abhängt, fällt es keineswegs leicht, die »Ernte« an Menschen auszudünnen. In vorindustrieller Zeit beinhaltete die wirksame Bevölkerungsregulierung selbst schon eine Senkung des Lebensstandards. Wenn z. B. die Bevölkerungszahl sich nur durch Verzicht auf Geschlechtsverkehr senken läßt, kann man kaum behaupten, der Lebensstandard einer Gruppe sei gehalten oder gar verbessert worden. Ähnlich verhält es sich, wenn die Fruchtbarkeit der Gruppe gemindert werden muß und Frauen im gebärfähigen Alter sich auf den Bauch fallen lassen, um den Fötus abzutöten – und häufig sich gleich mit; dann essen die Überlebenden möglicherweise besser, aber ihre Lebenserwartung ist keineswegs gestiegen. In der Tat ist in weiten Teilen der Menschheitsgeschichte die verbreitetste Methode der Bevölkerungsregulierung wahrscheinlich eine Form des Kindesmords an der weiblichen Nachkommenschaft gewesen. Wenn auch die psychischen Kosten des Tötens oder Verhungernlassens weiblicher Säuglinge abgemildert werden können, indem man die Kinder als Nicht-Personen definiert – ebenso wie heutige Abtreibungsapostel, zu denen ich selbst zähle, Föten als Nichtsäuglinge definieren –, so lassen sich doch die materiellen Kosten einer neunmonatigen Schwangerschaft nicht so leicht abschreiben. Man darf annehmen, daß die meisten Leute, die Kindesmord praktizieren, ihre Säuglinge lieber nicht sterben sehen würden. Aber die Alternativen – eine drastische Senkung der Ernährungs-, Sexual- und Gesundheitsstandards der gesamten Gruppe – sind, zumindest in den vorstaatlichen Gesellschaften, doch für gewöhnlich als noch weniger wünschenswert erachtet worden.

Ich will darauf hinaus, daß Bevölkerungsregulierung oft eine kostspielige, wenn nicht gar traumatische Prozedur und Quelle persönlicher Belastung war – ganz in dem Sinne, wie Thomas Malthus sie sich für alle Zukunft vorgestellt hatte (bis er durch die Erfindung des Kondoms widerlegt wurde). Diese Belastung – oder dieser Fortpflanzungsdruck, wie man ihn treffend nennen könnte – bedingte die wiederkehrende Tendenz vorstaatlicher Gesellschaften, zur Erhaltung und Verbesserung des allgemeinen Lebensstandards die Produktion zu intensivieren. Wären da nicht diese beträchtlichen Kosten und Opfer der Geburtenkontrolle gewesen, dann hätte unsere Spezies vielleicht ewig auf dem Organisationsniveau kleiner, einigermaßen friedlicher, egalitärer Banden von Jäger-Sammlern verharren können.

Aber das Fehlen wirksamer und unschädlicher Methoden der Bevölkerungskontrolle machte diese Lebensweise unsicher. Der Fortpflanzungsdruck veranlaßte unsere Steinzeitvorfahren, zur Intensivierung Zuflucht zu nehmen; nur darin fanden sie eine Antwort auf den durch klimatische Veränderungen bedingten Rückgang des Großwilds gegen Ende der letzten Eiszeit. Die Intensivierung der Jäger-Sammler-Produktionsweise wiederum bereitete den Boden für den Übergang zur Landwirtschaft, der seinerseits eine verschärfte Konkurrenz zwischen den Gruppen, ein Zunehmen der Kriegführung und die Herausbildung des Staates nach sich zog. Aber ich greife hier zu weit vor.

2. Kapitel

Morde im Garten Eden

Die gängige Erklärung für den Übergang vom Hordenleben zu Bauerndörfern lautet folgendermaßen: Die Jäger-Sammler benötigten ihre gesamte Zeit, um genügend zu essen heranzuschaffen. Sie konnten keinen »Überschuß über die Subsistenz hinaus« produzieren, und sie lebten daher in chronischer Krankheit und Hunger am Rande des Untergangs. Infolgedessen ware es für sie nur natürlich, wenn sie sich niederlassen und in ständigen Dörfern leben wollten, aber sie verfielen nie auf die Idee, Samen einzupflanzen. Eines Tages beschloß ein unbekanntes Genie, einige Samen in ein Loch einzugraben, und bald darauf hatte sich ein regelmäßiger Ackerbau durchgesetzt. Die Leute brauchten nicht mehr auf der Suche nach Wild ständig umherzuziehen, und die neugewonnene Muße gab ihnen Zeit zum Nachdenken. Dies führte zu weiteren und rascheren technologischen Fortschritten und erbrachte so noch mehr Nahrung – einen »Überschuß über die Subsistenz hinaus«, der es schließlich einigen Leuten ermöglichte, sich vom Ackerbau abzuwenden und Handwerker, Priester und Herrscher zu werden.

Der erste Fehler in dieser Theorie ist die Annahme, daß das Leben für unsere Steinzeitvorfahren außergewöhnlich schwer gewesen sei. Archäologische Beweismaterialien aus der späteren Phase der Altsteinzeit – etwa 30 000 bis 10 000 v. Chr. – lassen keinen Zweifel daran, daß die Jäger jener Tage relativ hohe Komfort- und Sicherheitsstandards genossen. Sie waren keineswegs Amateure; sie hatten die völlige Beherrschung der Verfahren erlangt, wie man kristallines Gestein – die Grundlage ihrer Technologie – herausbricht, meißelt und formt, und sie sind völlig zutreffend »die Meistersteinmetze aller Zeiten« genannt worden. Ihre bemerkenswert dünnen, säuberlich gemeißelten »Lorbeerblatt«-Messer, die 26 Zentimeter lang, aber nur einen Zentimeter dick sind, lassen sich mit modernen industriellen Verfahren nicht nachbilden. Mit dünnen, steinernen Ahlen und meißelartigen Schneidwerkzeugen schufen sie mit raffinierten Widerhaken versehene Harpunenspitzen aus Knochen und Geweihstükken, wohlgeformte Wurfklingen aus Horn für Speere und feine Knochennadeln, die vermutlich zur Herstellung von Kleidung aus Tierhäuten verwandt wurden. Die aus Holz, Fasern und Häuten erzeugten Gegenstände sind zerfallen, aber auch sie dürften sich durch hochentwickeltes handwerkliches Können ausgezeichnet haben.

Entgegen verbreiteten Vorstellungen wußten die »Höhlenmenschen«, wie man künstliche Schutzdächer baut, und die Art, wie sie Höhlen und Felsüberhänge nutzten, hing von regionalen Möglichkeiten und jahreszeitlichen Erfordernissen ab. In Südrußland haben Archäologen Spuren einer Jägerbehausung aus Tierhäuten gefunden, die in einer flachen, 13 Meter langen und 3,5 Meter breiten Mulde errichtet war. In der Tschechoslowakei waren bereits vor mehr als 20 000 Jahren Winterbehausungen mit rundem Grundriß von sechs Metern Durchmesser in Gebrauch. Reichhaltig mit Fellen als Teppichboden und Betten sowie mit getrocknetem Tierdung und fetthaltigen Knochen für die Feuerstelle ausgestattet, können solche Wohnstätten eine Wohnqualität bieten, die in mancher Hinsicht heutigen Innenstadtappartements überlegen ist.

Und was das Leben am Rande des Verhungerns betrifft, so läßt sich diese Auffassung kaum mit den ungeheuren Mengen Tierknochen in Einklang bringen, die an verschiedenen altsteinzeitlichen Beuteplätzen angesammelt sind. Riesige Herden Mammuts, Wildpferde, Rotwild, Rentiere und Wisente zogen durch Europa und Asien. Die Knochen von über tausend Mammuts, die an einer Fundstelle in der Tschechoslowakei ausgegraben worden sind, und die Reste von zehntausend Wildpferden, die in unterschiedlichen Abständen über eine hohe Felswand bei Solutré in Südfrankreich getrieben worden sind, bezeugen die Fähigkeit des paläolithischen Menschen, diese Herden systematisch und ertragreich auszubeuten. Überdies belegen die Skelettreste der Jäger selbst, daß diese Menschen außergewöhnlich gut ernährt waren.

Auch die Ansicht, die paläolithischen Populationen hätten rund um die Uhr gearbeitet, um sich zu ernähren, erscheint aus neuerer Sicht lächerlich. Als Sammler von Nahrungspflanzen waren sie gewiß nicht weniger effektiv als Schimpansen. Felduntersuchungen haben ergeben, daß die großen Affen in ihrer natürlichen Umgebung ebensoviel Zeit mit Partnersuche, Spiel und Faulenzen zubringen wie mit Nahrungssuche und Fressen. Und als Jäger dürften unsere spätaltsteinzeitlichen Vorfahren zumindest ebenso leistungsfähig gewesen sein wie Löwen, bei denen Ausbrüche intensiver Aktivität mit langen Phasen der Ruhe und Entspannung abwechseln. Studien darüber, wie heutige Jäger-Sammler ihre Zeit einteilen, haben auf diese Frage ein neues Licht geworfen. Richard Lee von der Universität Toronto hat ein Protokoll darüber erstellt, wieviel Zeit heutige Buschmänner, die immer noch Jäger und Sammler sind, mit der Nahrungsbeschaffung zubringen. Trotz ihres Lebensraumes – der Rand der Kalahari, eine Wüstenregion, deren Nahrungsreichtum sich kaum mit dem Frankreichs während der späten Altsteinzeit vergleichen läßt – brauchen die Buschmänner weniger als drei Stunden pro Erwachsenen und Tag, um sich eine an Eiweißen und anderen wesentlichen Nährstoffen reiche Nahrung zu verschaffen.

Die Machiguenga, einfache Gartenbauern am peruanischen Amazonas, die von Allen und Orna Johnson untersucht worden sind, verbringen pro Erwachsenen und Tag mit der Nahrungsmittelproduktion etwas mehr als drei Stunden und erzielen mit dieser Anstrengung weniger tierisches Eiweiß als die Buschmänner. In den Reisanbaugebieten Ostjavas leisten die heutigen Bauern 44 Wochenstunden produktive Arbeit – ein stolzer Buschmann würde sich das im Traum nicht einfallen lassen –, und javanische Bauern essen selten Tiereiweiß. Amerikanische Farmer oder Bauern in Europa, für die Fünfzig- bis Sechzig-Stunden-Wochen gang und gäbe sind, essen nach Buschmann-Normen gut, aber man kann bestimmt nicht behaupten, sie hätten genausoviel Muße wie die Buschmänner.

Ich will die Schwierigkeiten, die solche Vergleiche aufwerfen, nicht herunterspielen. Offenkundig grenzt sich die Arbeit, die ein bestimmtes System der Nahrungsproduktion erfordert, nicht auf die Zeit ein, die zur Gewinnung des Rohprodukts verbraucht wird. Es kostet auch Zeit, die Pflanzen und Tiere in verbrauchsgemäße Formen zu verarbeiten, und es kostet noch mehr Zeit, die Produktionsmittel wie Speere, Netze, Grabstöcke und Pflüge herzustellen und zu erhalten. Den Schätzungen der Johnsons zufolge widmen die Machiguenga täglich drei weitere Stunden der Nahrungszubereitung und der Herstellung lebenswichtiger Gegenstände wie Kleidung, Werkzeugen und Behausungen. Bei seinen Beobachtungen an den Buschmännern fand Lee heraus, daß eine Frau an einem Tag genügend Nahrung sammeln konnte, um ihre Familie drei Tage lang zu ernähren, und daß sie die übrige Zeit mit Ausruhen, Unterhaltungen mit Besuchern, Handarbeiten und Besuchen in anderen Lagern zubrachte. »Denn jeden Tag daheim beanspruchen Routinearbeiten in der Küche wie Kochen, Nüsseknacken, Feuerholzsammeln und Wasserholen eine bis drei Stunden ihrer Zeit.«

Die oben angeführten Belege legen einen Schluß nahe: Die Entwicklung des Ackerbaus brachte, pro Kopf gesehen, eine gesteigerte Arbeitsbelastung mit sich. Die Agrikultur ist ein System der Nahrungsproduktion, das weit mehr Arbeit pro Bodeneinheit verschlingen kann als das Jagen und Sammeln. Jäger-Sammler sind im wesentlichen von der natürlichen Fortpflanzungsrate der Tiere und Pflanzen abhängig; sie können nur sehr wenig tun, um den Ertrag pro Landeinheit zu steigern. Ackerbau hingegen ermöglicht die Steuerung der Fortpflanzungsrate der Pflanzen. Dies bedeutet, der Ertrag kann ohne unmittelbare nachteilige Folgen gesteigert werden, insbesondere sofern Verfahren zur Verfügung stehen, der Erschöpfung des Bodens entgegenzutreten.

Der Schlüssel dazu, wie viele Stunden Menschen wie die Buschmänner für Jagd und Sammeln aufwenden, liegt in der Reichhaltigkeit und Zugänglichkeit der ihnen verfügbaren pflanzlichen und tierischen Ressourcen. Solange die Bevölkerungsdichte und damit die Ausbeutung dieser Ressourcen niedrig gehalten werden, können die Jäger-Sammler sowohl Muße als auch eine qualitativ wertvolle Kost genießen. Nur wenn man voraussetzt, die Menschen der Steinzeit seien nicht willens oder fähig gewesen, ihre Bevölkerungsdichte zu begrenzen, ist die Theorie, unsere Vorfahren hätten ein »kurzes, unangenehmes und animalisches« Leben geführt, stichhaltig. Aber diese Annahme ist ungerechtfertigt. Jäger-Sammler sind hochgradig motiviert, die Bevölkerung zu begrenzen, und sie verfügen über die Mittel dazu. Ein anderes Manko in der alten Theorie über den Übergang vom Jäger- und Sammlerdasein zum Ackerbau ist die Unterstellung, Menschen hätten den natürlichen Drang, sich »niederzulassen«. Dies kann wohl kaum stimmen, zieht man die Beharrlichkeit in Betracht, mit der Völker wie die Buschmänner, die Ureinwohner Australiens und die Eskimo an ihrer alten »Wanderer«-Lebensweise festgehalten haben – trotz der konzertierten Anstrengungen von Regierungen und Missionaren, sie zu einem Leben in Dörfern zu überreden.

Mit jedem Vorteil seßhaften Lebens in Dörfern geht ein Nachteil Hand in Hand. Streben Menschen nach Geselligkeit? Ja, aber sie gehen sich auch gegenseitig auf die Nerven. Thomas Gregor hat bei einer Untersuchung über die Mehinacu-Indianer in Brasilien nachgewiesen, daß unter Menschen, die in kleinen, isolierten Dörfern leben, das Bestreben nach persönlicher Privatsphäre ein zentrales Leitmotiv des täglichen Lebens ist. Offenkundig wissen die Mehinacu zuviel über die Belange jedes Stammesmitglieds, so daß jeder dies zum eigenen Vorteil ausnutzen kann. Sie sind in der Lage, aufgrund des Abdrucks einer Ferse oder eines Hinterns zu sagen, wo ein Paar innehielt und abseits des Pfades sexuelle Beziehungen hatte. Verlorene Pfeile verraten die beste Fischfangstelle ihres Eigentümers; eine an einen Baum gelehnte Axt erzählt von unterbrochener Arbeit. Niemand verläßt oder betritt das Dorf, ohne bemerkt zu werden. Man muß flüstern, um seine Privatsphäre zu bewahren: Die Wände sind aus Stroh, und Türen gibt es nicht. Das Dorf ist voll von provozierendem Klatsch über Männer, die impotent sind oder unter Ejaculatio praecox leiden, und über das Verhalten von Frauen beim Koitus und die Größe, die Farbe und den Geruch ihrer Genitalien.

Bietet die zahlenmäßige Stärke physische Sicherheit? Ja, aber es gibt auch Sicherheit in der Mobilität, indem man in der Lage ist, Angreifern aus dem Weg zu gehen. Besteht ein Vorteil im Unterhalt eines großen kooperativen Arbeitsverbands? Ja, aber große Massierungen von Menschen senken die Versorgung mit Wild und verheeren die natürlichen Ressourcen.

Und was die zufällige Entdeckung der Verfahren des Pflanzenanbaus angeht, so sind die Jäger-Sammler nicht so dumm, wie der entsprechende Abschnitt in der alten Theorie wahrhaben möchte. Die anatomischen Details in den Tierzeichnungen, die an Höhlenwänden in Frankreich und Spanien entdeckt worden sind, legen Zeugnis ab von Menschen, die über eine geschliffene Beobachtungsgabe verfügten. Unsere Bewunderung für ihren Intellekt ist noch weiter gesteigert worden durch Alexander Marshaks Entdeckung, daß die feinen Kratzspuren auf 20 000 Jahre alten Artefakten aus Knochen und Gehörn dort angebracht worden sind, um die Phasen des Mondes und andere astronomische Ereignisse zu verfolgen. Es ist unsinnig anzunehmen, daß Menschen, die die großen Wandmalereien in den Höhlen von Lascaux hergestellt haben und intelligent genug waren, kalendarische Aufzeichnungen zu machen, die biologische Bedeutung von Knollenfrüchten und Samen nicht gekannt hätten.

Untersuchungen über Jäger-Sammler der Gegenwart und jüngsten Vergangenheit zeigen, daß auf die Ausübung des Ackerbaus vielfach nicht aus Mangel an Wissen, sondern aus schlichter Bequemlichkeit verzichtet wird. Durch einfaches Sammeln von Eckern haben die Indianer Kaliforniens wahrscheinlich umfangreichere und nahrhaftere Ernten erzielt, als sie sie durch Maisanbau hätten gewinnen können; an der Nordwestküste ließen die jährlichen Wanderungen des Lachses und des Kerzenfischs Bauernarbeit als relative Zeitverschwendung erscheinen. Jäger-Sammler beweisen häufig sämtliche Fertigkeiten und Verfahrenskenntnisse, die der Ackerbau erfordert – nur eines fehlt: der Schritt zum gezielten Anbau. Die Schoschonen und Paiute in Nevada und Kalifornien kehrten Jahr für Jahr zu denselben Standplätzen wilder Getreide- und Knollenpflanzen zurück, wobei sie sorgsam darauf verzichteten, die Stellen voll auszubeuten, und sie zuweilen sogar bewässerten und von Unkraut befreiten. Viele andere Jäger-Sammler wenden bewußt Feuer an, um das Wachstum bevorzugter Arten zu fördern und das Wachstum von Bäumen und Unkraut zu hemmen.

Zu guter Letzt deuten einige der wichtigsten archäologischen Entdeckungen der letzten Jahre darauf hin, daß in der Alten Welt die ersten Dörfer etwa 1000 bis 2000 Jahre vor der Entwicklung einer Agrarwirtschaft gebaut wurden, wohingegen in der Neuen Welt Pflanzen gezüchtet wurden, lange ehe das Leben in Dorfformationen einsetzte. Da die frühen Amerikaner die Idee bereits Tausende von Jahren vor der vollen Nutzung hatten, mußte die Erklärung für die Abkehr vom Jagen und Sammeln außerhalb ihrer Köpfe gesucht werden. Ich werde auf diese archäologischen Funde und Entdeckungen später eingehen.

Bislang habe ich zeigen können, daß die Jäger-Sammler sich eines beneidenswerten Lebensstandards erfreuten, solange sie ihre Bevölkerungszahl im Verhältnis zum Beuteangebot niedrig hielten. Die Antwort auf diese Fragestellung erweist sich rasch als das wichtigste fehlende Glied in dem Versuch, die Entwicklung von Kulturen zu begreifen.

Selbst in relativ günstigen Lebensräumen mit einem Überfluß an Herdentieren haben die Steinzeitvölker ihre Populationen wahrscheinlich nie über ein bis zwei Personen pro Quadratmeile wachsen lassen (1 Quadratmeile umfaßt 2,590 Quadratkilometer; d. Ü.). Alfred Kroeber hat geschätzt, daß in den Kanadischen Plains und Prairies die büffeljagenden Cree und Assiniboin, die beritten und mit Gewehren bewaffnet waren, ihre Bevölkerungsdichte unter zwei Personen pro Quadratmeile gehalten haben. Weniger begünstigte Gruppen wie die Labrador-Naskapi und die Nunamuit-Eskimo, die vom Karibu abhängig waren, erhielten Dichten *unter* 0,3 Personen pro Quadratmeile aufrecht. In ganz Frankreich gab es während der späten Steinzeit wahrscheinlich nicht mehr als zwanzigtausend und möglicherweise nur ganze 1600 Menschen.

»Natürliche« Mittel der Kontrolle des Bevölkerungswachstums sind nicht geeignet, die Diskrepanz zwischen diesen niedrigen Dichten und der potentiellen Fruchtbarkeit des menschlichen Weibchens zu erklären. Gesunde Populationen, die an der Maximierung ihrer Wachstumsrate interessiert sind, weisen durchweg einen Durchschnitt von acht ausgetragenen Schwangerschaften pro Frau auf. Die Schwangerschaftsraten können auch beträchtlich höher ausfallen: Bei den Hutterern, einer gedeihlichen Sekte von Bauern, die in Westkanada lebt, beträgt der Durchschnitt 10,7 Geburten pro Frau. Um die geschätzte Jahreswachstumsrate für die Altsteinzeit von 0,001 Prozent zu erzielen, mußte jede Frau durchschnittlich weniger als 2,1 Kinder gehabt haben, die das fortpflanzungsfähige Alter erreichten. Der herkömmlichen Theorie nach wurde diese niedrige Wachstumsrate trotz hoher Fruchtbarkeit durch Krankheit bedingt. Und dennoch ist die Auffassung, unsere Steinzeitvorfahren hätten ein krankheitsgeplagtes Leben gehabt, schwer zu untermauern.

Zweifellos gab es Krankheiten. Aber als Sterblichkeitsfaktor dürften sie in der Steinzeit eine weitaus weniger bedeutsame Rolle gespielt haben als heute. Man weiß heute, daß die Kinder- und Erwachsenensterblichkeit infolge von Mikroben- und Virusinfektionen stark durch die Kost und durch die allgemeine Widerstandsfähigkeit des Körpers beeinflußt ist – es ist hier die Rede etwa von Ruhr, Masern, Tuberkulose, Keuchhusten, Erkältungen und Scharlach –, und die steinzeitlichen Jäger-Sammler erzielten bei diesen Krankheiten wahrscheinlich hohe Gesundungsraten. Die meisten großen tödlichen epidemischen Krankheiten – Pocken, Typhus, Grippe, Beulenpest, Cholera – treten in Populationen mit hoher Dichte auf. Es sind die typischen Krankheiten von Gesellschaften, die die Entwicklungsstufe von Staaten erreicht haben; sie grassieren unter Bedingungen der Armut und übervölkerter, unhygienischer Städte. Selbst Plagen wie Malaria und Gelbfieber dürften für die Jäger-Sammler der Altsteinzeit keine sonderliche Rolle gespielt haben. Sie lebten in kühleren Klimaten, und als Jäger haben sie trockene, offene Lebensräume den Feucht- und Nässegebieten vorgezogen, in denen diese Krankheiten grassieren. Frank Livingstone hat überdies gezeigt, daß die Malaria wahrscheinlich ihren vollen epidemischen Charakter erst erreichte, als Feldrodungen in warmen Feuchtwäldern ideale Brutbedingungen für Moskitos geschaffen hatten.

Was wissen wir mit Sicherheit über die Gesundheitsverfassung altsteinzeitlicher Populationen? Skelettreste liefern beachtlichen Aufschluß. Unter Verwendung von Hinweisen wie der durchschnittlichen Körpergröße und der Anzahl der zur Todeszeit fehlenden Zähne hat Lawrence Angell ein Profil der sich wandelnden Gesundheitsverfassung in den letzten dreißigtausend Jahren erarbeitet. Angell ermittelte, daß zu Beginn des Untersuchungszeitraums erwachsene Männer durchschnittlich 177 und erwachsene Frauen 165 Zentimeter maßen. Zwanzigtausend Jahre später waren die Männer nicht größer, als die Frauen seinerzeit geworden waren – 154 Zentimeter –, und die Frauen maßen im Durchschnitt 153 Zentimeter. Erst in allerjüngster Zeit haben wir wieder ein Größenwachstum entwickelt, wie es für die Völker der Altsteinzeit charakteristisch war. Amerikanische Männer zum Beispiel maßen 1960 im Mittel 175 Zentimeter. Der Zahnverlust weist einen ähnlichen Trend auf. Dreißigtausend Jahre v. Chr. fehlten Erwachsenen beim Tode durchschnittlich 2,2 Zähne; 6500 v. Chr. waren es 3,5 und in römischer Zeit fehlten ihnen

6,6 Zähne. Wenn auch genetische Faktoren diese Veränderungen mit bedingt haben mögen, so weiß man doch, daß Statur und Verfassung von Zähnen und Kiefern stark durch den Eiweißverzehr beeinflußt werden, der seinerseits das allgemeine Wohlbefinden bestimmt. Angell zieht den Schluß, es habe tatsächlich »einen realen Niedergang der Gesundheitsverfassung« gegeben, der auf den »Höhepunkt« der späten Altsteinzeit gefolgt sei.

Angell hat auch versucht, das durchschnittliche Todesalter für das Spätpaläolithikum zu schätzen; er gibt es mit 28,7 Jahren für Frauen und mit 33,3 Jahren für Männer an. Da Angells Erhebungswahl sich aus Skeletten zusammensetzt, die in ganz Europa und Afrika gefunden wurden, sind seine Lebenserwartungsschätzungen nicht notwendig repräsentativ für einzelne Jägerhorden. Wenn Lebenserwartungsstatistiken über heutige Jäger-Sammler-Banden als repräsentativ für altsteinzeitliche Banden angenommen werden können, irren Angells Berechnungen: Die Ergebnisse sind zu niedrig. Untersuchungen von Nancy Lee Howell an 165 Ko-Buschmann-Frauen weisen eine Lebenserwartung von 32,5 Jahren bei Geburt aus, was sich günstig gegen die Zahlen für viele heutige Entwicklungsländer in Afrika und Asien abhebt. Um diese Daten ins rechte Licht zu setzen, sei bemerkt, daß nach Berechnungen der Metropolitan Life Insurance Company die Lebenserwartung nicht-weißer Männer im Jahr 1900 in den Vereinigten Staaten ebenfalls 32,5 Jahre betragen hat. Daher hat der Paläodemograph Don Dumond behauptet, es gebe Anzeichen, daß »die Mortalität im Endeffekt unter Bedingungen des Jägerdaseins nicht höher gewesen ist als unter denen eines seßhafteren Lebens einschließlich der Agrikultur«. Der das seßhafte Leben begleitende Krankheitsanstieg »kann bedeuten, daß die Sterblichkeitsraten von Jägern häufiger beträchtlich niedriger« lagen als die von Ackerbau treibenden Völkern.

Obwohl eine Lebensspanne von 32,5 Jahren sehr kurz scheinen mag, ist doch das Fortpflanzungspotential selbst von Frauen, die nur die von Angell errechneten 28,7 Jahre erreichen, ziemlich hoch. Wenn eine Steinzeitfrau ihre erste Schwangerschaft mit sechzehn Jahren hatte und danach alle zweieinhalb Jahre eine Lebendgeburt, konnte sie es bis zum Alter von neunundzwanzig Jahren leicht auf über fünf Lebendgeburten bringen. Dies bedeutet, daß annähernd drei Fünftel der Steinzeitkinder das fortpflanzungsfähige Alter nicht erreicht haben können, wenn die bekannte Rate von weniger als 0,001 Prozent jährlichem Bevölkerungswachstum gehalten werden sollte. Auf Basis dieser Zahlen zieht der anthropologische Demograph Ferki Hassan den Schluß, daß selbst unter Annahme einer »natürlich« bedingten Kindersterblichkeit von 50 Prozent weitere 23 bis 35 Prozent allen potentiellen Nachwuchses hätten »beseitigt« worden sein müssen, um ein Nullwachstum der Bevölkerung zu erzielen.

Sofern sie überhaupt in einem Punkt irren, so scheinen es diese Schätzungen in der Hinsicht zu tun, daß sie die Zahl der Todesfälle infolge »natürlicher« Ursachen übertreiben. Setzt man den hervorragenden Gesundheitszustand voraus, dessen sich die von Angell untersuchten Leute erfreuen durften, ehe sie zu Skeletten verfielen, drängt sich der Verdacht auf, daß viele der Hingeschiedenen infolge »unnatürlicher« Ursachen aus dem Leben gingen.

Die Häufigkeit des Kindesmords (Infantizid) der Altsteinzeit könnte sich gut und gerne auf 50 Prozent belaufen haben – eine Rate, die mit Schätzungen weitgehend übereinstimmt, die Joseph Birdsell von der University of California in Los Angeles auf der Basis von Daten angestellt hat, die unter den Ureinwohnern Australiens erhoben worden sind. Ein bedingender Faktor für die kurze Lebensspanne altsteinzeitlicher Frauen könnte durchaus in dem Bemühen gelegen haben, Abtreibungen vorzunehmen, um das Intervall zwischen den Geburten zu verlängern.

Heutigen Jäger-Sammlern fehlt es im allgemeinen an wirksamen chemischen beziehungsweise mechanischen Mitteln zur Schwangerschaftsverhütung – wenn man einmal von romantischer Folklore über pflanzliche Kontrazeptiva absieht. Allerdings verfügen sie über ein reiches Repertoire an chemischen und mechanischen Mitteln zum Schwangerschaftsabbruch. In der ganzen Welt sind zahlreiche pflanzliche und tierische Gifte gebräuchlich, die allgemeine physische Traumata hervorrufen oder unmittelbar auf den Uterus wirken und mit denen sich unerwünschte Schwangerschaften beenden lassen. Es werden auch etliche mechanische Mittel zur Einleitung des Aborts angewandt, etwa Bänder, die straff um den Bauch geschnürt werden, kräftige Massagen, extreme Kälte und Hitze sowie Schläge auf den Unterleib oder Hüpfen auf einem Brett, das über den Bauch der Frau gelegt wird, »bis Blut aus der Vagina spritzt«. Sowohl die mechanischen als auch die chemischen Maßnahmen beenden Schwangerschaften erfolgreich, aber sie sind ebensogut geeignet, dem Leben der Schwangeren ein Ende zu setzen. Ich mutmaße, nur eine Gruppe unter schwerer wirtschaftlicher oder demographischer Belastung dürfte auf den Abort als vorrangige Methode der Bevölkerungsregulierung zurückgreifen.

Es ist eher wahrscheinlich, daß Jäger-Sammler, die unter Druck stehen, sich mit Kindes- und Altenmord (Gerontozid) zu helfen versuchen. Altenmord ist nur für notbedingte, kurzfristige Reduzierungen der Gruppengröße ein wirksames Mittel. Es kann die langfristigen Trends des Bevölkerungswachstums nicht nach unten drücken. Und was sowohl den Kindes- als auch den Altenmord betrifft, dürfte regelrechtes bewußtes Töten wohl die Ausnahme darstellen. Bei den Eskimo können alte Leute, die zu schwach sind, um zum eigenen Unterhalt beizutragen, »Selbstmord begehen«, indem sie zurückbleiben, wenn die Gruppe weiterzieht; allerdings tragen Kinder aktiv zum Ableben ihrer Eltern bei, indem sie die kulturelle Erwartung akzeptieren, daß alte Menschen nicht zu einer Belastung werden sollen, wenn die Nahrung knapp ist. Bei den Murngin in Arnhem Land, Australien, hilft man dem Schicksal der Alten nach, indem man sie bereits wie Tote behandelt, wenn sie krank werden; die Gruppe beginnt die Totenriten zu zelebrieren, und der alte Mensch geht darauf ein, indem er seine Krankheit sich verschlimmern läßt. Der Infantizid umfaßt eine vielschichtige Skala von regelrechtem Mord bis zu bloßer Vernachlässigung. Kinder wurden erwürgt, ertränkt, gegen Felsen geschleudert oder den Elementen ausgesetzt. Häufiger wurden Kinder durch Vernachlässigung »ermordet«: Die Mutter ließ dem Kind unzureichende Pflege zuteil werden, wenn es erkrankte, säugte es weniger häufig, suchte keine zusätzliche Nahrung für es oder ließ es »ungewollt« fallen. Jäger-Sammler-Frauen sind stark motiviert, den Altersunterschied zwischen ihren Kindern möglichst auszudehnen, da sie beträchtliche Mühe aufwenden müssen, sie den ganzen Tag mit sich herumzuschleppen. Richard Lee hat errechnet, daß eine Buschmann-Frau ihr Kind in der vierjährigen Abhängigkeitsphase bei Sammelgängen und Lagerverlegungen insgesamt 7900 Kilometer weit trägt. Keine Buschmann-Frau möchte mit zwei oder drei Kindern zugleich befrachtet sein, während sie eine solche Strecke zurückzulegen hat.

Die beste Methode der Steinzeitjäger zur Bevölkerungsregulierung bestand darin, die Spanne von Jahren auszudehncn, in denen eine Mutter ihr Kleinkind säugte. Jüngste Untersuchungen von Rose Frisch und Janet MacArthur über Menstruationszyklen haben den physiologischen Mechanismus erhellt, der die geminderte Fruchtbarkeit stillender Frauen bedingt. Nach einer Niederkunft stellt sich bei einer fruchtbaren Frau die Eiausstoßung erst wieder ein, wenn der Prozentsatz ihres Körpergewichts, der aus Fett besteht, eine kritische Schwelle überschritten hat. Diese Schwelle – etwa 20 bis 25 Prozent – bezeichnet den Punkt, an dem der Körper einer Frau in Form von Fett genügend Reserveenergie gespeichert hat, um sich den Erfordernissen eines wachsenden Fötus anpassen zu können. Eine normale Schwangerschaft erfordert durchschnittlich 27 000 Kilokalorien – eben etwa die Energiemenge, die gespeichert sein muß, ehe eine Frau empfangen kann. Ein Säugling zieht aus seiner Mutter täglich ungefähr tausend weitere Kilokalorien, was es ihr erschwert, die notwendige Fettreserve anzusammeln. Solange der Säugling von der Milch der Mutter abhängig ist, besteht weniger Wahrscheinlichkeit, daß die Ovulation wieder einsetzt. Indem sie die Phase des Stillens ausdehnen, sind Buschmann-Frauen allem Anschein nach in der Lage, die Möglichkeit einer Schwangerschaft über vier Jahre hinauszuschieben. Der gleiche Mechanismus scheint auch die Verzögerung der Menarche – der erstmaligen Menstruation – zu bedingen. Je höher das Verhältnis des Körperfetts zum Körpergewicht ist, desto früher setzt die Menarche ein. In wohlgenährten heutigen Populationen hat sich die Menarche auf ungefähr das dreizehnte Lebensjahr vorverschoben, wohingegen in Bevölkerungen, die chronisch am Rande des Kaloriendefizits leben, Mädchen achtzehn Jahre und älter werden können, ehe sie die notwendigen Fettreserven ausgebildet haben.

An dieser Entdeckung fasziniert mich der Umstand, daß sie niedrige Fruchtbarkeit mit Nahrungszusammensetzungen verbindet, die viel Eiweiß und wenig Kohlehydrate enthalten. Wenn auf der einen Seite eine Frau ein Kind drei oder vier Jahre erfolgreich säugen soll, muß sie reichlich Eiweiß verzehren, um ihre Gesundheit, Körperkraft und den Milchfluß zu erhalten. Wenn sie auf der anderen Seite zuviele Kohlehydrate ißt, beginnt sie zuzunehmen, was wiederum den Neubeginn der Ovulation auslöst. Eine von J. K. Van Ginneken durchgeführte demographische Untersuchung weist aus, daß stillende Frauen in unterentwickelten Ländern, wo die Kost meistenteils aus stärkehaltigen Getreiden und Knollenfrüchten besteht, nicht darauf rechnen können, das Intervall zwischen Geburten über achtzehn Monate hinaus zu verlängern. Und doch gelingt es stillenden Buschmann-Frauen, deren Kost reich an tierischen und pflanzlichen Proteinen und arm an Stärke ist, vier und mehr Jahre nach jeder Geburt eine neue Schwangerschaft zu verhindern. Dieser Zusammenhang legt den Schluß nahe, daß die Jäger-Sammler sich in guten Zeiten auf verlängerte Stillzeiten als Hauptmittel zur Verhinderung von Überbevölkerung stützen konnten. Umgekehrt mußte eine Qualitätsabnahme der verfügbaren Nahrung tendenziell zu Bevölkerungszunahme führen. Dies bedeutet entweder, daß die Infantizid- beziehungsweise Abortrate gesteigert werden mußte, oder daß noch drastischere Kürzungen der Eiweißrationen sich nicht würden vermeiden lassen.

Ich behaupte nicht, daß die gesamte Verhinderung von Überbevölkerung bei unseren Steinzeitvorfahren über die Methode der verlängerten Stillzeit bewerkstelligt wurde. Bei den Buschmännern von Botswana beläuft sich die Bevölkerungswachstumsrate derzeit auf jährlich 0,5 Prozent. Dies ergibt eine Verdoppelung in 139 Jahren. Wäre diese Rate nur über die letzten 10 000 Jahre der Altsteinzeit aufrechterhalten worden, hätte die Erdbevölkerung bereits gegen 10 000 v. Chr. die stattliche Zahl von 604 463 000 000 000 000 000 000 erreicht.

Angenommen, die Fruchtbarkeitsspanne reiche vom sechzehnten bis zum zweiundvierzigsten Lebensjahr. Ohne verlängerte Stillzeit könnte eine Frau in dieser Spanne zwölf Schwangerschaften durchlaufen. Bei Anwendung jener Methode reduziert sich die Zahl auf sechs. Geminderte Koitushäufigkeit bei älteren Frauen können die Zahl auf fünf senken. Natürliche Aborte, Fehlgeburten und krankheits- sowie unfallbedingte Kindersterblichkeit könnten die Zahl der potentiellen Fortpflanzer auf vier herabdrücken – rund zwei mehr, als ein System des Bevölkerungs-Nullwachstums zuläßt. Die beiden überschüssigen Geburten könnten dann durch eine auf Vernachlässigung basierende Form des Kindesmords unter Kontrolle gebracht werden. Die optimale Methode bestünde darin, nur weibliche Säuglinge zu vernachlässigen, denn die Wachstumsrate von Populationen, die keine Monogamie praktizieren, wird fast gänzlich durch die Zahl der Frauen bestimmt, die das fortpflanzungsfähige Alter erreichen.

Unsere Steinzeitvorfahren waren also völlig in der Lage, die Bevölkerungszahl gleichbleibend zu erhalten, aber dies zu einem hohen Preis – der Verschwendung von Kinderleben. Diese Aufwendungen beflecken als Makel die Vorgeschichte – eine Zeit und Gesellschaftsform, die ansonsten als Garten Eden mißverstanden werden könnte.

3. Kapitel

Der Ursprung des Ackerbaus

Der Zeitraum von nur 30000 bis 12000 Jahren vor unserer Zeit bezeichnet den Höhepunkt von Jahrmillionen langsamer technologischer Entwicklung, in der unsere Steinzeitvorfahren Schritt um Schritt ihre Werkzeuge und Techniken verfeinerten, um von der Jagd auf große Landtiere leben zu können. Es gibt in der Alten Welt Hunderttausende Jahre alte Wohnplätze, an denen Archäologen die Reste einiger Dickhäuter, Giraffen und Büffel gefunden haben, aber diese Tiere sind wahrscheinlich eines natürlichen Todes gestorben oder wurden von nichtmenschlichen Räubern gefangen oder verwundet. Während dieser Zeit dürften unsere Vorfahren sich als Aasfresser am Fleisch von Großwild delektiert haben. Um etwa 30000 v. Chr. hatte sich die Situation jedoch gewandelt, und Jäger-Sammler sowohl in der Alten wie in der Neuen Welt verfügten über die nötigen Mittel, um auch die größten Tiere routinemäßig zu töten und auszuschlachten.

In Europa und Asien grasten riesige Herden Rentiere, Mammuts, Pferde, Büffel und Wildrinder auf saftigen Weiden, die von glazialen Schmelzwassern gespeist wurden. Die Jagd auf diese Tiere begann die Nahrungsbeschaffung zu dominieren. Jäger trieben die Beute zusammen, indem sie Feuer entfachten, die Tiere über Felsstürze trieben und mit einem Arsenal steinerner und knöcherner Geschoßspitzen, Speere, Spieße, langer Messer sowie Pfeil und Bogen auf sie losgingen. Jahrtausendelang hielten sich menschliche Räuber und tierische Beute das ökologische Gleichgewicht.

Dann signalisierte vor etwa 13000 Jahren ein globaler Erwärmungstrend den Anfang der Endphase der letzten Eiszeit. Die Gletscher, die einen Großteil der nördlichen Hemisphäre mit einer kilometerdicken Eisdecke überzogen hatten, begannen gen Grönland zurückzuweichen. Als das Klima milder wurde, rückten Wälder von

Immergrün und Birken in die Grasebenen vor, die die großen Herden ernährten. Der Verlust dieser Weideflächen, gemeinsam mit dem Tribut, den die menschlichen Räuber forderten, führte in die ökologische Katastrophe. Das Fellmammut, das Fellrhinozeros, der Steppenbüffel, der Riesenelch, der europäische Wildesel und eine ganze Gattung der Ziegen starben plötzlich aus. Pferde und Rinder starben zwar nicht aus, aber in Europa ging ihre Zahl stark zurück. Andere Arten wie die Steppenantilope und der Moschusochse überlebten in verstreuten ökologischen Nischen im hohen Norden. Die Wissenschaftler sind sich nicht einig, in welchem Grad die klimatischen Veränderungen und die Beutejagd des Menschen dazu beigetragen haben, diese Tierarten aussterben zu lassen. Das Jagdverhalten des Menschen hat dabei eindeutig eine Rolle gespielt, denn Elefanten und Rhinozerosse hatten bereits etliche vorausgegangene Erwärmungstrends überlebt, die durch frühere Phasen des Zurückweichens der Gletscher hervorgerufen worden waren.

Dem Zusammenbruch der Großwild jagenden Kulturen in Nordeuropa folgte das Mesolithikum (oder Mittelsteinzeit), während dessen die Menschen ihre Proteine aus Fisch, Schalentieren und Waldwild bezogen. Im Nahen Osten (wo heute die südliche Türkei, der Iran, Syrien, Jordanien und Israel liegen) war das Zeitalter der Großwildjäger schon bedeutend früher zu Ende gegangen, und das Subsistenzmuster fächerte sich noch stärker auf. Hier wandten sich die Menschen von der Jagd auf riesige Wildrinder und Rotwild der Erbeutung kleinerer Arten zu wie Schafe, Ziegen sowie Antilopen, und richteten ihre Aufmerksamkeit zusehends auf Fische, Krebse und andere Schalentiere, Vögel, Schnecken, sowie Eckern, Pistazien und sonstige Nüsse, wild wachsende Gemüse und Getreide. Kent Flannery von der University of Michigan hat dieses System »Breitspektrum«-Jagen-und-Sammeln genannt. Das Zurückweichen der Gletscher und die Intensivierung der Großwildjagd zeitigten in Europa und im Nahen Osten nicht völlig gleiche Folgen, aber beide Regionen hatten wahrscheinlich unter ähnlichen Formen von Umwelterschöpfung zu leiden, was die Beschaffungskosten für tierische Eiweiße steigen ließ. Laut Karl Butzer war der Großteil der Türkei, des nordöstlichen Irak und des Iran während der letzten Eiszeit baumlos, was die Jagd auf Herdentiere erleichterte. Gewiß, die Wiederbewaldung, die gegen Ende der glazialen Periode einsetzte, war nicht so extensiv wie in Europa, doch dies könnte die ökologische Krise im Nahen Osten wegen des Defizits sowohl an Arten, die im offenen Gelände leben, als auch an waldständigen Arten verschärft haben.

In Nord- und Südamerika kann man den gleichen Vorgang beobachten. Die Endphase der letzten Eiszeit bezeichnet den Höhepunkt der spezialisierten Großwildjagd in der Neuen Welt. An Fundstellen in Venezuela, Peru, Mexiko, Idaho und Nevada haben Archäologen wunderschön gearbeitete, blattförmige Geschoßspitzen, Klingen und Meißel ausgegraben, die zwischen 13000 und 9000 vor Christus datieren und die möglicherweise zur Jagd auf inzwischen ausgestorbene Arten Antilope, Pferd, Kamel, Mammut, Mastodon, Riesenfaultier und Riesennager verwandt worden sind. Zwischen 11000 und 8000 vor Christus waren über ein extrem weites Gebiet Nordamerikas Großwildjäger aktiv, die über ausgekehlte und kannelierte Spitzen verfügten. Um 7000 vor Christus hatten die intensive Jagd und die durch das Zurückweichen der Gletscher bedingten klimatischen Veränderungen zur völligen Ausrottung von 32 Gattungen Neuer-Welt-Tiere geführt, darunter Pferde, Riesenbüffel, Ochsen, Elefanten, Kamele, Antilopen, Schweine, Riesenfaultiere und Riesennager.

Paul C. Martin von der University of Arizona hat die Behauptung aufgestellt, die Vorfahren der amerikanischen Indianer hätten all diese großen Tiere – kollektiv die »pleistozäne Megafauna« genannt – in einem einzigen kurzen Ausbruch intensiver Beutejagd von der Bildfläche verschwinden lassen. Martin schreibt diese rasche Ausrottung dem Umstand zu, daß die Tiere vor dem Eintreffen sibirischer Wanderer, die die Landbrücke über die Beringstraße vor elftausend Jahren überschritten, nie gejagt worden waren. Allerdings wissen wir heute, daß die Entdeckung Amerikas durch asiatische Auswanderer bereits viel früher erfolgt ist – vor mindestens 15000, möglicherweise schon vor 70000 Jahren. Wenn auch Martins Theorie generell damit entkräftet ist, verdient doch seine These von der raschen Ausrottung sorgfältige Erwägung. Martin hat ein Computer-Programm verwandt, um verschiedene Beuteraten zu simulieren, wie sie eine kleine menschliche Anfangsbevölkerung erzielt; dabei konnte er zeigen, daß sämtliche großen Tiere von Kanada bis zur Golfküste

möglicherweise in drei Jahrhunderten ausgelöscht worden sein könnten, wenn die Jäger zugelassen haben, daß sich ihre Bevölkerung von
Generation zu Generation verdoppelt – eine Wachstumsrate, die
durchaus im Rahmen der Fortpflanzungskapazität paläolithischer
Jäger liegt:

»Wir gehen von einhundert Paläoindianern bei Edmonton aus.
Die Jäger erlegen im Durchschnitt 13 Tiereinheiten pro Kopf und
Jahr. Eine Person in einer vierköpfigen Familie leistet den Hauptteil
des Beutemachens mit einem Durchschnitt von einer Tiereinheit pro
Woche . . .

Die Jagd fällt leicht; die [Horde] verdoppelt sich alle zwanzig
Jahre, bis die lokalen Herden erschöpft sind und unverbrauchtes Gebiet gefunden werden muß. In 120 Jahren wächst die Edmonton-Bevöl-
kerung auf 5409 Köpfe an. Sie ist an einer 59 Meilen [1 Meile = 1,61 Ki-
lometer] tiefen Front konzentriert bei einer Dichte von 0,37 Personen pro Quadratmeile [1 Quadratmeile = 2,59 Quadratkilometer].
Hinter der Front ist die Megafauna ausgelöscht. Nach 220 Jahren erreicht die Front Nord-Colorado . . . in weiteren 73 Jahren rückt die
Front die verbleibenden tausend Meilen [zum Golf von Mexiko] vor,
staffelt sich 76 Meilen tief und erreicht ein Maximum von knapp über
100 000 Menschen. In 293 Jahren zerstören die Jäger eine Megafauna
von 93 Millionen Tiereinheiten.«

Martins Entwurf ist aufschlußreich als Illustration der Verwund-
barkeit großer, sich langsam vermehrender Arten durch Jäger-Sammler, die sich entschließen, ihre Beuteraten infolge Fortpflanzungsdrucks oder Bedrohung ihres Lebensstandards zu erhöhen. Ich mutmaße, daß die Ausrottung nicht durch einen scharfen Anstieg der
menschlichen Bevölkerung, sondern schlicht durch den Versuch
verursacht worden ist, angesichts abnehmender Zahlen von Beutetieren die Ernährungsstandards und niedrige Infantizid- und Abortraten
aufrechtzuerhalten.

Nach dem Niedergang der Großwildjäger der Neuen Welt bildeten sich auf den beiden amerikanischen Subkontinenten Kulturen
aus, deren Subsistenzsysteme denen der »Breitspektrum«-Jäger-
und-Sammler des Nahen Ostens ähnelten. Der Prozeß von Intensivierung und Umwelterschöpfung ist in seinen Einzelheiten am klar-
sten in den bemerkenswerten Untersuchungen dargestellt, die unter

Leitung von Richard MacNeish vom Peabody Museum of Archaeology im Tehuacán-Tal durchgeführt worden sind. Das Tehuacán-Tal ist eine lange, enge Senke im südöstlichen Teil des mexikanischen Staates Puebla; es liegt 1500 Meter hoch und ist von hohen Bergen umgeben, die ein heißes, trockenes Klima schaffen. Hier wurden während der Ajuereado-Periode (7000 bis 5000 v. Chr.) Pferde und Antilopen bis zur Ausrottung gejagt, und in der darauffolgenden Phase intensivierter Beutejagd wurden Eselhasen und Riesenschildkröten ebenso zum Aussterben gebracht. MacNeish schätzt, daß zu dieser Zeit Fleisch 89 beziehungsweise 76 Prozent der Gesamtkalorieneinnahme der Jäger in den besten beziehungsweise schlechtesten Jahreszeiten ausgemacht hat. Während der folgenden El-Riego- (5000 bis 3400 v. Chr.), Coxcatlan- (3400 bis 2300 v. Chr.) und Abejas-Periode (2300 bis 1850 v. Chr.) fiel der saisonale Maximal-Minimal-Kalorienanteil von Fleisch auf 69–31, 62–23 und 47–15 Prozent. Als gegen 800 v. Chr. schließlich auf Ackerbau beruhende, voll seßhafte Dörfer in dem Tal errichtet wurden, war der Anteil der tierischen Eiweiße an den Kalorien noch weiter gefallen, und der Unterschied zwischen Jagd- und Nichtjagdsaison in den Eßgewohnheiten praktisch aufgehoben. Letztlich sollte Fleisch im alten Mexiko zu einem Luxus werden, dessen Produktion und Konsumtion den Anlaß für einige der brutalsten Institutionen der Menschheitsgeschichte liefern sollte.

Der unerbittliche Niedergang des tierischen Eiweißanteils in der Tehuacán-Kost war das Ergebnis einer unablässigen Abfolge von Intensivierungen, Umwelterschöpfungen und leichten Veränderungen in der Technologie der Jagd. Als sich eine Tierart nach der anderen erschöpfte, versuchten die Jäger den fallenden Ertrag ihrer Anstrengungen durch Einsatz wirksamerer Jagdwaffen und -techniken auszugleichen. Lanzen, Speerschleudern, Wurfspieße und schließlich Pfeil und Bogen wurden eingesetzt – und nichts fruchtete.

MacNeishs Schätzungen zufolge betrug die Arbeitseffektivität (gewonnene Kalorien pro verausgabter Kalorie) von Ajuereado-Karnickeljagden 2,5 : 1. Auflauern im Hinterhalt mit der Lanze erbrachte anfangs ein Verhältnis von 3,2 : 1, fiel aber in der Abejas-Periode auf ein Verhältnis von 1 : 1 zurück und kam dann aus der Mode. Die Jagd auf Rotwild mit dem Wurfspieß ergab zu Beginn ein Verhältnis von 8 : 1, sank aber auf etwa 4:1, als die Tiere seltener wurden. Später führten Pfeil und Bogen auf einen neuen Rekord von 8:1 oder 9:1, aber zu jener Zeit war Wild bereits so knapp geworden, daß es nur unbedeutend zur Kost beitragen konnte.

Während sie ihren langen und vergeblichen Verzögerungskampf gegen die Folgen der Ausdünnung von Tierarten führten, verlagerten die Menschen von Tehuacán nach und nach ihre primären Existenzsicherungsbemühungen von Tieren auf Pflanzen. Die Intensivierung der Pflanzenproduktion führte zu einem langsam ansteigenden Anteil von Zuchtpflanzen unter dem »breiten Spektrum«, das anfänglich allein durch Sammlertätigkeit angeeignet wurde. Gegen Ende der El-Riego-Periode war es den Jägerbanden gelungen, Kürbis, Amarant, Chili und Avocados zu Kulturpflanzen zu entwickeln. In der Coxcatlan-Periode erweiterten sie die Palette um Mais und Bohnen, und diese Nahrungspflanzen gewannen stetig an Bedeutung, je mehr die Siedlungen an Größe zunahmen und je seßhafter sie ihrem Charakter nach wurden.

MacNeish schätzt, daß der Kalorienanteil domestizierter und/oder angebauter Pflanzen in der Kost der El-Riego-Periode nur ein Prozent, während der Coxcatlan- acht und in der Abejas-Periode 21 Prozent betragen hat. Selbst zu der Zeit, da die ersten ständigen Siedlungen sich entwickelten, machten domestizierte und/oder Zuchtpflanzen nur 42 Prozent des gesamten Kalorienkonsums aus.

Wie schon im Falle der Jagd brachte auch die Intensivierung des Ackerbaus eine Reihe technologischer Fortschritte mit sich. Auf die Hortikultur, eine rudimentäre Form des Gartenbaus, folgte die Agrikultur, die sich immer stärker auf Bewässerung stützte. Die Arbeitseffektivität dieser unterschiedlichen Systeme der Nahrungsgewinnung stieg von 10:1 über 30:1 auf 50:1. MacNeish erörtert nicht die Möglichkeit, daß sukzessives Absinken der Arbeitseffektivität den Übergang zum Ackerbau und dann zur Bewässerung bedingt haben könnte. Und auch ich möchte nicht darauf beharren, daß solches Absinken in jedem Fall unabdingbar ist, um den Übergang zu ertragreicheren Formen des Ackerbaus zu erklären. Schließlich konnte der Rückgang in der Produktion tierischer Proteine nur durch eine Hebung des Ausstoßes an pflanzlichen Eiweißen ausgeglichen werden. Der springende Punkt hierbei ist, daß trotz einer gegenüber der

Hortikultur pro Arbeitsstunde um das Fünffache gesteigerten Produktivität der Bewässerungs-Agrikultur die gesamte neuntausendjährige Abfolge von Intensivierungen, Umwelterschöpfungen und technologischen Neuerungen in einen übergreifenden, umfassenden Niedergang des Ernährungszustands mündete.

Es scheint kein Zweifel zu bestehen, daß die Ausrottung der pleistozänen Megafauna den Übergang zu einer agrarischen Produktionsweise sowohl in der Alten wie in der Neuen Welt ausgelöst hat. Aber in diesen beiden parallelen Entwicklungen verbergen sich Unterschiede, die für das Verständnis der gesamten nachfolgenden Menschheitsgeschichte entscheidend sind. Dörfer im Tehuacán-Tal wurden erst errichtet, als die ersten Pflanzen schon mehrere Jahrtausende domestiziert waren. Und diese Abfolge gilt allgemein für die beiden amerikanischen Subkontinente. (Vielleicht sind schon in weiter zurückliegenden Zeiten in Peru Dörfer von Jägern errichtet worden, die sich auf Meeressäuger spezialisiert hatten, doch spielen sie für den Hauptstrang kultureller Entwicklung keine Rolle.) In der Alten Welt verlief die Abfolge umgekehrt. Erst bauten die Menschen Dörfer, und dann, zweitausend Jahre später, domestizierten sie Wildpflanzen, deren Samen sie gesammelt hatten. Um diesen Unterschied zu begreifen, wollen wir einen Blick auf die am besten erforschten Regionen werfen: erst auf den Nahen Osten und dann auf Mittelamerika und Mexiko.

Man weiß heute, daß die frühesten Dörfer im Nahen Osten im Zusammenhang einer Subsistenzweise gebaut worden sind, die das Sammeln der Samen wilden Weizens, wilder Gerste und anderer Gräser einschloß. Diese Samen reifen im Lauf einer dreiwöchigen Periode im Spätfrühling. In Anatolien wächst Wildweizen immer noch dicht genug, daß ein einzelner, der eine Sichel mit Feuersteinschneide benutzt, pro Stunde über zwei Pfund Korn ernten kann – eine Familie erfahrener Pflanzensammler bringt es innerhalb der genannten drei Wochen bequem auf die Getreidemenge, die sie für ein ganzes Jahr benötigt. Die »Breitspektrum«-Jäger-Sammler errichteten die ersten Dörfer, um sich einen Platz zu schaffen, an dem sie das Korn lagern, es zu Mehl mahlen und zu Fladen und Brei verarbeiten konnten. Ihre Häuser, Mauern, Lagergruben, Röstöfen (um die Schalen aufzubrechen) und schweren Hörner und Stößel (zur Herstellung des Mehls) waren Investitionen, die man im Gegensatz zu zeitweiligen Lagerstätten nicht so einfach aufgeben konnte.

Im Karmel-Gebirge in Israel zum Beispiel schabten prähistorische Jäger-Sammler, die Natufianer, im elften Jahrhundert v. Chr. vor ihren Felsbehausungen schüsselförmige Vertiefungen aus, legten gepflasterte Wege an und bauten Steinringe um ständige Feuerstellen. An der zwölftausend Jahre alten Fundstelle Eynan im Jordantal legten Samenesser steinerne Fundamente für runde Häuser und verputzten Lagergruben mit Lehm. Feuerstein-»Sicheln«, die vom Schneiden der Wildgetreidestengel einen aussagekräftigen Schimmer angenommen haben, sind an diesen Stellen ebenfalls gefunden worden. Ähnliche Belege für präagrikulturelles Getreideschneiden und -rösten oder für getreidelagerndes Dorfleben finden sich bei Zawi Chemi Shanidar entlang der oberen Versickerungsstelle des Tigris im Irak und bei Karim Shahir an den Flanken des Sagrosgebirges; diese Zeugnisse datieren auf die Zeit zwischen 10 000 und 8000 v. Chr. Im Tell Mureybat an den Oberläufen des Euphrat in Syrien haben Archäologen zehntausend Jahre alte Häuser mit Lehmwänden, Mühlsteine, Röstgruben und achtzehn verschiedene Arten wilder Samen gefunden, darunter Vorfahren des Weizens und der Gerste. In der Neuen Welt verlief die Abfolge der kulturellen Entwicklung völlig anders. Die frühesten domestizierten Pflanzen der Neuen Welt – diejenigen, die MacNeish im Tehuacán-Tal gefunden hat – sind etwa 9000 Jahre alt. Vor ungefähr 7000 Jahren wurden primitive Formen des Mais angebaut, deren kleine Kolben nur zwei oder drei Reihen Körner aufwiesen. Und doch errichteten die Bewohner des Tehuacán-Tals erst vor 5400 Jahren feste Behausungen; diese Häuser wurden auch nur einen Teil des Jahres über bewohnt, da das halbnomadische Sammeln weiter betrieben wurde, um fünfzig Prozent der Pflanzen zu beschaffen, die für die Ernährung gebraucht wurden.

Nebenbei bemerkt sollte die lange und eigenartig unterschiedliche Abfolge von Schritten und der völlig unterschiedliche Katalog von Pflanzen, die in der Anfangsphase der Agrikultur in der Alten und der Neuen Welt eine Rolle spielten, ein für allemal die alte Auffassung zu Grabe tragen, eine Entwicklung sei aus der anderen hergeleitet. Sollte es Leuten aus dem Nahen Osten auf irgendeine mysteriöse Weise vor 9000 Jahren gelungen sein, nach Tehuacán zu gelangen, so dürften sie mit leeren Händen dort eingetroffen und kaum eine Hilfe gewesen sein. Die Indianer hatten zu jener Zeit immer noch einige tausend Jahre vor sich, in denen sie ihr eigenes Inventar an Feldfrüchten verbessern und erweitern mußten. Einige hartnäkkige Diffusionisten – Gelehrte, die meinen, es sei unwahrscheinlich, daß so etwas Kompliziertes wie der Ackerbau unabhängig voneinander mehr als nur einmal entwickelt worden sei – versuchen das Fehlen von Weizen, Gerste, Roggen und sonstigen Pflanzen und Tieren der Alten Welt in Mittelamerika hinwegzuerklären, indem sie argumentieren, die *Idee* der Feldfrüchte und nicht die Feldfrüchte selbst sei übermittelt worden. Nur habe ich bereits gezeigt, daß das, was die Jäger-Sammler vom Übergang zur Landwirtschaft abhält, nicht Ideen, sondern schlichte Kosten-Nutzen-Relationen sind. Die Idee der Agrikultur ist überflüssig, wenn man Fleisch und Gemüse in beliebiger Menge durch wenige Wochenstunden Jagen und Sammeln erlangen kann.

Ich meine, der Grund für die Unterschiedlichkeit der beiden Abfolgen ist in der Verschiedenheit der Tier- und Pflanzengruppen zu sehen, die in der Alten und in der Neuen Welt nach der Vernichtung des Großwilds existierten. Im Nahen Osten war die Kombination von Pflanzen und Tieren dergestalt, daß die »Breitspektrum«-Sammler-Jäger durch Seßhaftwerdung in Dörfern ihren Konsum sowohl an Fleisch wie an Nahrungspflanzen steigern konnten. In Mittelamerika bedeutete die dauerhafte Ansiedlung in ständigen, Samen sammelnden Dörfern dagegen den Verzicht auf Fleisch.

Die Zonen, in denen sich die mittelöstliche Agrarwirtschaft herausbildete, boten zufällig nicht nur Weizen, Gerste, Erbsen und Linsen im unkultivierten Stadium, sondern auch die Vorläufer domestizierter Schafe, Ziegen, Schweine und Rinder. Als inmitten dichter Kornfelder ständige präagrikulturelle Siedlungen errichtet wurden, waren Herden wilder Schafe und Ziegen – deren Hauptnahrungsquelle wilde Gräser waren, unter anderem die Vorfahren des Weizens und der Gerste – zu engerem Kontakt mit den Dörflern gezwungen. Von Hunden unterstützt, konnten die Dorfbewohner die Bewegungen dieser Herden unter Kontrolle bringen. Die Schafe und Ziegen wurden an den Rändern der Kornfelder gehalten und durften die Stoppeln, aber nicht das reifende Getreide fressen. Mit anderen

Worten, die Jäger brauchten der Beute nicht mehr nachzulaufen; angezogen von den Feldern voll konzentrierten Futters, kamen die Tiere zu den Jägern.

Das reife Korn dürfte in der Tat eine derart unwiderstehliche Anziehung auf die Tiere ausgeübt haben, daß die Gefahr bestand, daß sie die Feldfrüchte vernichteten. Dies war für die Jäger ein doppelter Anreiz und eine doppelte Gelegenheit, ihre Fleischproduktion zu intensivieren, wodurch sie wiederum die Schafe und Ziegen mit »Overkill« und Ausrottung bedrohten. Und eben dies wäre wahrscheinlich mit diesen Arten geschehen wie mit so vielen anderen vor ihnen, wären die Jäger nicht zur Domestikation übergegangen – der größten Naturschutzbewegung aller Zeiten.

Die praktischen Schritte, durch die die Tiere vor dem Aussterben bewahrt wurden, dürften ziemlich einfach gewesen sein. Viele heutige Jäger-Sammler und Dorf-Hortikulturalisten halten sich Tiere als Spielgefährten und Haustiere. Ebenso wie es nicht mangelnde Kenntnis über Pflanzen gewesen ist, die die Entwicklung des Ackerbaus verzögerte, ist es auch nicht mangelndes Wissen über Tiere gewesen, das frühere Kulturen abgehalten hat, Schafe und Ziegen in großer Zahl als Haustiere zu züchten und sie als Nahrungsmittel und zu anderem wirtschaftlichen Nutzen zu verwenden. Die grundlegende Begrenzung ist eher darin zu sehen, daß den menschlichen Populationen sehr bald selbst die Wildpflanzennahrung ausgegangen wäre, wenn sie gefangengehaltene tierische Populationen damit hätten durchfüttern müssen. Doch die Kultivierung von Getreiden eröffnete neue Perspektiven. Schafe und Ziegen gedeihen gut von Stoppeln und anderen ungenießbaren Teilen domestizierter Pflanzen. Sie konnten eingepfercht, von Stoppeln ernährt, gemolken und selektiv geschlachtet werden. Allzu aggressive oder schwächliche Tiere oder solche, die zu langsam wuchsen, wurden verzehrt, ehe sie das fortpflanzungsfähige Alter erreichten.

Die Theorie erklärt, weshalb in der Alten Welt die Domestikation von Pflanzen und Tieren gleichzeitig und gleichenorts vonstatten ging. Beide Domestikationen waren Teil einer allgemeinen, regionalen Intensivierung, die die Grundlage für die Entstehung eines neuen Produktionssystems legte. In Zawi Chemi Shanidar, einem der frühesten Dörfer im Irak, gab es schon vor fast 11 000 Jahren domestizierte Schafe. Belege für domestizierte Ziegen, 9000 bis 9500 Jahre alt, sind in Ali Kosh im Iran gefunden worden, ebenso kultivierte Abarten von Weizen, Gerste und Hafer. Archäologen haben den gleichen Komplex – domestizierte Pflanzen und Tiere – in Jarmo im Irak entdeckt; diese Belege sind 8800 Jahre alt.

Nun zurück nach Mittelamerika. Wie ihre annähernden Zeitgenossen im Nahen Osten haben sich die »Breitspektrum«-Jäger-Sammler der Ajuereado-Periode in Tehuacán reichlich der Körnerfrüchte – von denen zwei, Amarant und Mais, später domestiziert wurden – bedient und aus ihnen Nutzen gezogen. MacNeish vermerkt, daß das Samensammeln eine der Agrikultur vergleichbare Arbeitseffektivität gehabt habe und daß es gleich dem Ackerbau Erträge erbracht habe, die sich lagern ließen. Weshalb haben sich die Leute von Tehuacán dann nicht in der Nähe der Standplätze des wilden Amarant und Getreides seßhaft niedergelassen? Etwa weil es ihnen an klugen Köpfen gefehlt hätte, die ihnen gesagt hätten, wie man das macht? Oder etwa, wie ein Archäologe gemutmaßt hat, wegen mysteriöser »Wandlungen des sozio-politischen Gefüges, die weder mit dem Klima noch mit der Bevölkerungsdichte etwas zu tun hatten«? Dies sind armselige Alternativen, zieht man die ins Auge stechenden Unterschiede zwischen den verbleibenden Tierarten in Mexiko und denen im Nahen Osten in Betracht. Die Domestikation von Tieren in Tehuacán hielt mit der von Pflanzen wie Amarant und Getreide nicht Schritt, weil ganz einfach alle domestizierbaren Herdentiere infolge klimatischer Veränderungen und »Overkill« lokal ausgestorben waren. Wenn sie Fleisch essen wollten, mußten die Leute von Tehuacán, entsprechend den jahreszeitlichen Gewohnheiten ihrer Beutetiere, frei umherziehen – es handelte sich zumeist um Rotwild, Kaninchen, Schildkröten und andere Kleintiere und Vögel. Deshalb hatten sie keine Lust, ähnliche Mühen auf sich zu nehmen, wie sie die mittelöstlichen Samensammler in ihre Häuser, Röstgruben und Vorratskammern investierten. Und deshalb gingen sie erst zum richtigen Dorfleben über, als auch die kleineren Tierarten erschöpft waren, obwohl sie schon lange vorher viele Pflanzenarten domestiziert und kultiviert hatten.

Ich will damit nicht sagen, in Mittelamerika hätte es völlig an domestizierbaren Tierarten gefehlt. Gegen Ende der Tehuacán-Abfolge wurden Hunde und Truthähne zu Nahrungszwecken gezüchtet. Aber das Nahrungspotential dieser Tiere war dürftig im Vergleich zu den grasfressenden Wiederkäuern der Alten Welt. Hunde können nennenswerte Quellen von Eiweiß nur sein, wenn sie als Aasfresser ernährt werden, und Truthähne fressen den Menschen das Korn weg. Die einzigen Tiere der Neuen Welt, die sich mit Schafen und Ziegen vergleichen lassen, sind das Lama und das Alpaka, die ausschließlich in Südamerika überlebt haben und daher in den formativen Phasen des mittelamerikanischen Dorflebens keine Rolle spielen konnten.

Die südamerikanischen Indianer haben selbstverständlich schließlich das Lama domestiziert, ebenso das Meerschweinchen (das in Mittelamerika gleichfalls fehlte). Seit etwa 2500 v. Chr. haben diese Tiere den Andenvölkern als wesentliche Fleischquelle gedient. Allerdings weiß man über die Anfangsphase der Agrikultur in den Anden zu wenig, um erklären zu können, weshalb die präagrikulturellen Dörfer sich aufs Samensammeln verlegten und eine halb domestizierte Jagd auf Lamas und Alpakas nicht unternommen wurde. Eine Erklärungsmöglichkeit besteht darin, daß Lama und Alpaka sich in Gefangenschaft nur sehr schwer züchten lassen. Ihr nächster wilder Verwandter, die Vikunja, deren Wolle sehr begehrt ist, läßt sich nicht züchten, weil das Tier sich in Gefangenschaft weigert, sein kompliziertes Werbungsritual zu vollziehen. Eine andere Erklärung könnte sein, daß Stellen der wildwachsenden Quinoa oder Reismelde nicht ergiebig genug waren, um Anreiz zu bieten, in ihrer Nähe Dörfer zu errichten. Aber dieses Problem läßt sich ohne weitergehende Forschungen nicht stichhaltig lösen.

Die Erschöpfung der tierischen Ressourcen in den Zonen, in denen sich die Agrikultur der Neuen Welt entwickelte, hatte weitreichende Folgen. Sie brachte die beiden Hemisphären auf unterschiedliche Bahnen und diktierte ihnen ein unterschiedliches Entwicklungstempo. Daraus erklärt sich, weshalb Kolumbus Amerika »entdeckte« und nicht Powhatan Europa, weshalb Cortés Moctezuma besiegte und nicht umgekehrt. In der Alten Welt folgte auf die Domestikation der Schafe und Ziegen rasch die von Schweinen, Rindern, Kamelen, Eseln und Pferden. Diese Tiere wurden in das agrarische System einbezogen und bildeten die Grundlage für weitere technologische Fortschritte. In voll seßhaften Dörfern konnte Getreide abgezweigt werden, um Esel und Ochsen zu füttern, die sich einspannen ließen, um Pflüge und andere schwere Gegenstände zu ziehen. Lasten wurden anfangs auf Kufen transportiert, dann auf Walzen, schließlich auf Rädern. Dies führte zu einer zunehmend leistungsfähigen Transporttechnologie und, wichtiger noch, legte das Fundament für die Entwicklung mechanischer Geräte und damit aller komplizierten Maschinen. In der Neuen Welt wurde das Rad von den amerikanischen Indianern ebenfalls erfunden – möglicherweise zur Herstellung von Töpferwaren und mit Gewißheit als Spielzeug –, aber seine Weiterentwicklung wurde aufgehalten, weil geeignete Tiere fehlten, die Lasten hätten ziehen können. Das Lama und das Alpaka waren als Zugtiere ungeeignet, und der Büffel, der ohnehin schwer zu zähmen ist, lebte außerhalb der Kerngebiete des anfänglichen Ackerbaus und der Staatsbildung. Das Versäumnis, die Technologie des Rades zu entwickeln, brachte es mit sich, daß die Neue Welt in allen Hebe-, Schlepp-, Mahl- und Herstellungsverfahren, in denen Flaschenzüge, Getriebe, Rädchen und Schrauben eine wesentliche Rolle spielen, weit zurückblieb. Die unterschiedliche Ausstattung der beiden Weltteile mit tierischer Fauna gegen Ende des pleistozänen »Overkills« hatte darüber hinaus noch andere Auswirkungen. Strukturen der politischen Ökonomie, Religion und Nahrungspräferenzen in beiden Weltteilen sind nur zu begreifen, wenn man die Rolle der Haustiere als Quelle tierischen Eiweißes berücksichtigt. Diese Themen will ich in späteren Kapiteln behandeln.

Bisher habe ich gezeigt, daß der Übergang zum Leben in Dörfern eine Reaktion auf die Umweltvernichtung gewesen ist, die durch die Intensivierung der Subsistenzweise des Menschen als Jäger und Sammler herbeigeführt worden ist. Im Nahen Osten jedoch war es extrem schwierig, eine Bevölkerungsexpansion nicht zuzulassen oder nicht zu unterstützen, nachdem die Investitionen in Getreideverarbeitungs- und -lagerungseinrichtungen einmal getätigt waren, der Lebensstandard gehoben war und sowohl Kalorien wie Proteine reichlich zur Verfügung standen. Kostzusammensetzungen mit mittlerem Eiweiß- und hohem Kaloriengehalt minderten die Wirksamkeit der verlängerten Stillphase als empfängnisverhütendes Mittel; die Frauen waren seßhafter und konnten sich nun um einen Säugling und um drei- oder vierjährige Kinder gleichermaßen gut kümmern; auch für landwirtschaftliche Arbeiten ließen sich Kinder gut einsetzen; und die Dörfer konnten sich in unberührtes Land ausdehnen. Ausgehend von einhunderttausend Menschen im Jahr 8000 v. Chr., erreichte die Bevölkerung wahrscheinlich schon kurz vor 4000 v. Chr. die stattliche Zahl von 3,2 Millionen – ein Anstieg um das Dreißigfache in 4000 Jahren. Dieser Anstieg hatte neuen Druck auf den Lebensstandard zur Folge, was eine neue Runde von Intensivierungen und einen neuen Zyklus von Umwelterschöpfungen einleitete. Die Waldressourcen erwiesen sich als besonders anfällig gegenüber der Zunahme der Haustiere. Weite Gebiete verwandelten sich in Gestrüppwald, und Böden begannen zu erodieren. Erneut wurde das Fleisch knapp, die Ernährungsstandards sanken, die durch Haustiere übertragenen Krankheiten nahmen zu, der Fortpflanzungsdruck wurde quälend und die gesamte Region stand an der Schwelle ungeheurer neuer Transformationen, die sämtliche Aspekte des Lebens beeinflussen sollten. Zu alledem war noch ein weiterer Preis zu entrichten: wachsende kriegerische Verwicklungen.

4. Kapitel

Warum Krieg?

Jeder Anthropologe kann die Namen einer Handvoll »primitiver« Völker herbeten, von denen es heißt, sie führten nie Krieg. Auf meiner bevorzugten Liste in diesem Zusammenhang sind die Bewohner der Andamanen-Inseln verzeichnet, die vor der Küste Indiens leben, die Kalifornien-Nevada-Schoschonen, die Yahgan in Patagonien, die kalifornischen Missionsindianer, die Semai in Malaysia und die unlängst entdeckten Tasaday auf den Philippinen. Die Existenz solcher Gruppen legt den Schluß nahe, daß organisierter Homizid in den Kulturen unserer Steinzeitvorfahren möglicherweise gar nicht stattgefunden hat. Vielleicht. Doch die meisten neueren Erkenntnisse stützen diese Auffassung nicht mehr. Es ist zwar richtig, daß einige Völker, die heute noch auf der Entwicklungsstufe von Horden und Banden leben, kein Interesse an Krieg haben und ihn zu vermeiden suchen; aber etliche Kulturen auf meiner Liste bestehen aus Flüchtlingen, die von kriegerischen Nachbarn in entlegene Gegenden abgedrängt worden sind. Die Mehrheit der Jäger-Sammler, die heutigen Beobachtern bekannt sind, tragen in dieser oder jener Form Kämpfe zwischen Gruppen aus, in denen Kriegerteams sich gegenseitig zu töten versuchen. William Divale hat 37 solcher Gruppen ermittelt.

Die Verfechter der Auffassung, der Krieg habe seinen Ursprung in den Dorfsiedlungen und in der Entstehung von Staatsformen, behaupten, die heutigen Jäger-Sammler seien für vorgeschichtliche Völker nicht wirklich repräsentativ. Manche Fachleute vertreten sogar die Ansicht, sämtliche Fälle bewaffneten Kampfes zwischen Jäger-Sammlern spiegelten den Verfall »ursprünglicher« Lebensweisen infolge unmittelbaren oder mittelbaren Kontakts mit Gesellschaften, die bereits die Stufe von Staatswesen erreicht haben. Diese Auseinandersetzung unter den Archäologen ist noch nicht abgeschlossen.

Das Problem liegt darin, daß die Waffen vorgeschichtlicher Kriege mit denen der Jagd identisch gewesen sein müßten, und Verwundungen lebenswichtiger Organe als Todesursache lassen sich an Skelettresten nicht so leicht nachweisen. Belege für abgeschlagene oder schwerverletzte Schädel reichen fünfhunderttausend und mehr Jahre in die Vergangenheit zurück. Die berühmten Schädel des Peking-Menschen sind an der Basis zertrümmert, wahrscheinlich weil sich die Totschläger das Hirn einverleiben wollten. Die Praxis ist auch unter heutigen Kannibalen verbreitet, von denen viele Hirn als Delikatesse ansehen. Aber wie will man beweisen, daß die Menschen, denen die Schädel gehörten, im Kampf gestorben sind? Ein Gutteil des heutigen Kannibalismus wird nicht an Feinden, sondern an geschätzten Sippenverwandten verübt. Was die verletzten Köpfe betrifft, ist zu sagen, daß heutige Völker wie etwa die Manus in Neu-Guinea die Schädel naher Verwandter in Ehren halten und sie bei Ritualen verwenden. Die frühesten zuverlässigen archäologischen Beweise für Kriegführung lassen sich erst von der Phase an erbringen, da befestigte Dörfer und Städte errichtet wurden. Das älteste Zeugnis aus dieser Epoche ist das vorbiblische Jericho, wo bereits um 7500 v. Chr. ein ausgeklügeltes System von Mauern, Türmen und Verteidigungsgräben bestand, das keinen Zweifel daran läßt, daß die Kriegführung damals ein wesentlicher Bestandteil des Alltagslebens gewesen ist.

Meiner Ansicht nach wird Krieg schon seit urvordenklichen Zeiten geführt, aber seine Merkmale haben sich in den darauffolgenden Epochen der Vorgeschichte und Geschichte immer wieder gewandelt. Während der späten Altsteinzeit dürfte die Gewalttätigkeit zwischen den Gruppen durch das Fehlen klar definierter Territorialgrenzen, durch häufigen Wechsel der Bandenzugehörigkeit infolge von Heiraten zwischen den Gruppen sowie durch unzählige gegenseitige Besuche gemindert worden sein. Ethnographische Untersuchungen haben erbracht, daß der verbleibende Kern typischer heutiger Jäger-Sammler-Banden von Jahreszeit zu Jahreszeit und sogar von Tag zu Tag wechselt, da ganze Familien zwischen den Lagern der Verwandten der Frau und des Mannes hin- und herpendeln. Zwar identifizieren sich die Leute mit dem Gebiet, in dem sie geboren worden sind, aber sie brauchen dieses Gebiet nicht zu verteidigen, um ihren

Lebensunterhalt zu gewährleisten. Daher gibt die Aneignung zusätzlichen Gebiets durch Vertreibung oder Vernichtung feindlicher Streitkräfte selten das bewußte Motiv für Schlachten ab. Die Banden fangen normalerweise Kämpfe untereinander an, weil sich zwischen einflußreichen Individuen Groll angestaut hat. Wenn es den ergrimmten Personen gelingt, eine hinreichende Zahl von Verwandten um sich zu scharen, die mit ihrer Sache sympathisieren oder die selbst Groll gegen Angehörige der zum Gegner gewählten Bande hegen, kann es dazu kommen, daß eine Kriegerschar organisiert wird.

Ende der zwanziger Jahre gab es einen Kriegsfall zwischen der Tiklauila-Rangwila- und der Mandiiumbula-Horde von den Bathhurst- und Melville-Inseln in Nordaustralien. Die Tiklauila-Rangwila waren die Anstifter. Sie malten sich weiß an, bildeten eine Kriegerschar und teilten den Mandiiumbula ihre Absichten mit. Es wurde ein Zeitpunkt für die Begegnung vereinbart. Als die beiden Gruppen sich versammelt hatten, »tauschten die beiden Seiten einige Beleidigungen aus und verabredeten, sich formell auf einem offenen Feld, wo es viel Platz gab, zu begegnen«. Bei Einbruch der Nacht – ich setze den Bericht von Arnold Pilling und C. W. Hart fort – statteten sich Einzelpersonen aus beiden Gruppen Besuche ab, denn den Kriegsparteien gehörten auf beiden Seiten Verwandte an, und niemand betrachtete sämtliche Mitglieder der anderen Gruppe als Feinde. Bei Morgengrauen bezogen die beiden Gruppen auf den entgegengesetzten Seiten der Lichtung Stellung. Die Feindseligkeiten begannen damit, daß einige alte Männer sich ihre Streitigkeiten und ihren Groll laut zuriefen. Sie nahmen sich zwei oder drei Einzelpersonen besonders aufs Korn: »Als daraufhin die Speere geschleudert wurden, geschah dies seitens Einzelpersonen aus Gründen individueller Streitigkeiten.«

Da sich im wesentlichen die alten Männer beim Speerwerfen hervortaten, ließ die Treffsicherheit erheblich zu wünschen übrig.

»Nicht selten war die getroffene Person ein Unschuldiger, der am Kriegsgeschehen gar nicht beteiligt war, oder eine der alten Frauen, die zwischen den Kämpfenden umhersprangen, jedermann Obszönitäten zuriefen und die den Speerwürfen nicht so behende ausweichen konnten wie die Männer . . . Sobald jemand verwundet wurde, und war es auch nur ein unbedeutendes altes Weib, brach der Kampf sofort ab, bis die Folgen aus diesem neuen Zwischenfall von beiden Seiten eingeschätzt werden konnten.«

Ich beabsichtige nicht, die Kriegführung der Jäger-Sammler mit einer Slapstick-Komödie gleichzusetzen. W. Lloyd Warner hat hohe Todesraten für zumindest eine andere nordaustralische Jäger-Sammler-Gruppe, die Murngin, berichtet. Laut Warner gingen 28 Prozent der Todesfälle erwachsener Murngin-Männer auf Verwundungen zurück, die sich die Opfer auf dem Schlachtfeld zugezogen hatten. Man muß dabei allerdings berücksichtigen, daß in einer Gruppe, die nur zehn erwachsene Männer umfaßt, nur alle zehn Jahre ein Schlacht-Toter anzufallen braucht, um diese Rate zu erreichen.

Nach der Entwicklung des Ackerbaus sind Kriege wahrscheinlich häufiger und tödlicher geführt worden. Gewiß hat auch der Umfang der Kämpfe zugenommen. Feste Häuser, Geräte zur Nahrungsverarbeitung und die auf den Feldern wachsenden Früchte schärften den Sinn für territoriale Zugehörigkeit. Die Dorfbewohner neigten zu Generationen überdauernder Feindschaft, griffen wiederholt die Nachbarn an, plünderten sie aus und versuchten, sie aus ihren Gebieten zu vertreiben. Bei den Dörfern bewohnenden Dani in West-Irian, Neu-Guinea, weist das Kriegsverhalten – ähnlich dem der Tiwi – eine festgelegte »Nicht-Kampf-Phase« auf, in der es nur wenige Todesfälle gibt. Aber die Dani unternehmen auch umfassende überfallartige Angriffe, die zur Zerstörung und Vertreibung ganzer Dörfer und zum Tod einiger hundert Leute auf einmal führen. Karl Heider schätzt, daß 29 Prozent der Dani-Männer infolge von Verletzungen sterben, die sie während Überfällen und Hinterhalten erlitten haben. Bei den Yanomamo, Dorf-Hortikulturalisten an der brasilianisch-venezolanischen Grenze, machen Überfälle und Hinterhalte die Ursache von 33 Prozent aller Todesfälle unter Männern aus. Da die Yanomamo einen wichtigen Testfall darstellen, habe ich ihnen das gesamte folgende Kapitel gewidmet. Der Grund, weshalb manche Anthropologen bestreiten, daß Horden- und Dorfgesellschaften intensive Kampftätigkeit pflegen, liegt darin, daß die beteiligten Populationen so klein sind und weit verstreut leben; es erscheint den Wissenschaftlern infolge mangelhafter Einsicht in die realen Verhältnisse noch keineswegs als irrational und verschwenderisch, wenn bei Kämpfen zwischen solchen Gruppen ein oder zwei Tote anfallen.

Die Bevölkerungsdichte der Murngin und der Yanomamo zum Beispiel liegt unter einer Person pro Quadratmeile. Aber selbst Gruppen mit derartiger Dichte sind dem Fortpflanzungsdruck ausgesetzt. In der Tat spricht etliches dafür, daß das Gleichgewicht zwischen Bevölkerungsgröße und Ressourcen der eigentliche Grund für Banden- und Dorfkriege ist und daß der Ursprung dieser Geißel in der Unfähigkeit vorindustrieller Gesellschaften zu sehen ist, weniger kostspielige und gutartigere Mittel zur Erreichung niedriger Bevölkerungsdichten und -wachstumsraten zu entwickeln.

Ehe ich diese Beweise erörtere, möchte ich einen Blick auf einige alternative Auffassungen werfen und zeigen, weshalb ich sie für unangemessen halte. Die Hauptalternativen begreifen Krieg als *Solidarität*, Krieg als *Spiel*, Krieg als *menschliche Natur* und Krieg als *Politik*.

Krieg als Solidarität: Dieser Theorie zufolge ist Krieg der Preis, der für die Herstellung von Gruppengemeinsamkeit oder Gruppenkohärenz zu zahlen ist. Die Existenz äußerer Feinde schafft ein Gefühl der Gruppenidentität und hebt den *esprit de corps*. Die Gruppe, die gemeinsam kämpft, steht auch zusammen.

Ich muß zugeben, daß Aspekte dieser Erklärung mit einer Deutung vereinbar sind, die auf den Fortpflanzungsdruck abstellt. Wenn eine Gruppe infolge von Intensivierungen, sinkender Arbeitseffektivität und steigender Abtreibungs- und Kindesmordraten starken Belastungen ausgesetzt ist, so ist die Ableitung gestauter Aggressionen auf benachbarte Banden oder Dörfer gewiß einem Verhalten vorzuziehen, das diese Aggressionen in der eigenen Gemeinschaft schwelen läßt. Ich bezweifle nicht, daß die Ableitung von Aggressionen auf Fremde als »Sicherheitsventil« fungieren kann. Dieser Ansatz versäumt jedoch zu erklären, weshalb das Sicherheitsventil so tödlich sein muß. Wären nicht Verbalinjurien, Verspottungswettbewerbe und sportlicher Wettstreit erheblich weniger verlustreiche Verfahren, Solidarität herzustellen? Die Behauptung, wechselseitiges Abschlachten sei »funktional«, kann nicht mit einem vagen, abstrakten Vorteil von Zusammengehörigkeit und Gemeinsamkeiten begründet werden. Es muß gezeigt werden, wie und weshalb der Rückgriff auf derart tödliche Mittel unumgänglich ist, um noch tödlichere

Konsequenzen zu vermeiden – mit anderen Worten, in welcher Weise der Nutzen des Krieges seine Kosten überwiegt. Niemand hat je bewiesen oder wird jemals dazu in der Lage sein, daß die Folgen von weniger Solidarität schlimmer wären als Kampftote.

Krieg als Spiel: Manche Anthropologen haben die materiellen Aufwendungen und die Nutzeffekte des Krieges ins Gleichgewicht zu bringen versucht, indem sie ihn als vergnüglichen, sportlichen Wettstreit hingestellt haben. Sofern Menschen es tatsächlich genießen, ihr Leben im Kampf zu riskieren, mag Krieg zwar materiell verschwenderisch und verlustreich, aber psychologisch erbaulich sein, und der Widerspruch löst sich auf. Es stimmt, daß Menschen – und insbesondere Männer – häufig in dem Glauben erzogen werden, Kriegführen sei eine reizvolle oder gar adelnde Betätigung, und man habe Freude daran zu empfinden, andere Menschen aufzuspießen und zu töten. Viele der berittenen Indianer der Great Plains – die Sioux, Crow und Cheyenne – besaßen ein mit Kerben versehenes Holz, das die Zahl ihrer kriegerischen Bravourstücke aufzeichnete. Das Ansehen eines Mannes bestand in der Anzahl seiner geglückten Coups. Diese Indianer vergaben die meisten Punkte nicht an den Krieger mit der höchsten Quote erschlagener Feinde, sondern demjenigen, der die meisten Risiken einging. Als größtes Meisterstück galt es, sich in ein feindliches Lager hinein- und wieder hinauszuschleichen, ohne entdeckt zu werden. Aber die Anerziehung kriegerischer Tapferkeit zeitigte unter den Banden- und Dorfmenschen nicht immer die gewünschten Ergebnisse. Die Crow und andere Indianer der Great Plains sorgten sich um ihre Pazifisten, indem sie ihnen Frauenkleider anlegen und sie als Knechte dienen ließen. Und auch die tapfersten Krieger müssen sich – wie etwa bei den Yanomamo – emotional auf den Kampf vorbereiten, indem sie Rituale vollführen oder Drogen nehmen. Wenn man Menschen beibringen kann, Krieg hoch zu bewerten und es zu genießen, andere Menschen aufzuspießen und sie zu töten, muß man ebenso einräumen, daß man sie auch lehren kann, Krieg zu hassen und zu fürchten, und es muß möglich sein, sie so zu konditionieren, daß sich ihnen der Magen angesichts eines Spektakels umdreht, bei dem Menschen einander umzubringen versuchen. Beide Arten von Indoktrinierung und Konditionierung werden praktiziert. Wenn also kriegerische Wertnormen Kriege hervorrufen, dann liegt das entscheidende Problem darin, die Bedingungen eindeutig einzugrenzen, unter denen Menschen gelehrt wird, Krieg hoch zu bewerten, statt Schrecken vor ihm zu empfinden.

Krieg als menschliche Natur: Eine beständig favorisierte Ausflucht der Anthropologen vor dem Problem, die Bedingungen zu benennen, unter denen Krieg entweder hoch zu bewerten oder zu verabscheuen ist, besteht darin, das Wesen des Menschen mit einem Drang zu töten auszustaffieren. Krieg wird geführt, weil Menschen – besonders männliche – einen »Killerinstinkt« haben. Wir töten, weil sich solches Verhalten, vom Standpunkt der natürlichen Auslese im Daseinskampf aus betrachtet, als erfolgreiches Prinzip bewährt hat. Aber das Konzept vom *Krieg als menschlicher Natur* gerät sofort ins Schwanken, wenn man berücksichtigt, daß das Morden nicht in der ganzen Welt die gleiche Bewunderung findet und daß die Häufigkeit und Intensität der Kriegführung erheblich variieren. Mir bleibt unverständlich, wie jemand bezweifeln kann, daß diese Unterschiede stärker durch kulturelle als durch genetische Verschiedenheiten bedingt sind, denn es sind krasse Umkehrungen von extrem kriegerischem zu friedfertigem Verhalten innerhalb einer oder zweier Generationen vorgekommen, ohne daß irgendwelche genetischen Veränderungen stattgefunden hätten. Die Pueblo-Indianer im Südwesten der Vereinigten Staaten zum Beispiel sind heutigen Beobachtern als friedliche, religiöse, unaggressive, kooperative Völker bekannt. Und doch waren sie dem spanischen Regenten von Neu-Spanien vor nicht allzu langer Zeit als Indianer geläufig, die jeden weißen Siedler umzubringen versuchten, dessen sie habhaft werden konnten, und die in Neu-Mexiko jede Kirche einschließlich aller Geistlichen, die sie in das Gotteshaus einschließen oder an die Altäre fesseln konnten, rücksichtslos niederbrannten. Man braucht sich nur an die frappierende Verhaltensänderung gegenüber dem Militarismus in Japan nach dem Zweiten Weltkrieg oder an das plötzliche Hervortreten der israelischen Überlebenden der Nazi-Verfolgungen als Führer einer hochgradig militarisierten Gesellschaft zu erinnern, um die zentrale Schwäche plastisch vor

Augen zu führen, die der so bequemen These innewohnt, *Krieg sei der menschlichen Natur angeboren.*

Offensichtlich gehört zum Wesen des Menschen die Fähigkeit, aggressiv zu werden und Krieg zu führen. Aber wie und wann wir aggressiv werden, wird stärker durch unseren kulturellen Hintergrund als durch unsere Gene bestimmt. Um den Ursprung des Krieges zu erklären, muß man erläutern können, weshalb aggressive Reaktionen die spezifische Form organisierter Kämpfe zwischen Gruppen annehmen. Ashley Montagu hat uns gemahnt, daß selbst bei subhumanen Spezies das Töten nicht das Aggressionsziel ist. Es gibt keine Triebe oder Instinkte oder Prädispositionen im Wesen des Menschen, andere Menschen auf dem Schlachtfeld umzubringen; allerdings lassen sich unter bestimmten Bedingungen Menschen unschwer dazu anleiten, es zu tun.

Krieg als Politik: Eine andere, häufig vorgetragene Erklärung für den Krieg behauptet, bewaffneter Konflikt sei das logische Ergebnis des Bemühens einer Gruppe, das eigene politische, soziale und wirtschaftliche Wohlergehen auf Kosten einer anderen Gruppe zu bewahren oder zu heben. Es kommt zum Krieg, weil er zur Ausbeutung von Gebieten und Ressourcen führt, Sklaven oder Beute einbringt und Tribute oder Steuern abgepreßt werden können: »Dem Sieger gehört die Beute.« Die nachteiligen Folgen für die Unterworfenen lassen sich einfach als Fehlkalkulation abschreiben – eben als »wechselhafte Geschicke des Krieges«.

Diese Erklärung ist völlig stimmig im Hinblick auf diejenigen Kriege der Geschichte, die Auseinandersetzungen zwischen souveränen Staaten gewesen sind. Solche Kriege beinhalten unter anderem eindeutig den Versuch des einen Staates, auf Kosten des oder der andern seinen Lebensstandard zu heben – wobei die zugrundeliegenden wirtschaftlichen Interessen üblicherweise religiös oder politisch verbrämt oder verschleiert werden. Die Form politischer Organisation, die wir Staat nennen, verdankt ihre Entstehung genau dem Umstand, daß es möglich geworden war, Kriege mit dem Zweck territorialer Eroberung und wirtschaftlicher Ausplünderung zu führen.

Die Kriegführung auf der Stufe des Banden- und frühen Dorflebens entbehrt jedoch dieser Dimension. Banden- und Dorfgesellschaften erobern keine Gebiete oder unterjochen nicht ihre Feinde. Da ihnen der bürokratische, militärische und gesetzliche Apparat von Staatswesen fehlt, können siegreiche Banden oder Dörfer Nutzen in Form von jährlichen Steuern und Tributen nicht einstreichen. Und angesichts des Fehlens großer Mengen gelagerter Nahrungsmittel und anderer hoch bewerteter Güter kann die »Kriegsbeute« auch nicht sonderlich anziehend sein. Gefangene zu nehmen und sie zu versklaven ist für eine Gesellschaft ebenfalls undurchführbar, die ihr Produktionssystem nicht intensivieren kann, ohne ihre Ressourcenbasis zu erschöpfen, und der es an Kapazität fehlt, ein feindseliges, unterernährtes Arbeitskräftepotential auszubeuten. Aus all diesen Gründen kehrten die Sieger aus vor-staatlichen Kriegen häufig mit einigen Skalps oder Köpfen als Trophäen oder überhaupt ohne Beute heim – von dem Recht einmal abgesehen, sich damit zu brüsten, wie mannhaft sie sich im Kampf bewiesen hatten. Mit anderen Worten, politische Expansion kann die Kriege zwischen Banden- und Dorfgesellschaften nicht erklären, da die meisten dieser Gesellschaften an politischer Expansion keinerlei Interesse haben. Ihre gesamte Existenzweise ist von dem Erfordernis beherrscht, nicht zu expandieren, um ein günstiges Verhältnis von Bevölkerungsgröße und Ressourcen zu bewahren. Daher müssen wir uns nach dem Beitrag der Kriegführung zur Erhaltung günstiger ökologischer und demographischer Verhältnisse umsehen, wenn wir verstehen wollen, weshalb Banden- und Dorfgesellschaften Kriege führen.

Der erste derartige Beitrag besteht in der Streuung von Populationen über weitere Gebiete. Zwar erobern Banden und Dörfer die Lebensräume der anderen nicht in der Weise, wie Staaten es tun, aber nichtsdestoweniger zerstören sie Siedlungen und vertreiben einander aus Gebieten, die sie ansonsten gemeinsam ausbeuten würden. Überfälle, Vertreibungen und die Vernichtung von Siedlungen tragen dazu bei, die durchschnittliche Entfernung zwischen Siedlungen zu dehnen und damit die Bevölkerungsdichte einer Region insgesamt zu senken.

Einer der wichtigsten Nutzeffekte dieser Streuung – ein Vorteil, der Siegern und Besiegten gleichermaßen zugute kommt – ist die Schaffung von »Niemandsland« in Gebieten, die normalerweise

Beutetiere, Fisch, Wildpflanzen, Feuerholz und andere Naturschätze liefern. Weil mögliche Hinterhaltattacken sie für solche Nutzung zu gefährlich machen, spielen diese »Niemands«-Landstriche als Reservate für Pflanzen- und Tierarten, die andernfalls durch menschliche Tätigkeit dauerhaft erschöpft werden könnten, eine bedeutende Rolle im ökologischen Gesamtsystem. Jüngste ökologische Untersuchungen zeigen, daß zum Schutz gefährdeter Arten – insbesondere von großen Tieren, die sich langsam vermehren – überaus weitläufige Zufluchtgebiete erforderlich sind.

Die Streuung von Populationen und die Schaffung ökologisch lebenswichtiger »Niemandsländer« sind äußerst beachtliche Nutzeffekte, die sich trotz der Kampfkosten aus Feindseligkeiten zwischen Banden- und Dorfvölkern ergeben. Allerdings muß dabei eine Bedingung erfüllt sein: Sind die Lager und Siedlungen der Feinde zerstreut, dürfen die Sieger nicht zulassen, daß die Bevölkerung ihrer eigenen Lager und Siedlungen bis zu dem Punkt wächst, da sie durch das eigene Bevölkerungswachstum und Intensivierungsbemühungen Wild- und andere Ressourcen gefährdet. Kriegführung unter vorstaatlichen Bedingungen kann diese Voraussetzung nicht erfüllen – zumindest nicht durch die unmittelbaren Auswirkungen der Todesfälle im Kampf. Das Problem liegt darin, daß die Kämpfenden fast durchweg Männer sind, womit auch die Kampftoten zumeist Männer sind. Nur drei Prozent der Todesfälle unter erwachsenen Frauen bei den Dani gehen auf Krieg zurück, und bei den Yanomamo beträgt diese Rate sieben Prozent. Darüber hinaus sind die meisten kriegerischen Banden- und Dorfgesellschaften polygyn, das heißt, ein Mann hat mehrere Frauen. Es besteht daher keine Chance, daß Krieg allein die Rate herabdrückt, mit der eine Population – und insbesondere eine siegreiche – wächst und ihre Umwelt erschöpft. Ebenso wie der Gerontozid können männliche Kampftote den Bevölkerungsdruck nur kurzfristig lindern, aber sie haben keinen Einfluß auf übergreifende Trends, solange ein paar polygyne männliche Überlebende fortfahren, sämtliche nicht kampfbeteiligten Frauen zu begatten. Es ist ein biologischer Fakt, daß die meisten männlichen Wesen im Übermaß fortpflanzungsfähig sind. Wie Joseph Birdsell zutreffend festgestellt hat, ist die Fruchtbarkeit einer Gruppe von der Zahl ihrer erwachsenen Frauen weit stärker abhängig als von der Zahl der erwachsenen Männer. »Zweifellos könnte ein körperlich intakter Mann zehn Frauen ständig schwanger halten.« Diese Bemerkung ist augenfällig zurückhaltend formuliert, denn bei zehn Schwangerschaften pro Frau hätte der fragliche Mann maximal nur hundert Kinder, wohingegen es vielen arabischen Scheichs und östlichen Potentaten anscheinend keine nennenswerten Schwierigkeiten bereitet, fünfhundert und mehr Kinder zu zeugen.

Aber gehen wir von Birdsells Argumentation aus, die, wenn sie auch auf das hypothetische Beispiel von einem Mann auf *nur* zehn Frauen abstellt, unangreifbar ist:

»Dies Verhältnis dürfte die gleiche Anzahl von Geburten hervorbringen, wie wenn die Gruppe aus zehn Männern und zehn Frauen bestünde. Wenn wir uns hingegen eine Gruppe, bestehend aus zehn Männern und nur einer Frau, vorstellen, betrüge die Geburtenrate notwendigerweise zehn Prozent des voraufgegangenen Beispiels. Die Zahl der Frauen bestimmt die Fruchtbarkeitsrate.«

Wie ich zeigen werde, wirkt Kriegführung drastisch auf die Anzahl der Frauen und damit auch stark auf die menschliche Reproduktionsrate ein. Aber die Art und Weise, in der sich dies vollzieht, ist bislang nicht begriffen worden.

Bevor ich erläutere, in welcher Weise Kriegführung die Rate begrenzt, mit der Siedlungen wachsen, möchte ich einen Punkt hervorheben. Die Hand in Hand gehenden demographischen Auswirkungen, die Kriegführung in Banden- und Dorfgesellschaften zeitigt, sind für militärische Komplexe auf der Entwicklungsstufe von Staatswesen nicht charakteristisch. Vorerst will ich mich allerdings nur mit dem Ursprung des Krieges auf der vorstaatlichen Stufe befassen. In Gesellschaften mit entfalteter Staatlichkeit kann Krieg die Bevölkerung weiter streuen, aber nur selten drückt er ihre Wachstumsrate herab. Keiner der größeren Kriege dieses Jahrhunderts – der Erste und Zweite Weltkrieg, der Korea- und der Vietnamkrieg – hat die langfristige Wachstumsrate der kriegsbeteiligten Bevölkerungen gesenkt. Zwar trifft es zu, daß das Defizit zwischen der vorausberechneten und der tatsächlichen Bevölkerung Rußlands im Ersten Weltkrieg immerhin fünf Millionen betrug, aber bereits nach zehn Jahren war dies Defizit ausgeglichen. Nicht einmal das kurzfristige Bevölkerungswachstum braucht unbedingt beeinträchtigt zu werden. Während der gesamten Dekade des Vietnamkrieges wuchs die Bevölkerung Vietnams mit aufsehenerregenden drei Prozent jährlich. Auch aus der europäischen Geschichte ergibt sich, daß Krieg die Rate des Bevölkerungswachstums nicht automatisch drücken muß. Während der vergangenen drei Jahrhunderte verstrich kaum ein Jahrzehnt ohne ausgedehnte kriegerische Auseinandersetzungen, und dennoch wuchs die Bevölkerung Europas von 103 Millionen im Jahre 1650 auf 594 Millionen Menschen im Jahre 1950. Man könnte daraus prompt schließen, daß europäische Kriege – und Kriege zwischen Staaten ganz allgemein – Teil eines Systems zur Stimulierung raschen Bevölkerungswachstums gewesen sind.

Allerdings scheint dabei gemeinhin übersehen worden zu sein, daß im Gegensatz zu staatlich organisierten Gesellschaften die menschlichen Gesellschaftsformen auf der Stufe der Banden und Dörfer Krieg in ungewöhnlicher Weise angewandt haben, um sehr niedrige Bevölkerungswachstumsraten zu erzielen. Sie erreichten dies nicht in erster Linie durch eine hohe Rate männlicher Kampftoter – die, wie wir gesehen haben, immer durch Rückgriff auf die beachtlichen Fortpflanzungsreserven des menschlichen Weibchens leicht ausgeglichen wird –, sondern durch ein anderes Mittel, das mit der Praxis der Kriegführung eng verknüpft und von ihr abhängig war und doch nicht zum tatsächlichen Kampfgeschehen gehörte. Ich rede hier vom Infantizid an weiblichen Säuglingen. Die Kriegführung in Banden- und Dorfgesellschaften bedingt eine geschlechtsspezifische Infantizidpraxis. Diese Kriegführung ermutigte die Aufzucht von Söhnen, deren Männlichkeit in der Vorbereitung auf den Kampf glorifiziert wurde, und die Abwertung von Töchtern, die nicht kämpften. Dies wiederum führte zur Begrenzung des weiblichen Nachwuchses durch Vernachlässigung, Mißhandlung und regelrechtes Töten.

Untersuchungen von William Divale bei Kriegführung praktizierenden Banden- und Dorfgesellschaften haben ergeben, daß in diesen Gesellschaften, als sie erstmals bevölkerungsstatistisch erfaßt wurden, die Zahl des männlichen Nachwuchses im Alter von vierzehn Jahren und darunter die des weiblichen in der gleichen Altersgruppe bei weitem überstieg. Divale ermittelte, daß das Verhältnis der Jungen zu den Mädchen 128:100 betrug, wohingegen das Verhältnis der erwachsenen Männer zu erwachsenen Frauen sich auf 101 : 100 belief. Da auf der ganzen Welt durchschnittlich 105 männliche auf 100 weibliche Neugeborene kommen, bietet die Diskrepanz zwischen 105 und 128 einen Maßstab für den Grad der bevorzugten Behandlung des männlichen Nachwuchses und das Absinken auf 101 : 100 einen Maßstab für die Todesrate der Männer im Krieg. Diese Deutung gewann an Gewicht, da Divale die Geschlechterverhältnisse von Gruppen, die in weiter zurückliegenden Phasen der Vergangenheit Kriegführung praktiziert hatten, mit denen verglich, die aktiv in Kriege verwickelt waren, als sie erstmalig statistisch erfaßt wurden.

Bei Populationen, die fünf bis 25 Jahre, nachdem ihre Kriege – normalerweise durch Kolonialherren – unterbunden worden waren, erfaßt wurden, belief sich das Geschlechterverhältnis durchschnittlich auf 113 Jungen und 113 erwachsene Männer auf jeweils 100 Mädchen und Frauen. (Der Anstieg im Geschlechterverhältnis der Erwachsenen von 101 : 100 zu Kriegszeiten auf 113 : 100 nach Unterbindung der Kriege ist wahrscheinlich dadurch bedingt, daß Männer überlebt haben, die andernfalls in Kriegen umgekommen wären.) In Bevölkerungen, die mehr als 25 Jahre nach ihren letzten Kriegen statistisch erfaßt wurden, belief sich das Geschlechterverhältnis der Personen von fünfzehn Jahren und darunter auf 106 : 100, was sich der Weltnorm von 105 : 100 bei Geburt nähert.

Diese Verschiebungen erscheinen noch aufsehenerregender, wenn man die berichtete Häufigkeit aller Arten von Kindesmord, männlichen wie weiblichen, und die Kriegführung in Betracht zieht. In Bevölkerungen, die zur Zeit der Erfassung immer noch Kriege führten und die laut den Berichten der Ethnographen durchgängig oder gelegentlich Kindesmord praktizierten, betrug das durchschnittliche Geschlechterverhältnis in der jungen Generation 133 Jungen auf 100 Mädchen. In Populationen, in denen die Kriegführung seit 25 Jahren oder länger unterbunden war und in denen den Schilderungen zufolge Infantizid nicht verbreitet war oder nicht verübt wurde, belief sich das Geschlechterverhältnis unter den Jugendlichen auf 104 Jungen zu 100 Mädchen und auf 92 Männer zu 100 Frauen.

Ich will damit nicht behaupten, der Krieg habe den Infantizid an weiblichem Nachwuchs bedingt oder die Praxis des Infantizids an weiblichen Säuglingen habe Krieg verursacht. Vielmehr gehe ich davon aus, daß ohne Fortpflanzungsdruck weder die Kriegführung noch der Infantizid an weiblichen Kindern sich ausgebreitet hättcn und daß die Verbindung beider eine grausame, aber einzigartig wirksame Lösung des Malthusianischen Dilemmas geboten hat.

Die Regulierung des Bevölkerungswachstums durch bevorzugte Behandlung der männlichen Säuglinge stellt einen bemerkenswerten »Sieg« der Kultur über die Natur dar. Es war eine sehr machtvolle kulturelle Kraft erforderlich, um Eltern zu veranlassen, ihre eigenen Kinder zu vernachlässigen oder zu töten, und diese Kraft muß noch erheblich stärker gewesen sein, um sie de facto dazu zu bringen, mehr Mädchen als Jungen zu vernachlässigen oder zu töten. Diese Kraft und Motivation entsprang aus der Kriegführung, denn diese machte das Überleben der Gruppe von der Aufzucht kampfbereiter Männchen abhängig. Männliche Wesen wurden dazu ausersehen, im Kämpfen unterwiesen zu werden, denn die Bewaffnung bestand aus Speeren, Keulen, Pfeil und Bogen sowie anderen handgeführten Waffen. Infolgedessen hing militärischer Erfolg von der relativen Zahlenstärke an stämmigen Kämpfern ab. Aus diesem Grunde kam es dazu, daß Männer sozial höher bewertet wurden als Frauen, und Männer und Frauen arbeiteten Hand in Hand, wenn es darum ging, Töchter zu »beseitigen«, um eine maximale Zahl an Söhnen aufziehen zu können.

Gewiß, dem Infantizid an weiblichem Nachwuchs wird auch bisweilen der Vorzug gegeben, wenn keine Kriege geführt werden. Viele Eskimogruppen begehen in hohem Umfang Infantizid an weiblichen Säuglingen, obwohl sie relativ wenig organisierte bewaffnete Kämpfe zwischen Gruppen austragen. Die Erklärung hierfür lautet, daß in der arktischen Umwelt die überlegene Muskelkraft der Männer in der Produktion eine Rolle spielt, die der Rolle gleichzusetzen ist, die sie in der Kriegführung in anderen Regionen spielt. Die Eskimo benötigen jede Unze zusätzlicher Körperkraft, um ihre tierische Beute aufzuspüren, in die Falle zu locken und zu töten. Anders als die Jäger in gemäßigten Zonen kommen die Eskimo kaum in Verlegenheit, ihre Reviere überstark auszubeuten. Ihr Problem besteht vielmehr darin, genügend Nahrung aufzutreiben und die eigene

Gruppe davor zu bewahren, unter eine erholungsfähige Zahlenstärke abzusinken. Sie können sich nicht auf das Sammeln von Pflanzen als Hauptkalorienquelle stützen. In einem derartigen Zusammenhang wächst den Söhnen eine höher bewertete Rolle in der Gesellschaft zu als den Töchtern, selbst wenn nicht häufig Kriege geführt werden; sowohl Männer wie Frauen arbeiten bei der Begrenzung des weiblichen Nachwuchses zusammen, als ob die Männer für den Kampf gebraucht würden.

In günstigeren Lebensräumen wäre bei Unterlassen von Kriegen eine hohe Rate des Infantizids an weiblichen Kindern schwerlich aufrechtzuerhalten. Banden- und Dorfvölker sind durchaus in der Lage zu begreifen, daß die Zahl der zu fütternden Mäuler von der Zahl der Frauen in der Gruppe bestimmt wird. Aber es fällt ihnen schwer, die Zahl der Frauen zugunsten der Männer zu begrenzen, denn in anderer Hinsicht sind Frauen wertvoller als Männer. Frauen können die meisten Arbeiten verrichten, die Männer erledigen, und sie allein sind in der Lage, Kinder auszutragen und zu stillen. Von ihrem langfristigen Beitrag zum Bevölkerungsproblem einmal abgesehen, sind Frauen in der Tat ein besseres Kosten-Nutzen-Geschäft als Männer. Anthropologen haben sich in der Einschätzung des Werts weiblicher Arbeitskraft durch den Umstand fehlleiten lassen, daß man die Frauen in Jäger-Sammler-Gesellschaften nie hat große Tiere jagen sehen. Dies beweist aber nicht, daß die beobachtete Arbeitsteilung sich naturwüchsig aus der Muskelkraft der Männer oder aus der angenommenen Notwendigkeit herleitet, daß Frauen dicht beim Lagerfeuer bleiben, kochen und Kinder stillen müssen. Männer sind im Durchschnitt vielleicht schwerer, stärker und als Läufer schneller als Frauen, aber in günstigen Lebensräumen sind wenige produktive Aufgaben zu verrichten, bei denen diese körperlichen Merkmale die Männer entscheidend leistungsfähiger machen als die Frauen. In gemäßigten oder tropischen Zonen ist die Rate der Fleischproduktion stärker durch die Fortpflanzungsrate der Beutearten als durch das handwerkliche Geschick der Jäger begrenzt. Weibliche Jäger könnten leicht an die Stelle der männlichen treten, ohne daß die Versorgung mit hochwertigem Eiweiß gemindert würde. Etliche neuere Untersuchungen haben ausgewiesen, daß die Frauen bei den Hortikulturalisten mehr Kalorien und Proteine in Form von Nahrungspflanzen und kleinen Beutetieren heranschaffen als die Männer – und das, obwohl sie nicht auf die Jagd nach Großwild gehen. Überdies bedingt die Notwendigkeit, daß die Frauen die Säuglinge nähren, nicht »naturgegeben« ihre Rolle als Köche und »Stubenhoker«. Jagd ist eine intermittierende Betätigung, und eigentlich spräche nichts dagegen, wenn stillende Frauen ihre Säuglinge ein- oder zweimal pro Woche für ein paar Stunden in der Obhut einer anderen Person ließen. Da die Banden aus nahe verwandten Sippenangehörigen bestehen, sind Jäger-Sammler-Frauen nicht so isoliert wie heutige Arbeiterfrauen, und es fällt ihnen nicht schwer, vorindustrielle Entsprechungen zu Babysittern und Kindertagesstätten zu entwickeln.

Die Erklärung für die nahezu weltweite Fernhaltung der Frauen von der Großwildjagd scheint in der Praxis der Kriegführung, in der Überlegenheit beanspruchenden Geschlechtsrolle der Männer, die aus dem Zusammenhang der Kriegführung erwächst, und in der Praxis des Infantizids an weiblichen Säuglingen zu liegen – und alle diese Faktoren ergeben sich letztlich aus dem Versuch, das Problem des Fortpflanzungsdrucks zu lösen. Fast alle Banden- und Dorfgesellschaften unterrichten ausschließlich Männer in der sachverständigen Verwendung von Waffen, und häufig ist es den Frauen sogar verboten, diese Waffen auch nur zu berühren, ebenso wie sie generell vom Kampf in vorderster Frontlinie abgehalten werden.

Männliche militärische Tapferkeit wird eng mit geschlechtlich unterschiedener Einübung gewalttätigen und aggressiven Verhaltens assoziiert. Banden- und Dorfgesellschaften trainieren männlichen Nachwuchs für den Kampf durch Konkurrenzsport wie Ringen, Laufen und Duellieren. Frauen beteiligen sich selten an solchem Sport und wetteifern nie mit Männern. Banden- und Dorfgesellschaften impfen ihrem männlichen Nachwuchs auch Männlichkeitsbewußtsein ein, indem sie ihn scharfen Zerreißproben unterziehen, wie etwa geschlechtlichen Verstümmelungen wie Beschneidung, Aussetzung in Hitze und Kälte und drogeninduzierten, halluzinatorischen Begegnungen mit übernatürlichen Gruselwesen. Zwar unterziehen manche Banden- und Dorfgesellschaften auch Mädchen Pubertätsritualen, aber dabei handelt es sich eher um Prüfungen durch Langeweile als durch Schrecken. Die Mädchen werden außer Sichtweite für einen Monat oder länger in besonderen Hütten oder Räumen gehalten, und während dieser Zeit ist es ihnen untersagt, den eigenen Körper zu berühren. Selbst wenn es juckt, müssen sie ein Kratzgerät benutzen, um das Jucken zu beheben. Manchmal ist ihnen auch während der gesamten Klausurzeit das Sprechen untersagt. Es trifft zwar zu, daß manche Kulturen auch die weiblichen Genitalien verstümmeln, aber diese Praxis wird bei weitem seltener geübt als die Beschneidung.

Eine Frage, die immer noch unbeantwortet geblieben ist, lautet: Weshalb wird es *sämtlichen* Frauen verwehrt, sich als militärisch den Männern ebenbürtig ausbilden zu lassen? Es gibt Frauen, die muskulöser und kräftiger sind als manche Männer. Die Siegerin im olympischen Speerwurf-Wettbewerb der Frauen 1972 setzte eine Rekordmarke von 63,88 Metern, was nicht nur die Speerwurfleistung der meisten Männer übersteigt, sondern auch die Spitzenleistungen etlicher früherer männlicher Speerwurf-Champions bei Olympiaden übertrifft; allerdings benutzten diese etwas schwerere Speere. Wenn also der springende Punkt bei der Aufstellung einer Kriegerschar die Muskelkraft ist, weshalb nimmt man dann nicht Frauen mit hinein, deren Stärke der des durchschnittlichen Feindes entspricht oder ihr überlegen ist? Ich glaube, die Antwort lautet, daß der gelegentliche militärische Sieg gut trainierter, großer und kräftiger Frauen über kleinere Männer mit der Sexualhierarchie in Konflikt geraten würde, auf deren Grundlage der bevorzugte Infantizid an weiblichem Nachwuchs basiert. Männer, die als Krieger Erfolge erzielen, werden mit mehreren Frauen und mit sexuellen Privilegien belohnt, die darauf fußen, daß die Frauen dazu erzogen werden, den männlichen Supremat zu akzeptieren. Wenn das Gesamtsystem reibungslos funktionieren soll, darf keine Frau auf die Idee verfallen, ebenso wertvoll und kräftig zu sein wie irgendein beliebiger Mann.

Ich fasse zusammen: Krieg und Infantizid an weiblichem Nachwuchs sind Teil des Preises, den unsere Steinzeitvorfahren für die Regulierung ihrer Bevölkerung zu entrichten hatten, wenn sie ein Absinken des Lebensstandards auf bloßes Subsistenzniveau abwenden wollten. Ich bin ziemlich sicher, daß die Kausalkette vom Fortpflanzungsdruck hin zur Kriegführung und zum Infantizid an Töchtern verläuft und nicht umgekehrt. Ohne Fortpflanzungsdruck ergäbe es keinen Sinn, nicht ebenso viele Mädchen wie Jungen aufzuziehen, selbst wenn die Jungen aufgrund ihrer Überlegenheit im Kampf von Mann gegen Mann sozial höher bewertet würden. Eine größere Kampftruppe von Männern erreicht man am schnellsten, wenn man jedes kleine Mädchen als wertvoll achtet und kein einziges von ihnen tötet oder vernachlässigt. Ich frage mich wirklich, ob es jemals einen Menschen gab, der nicht die elementare Tatsache erkannt hätte, daß man zunächst viele Frauen braucht, wenn man viele Männer bekommen will. Die Unfähigkeit der Banden- und Dorfgesellschaften, gemäß dieser Wahrheit zu handeln, legt den Schluß nahe, daß nicht die Kriegführung durch den Infantizid oder der Infantizid durch die Kriegführung verursacht wurde, sondern daß beide, Krieg und Infantizid, und ebenso die sexuelle Hierarchie, die mit diesen beiden Geißeln einherkam, durch die Notwendigkeit bedingt wurden, Populationen zu streuen und ihre Wachstumsraten herabzudrücken.

5. Kapitel

Proteine und das »Gewalttätige Volk«

Kriegführung und männliche Tapferkeit spielen eine derart herausragende Rolle im sozialen Leben der Yanomamo, daß der Anthropologe Napoleon Chagnon von der Pennsylvania State University sie das »Gewalttätige Volk« nennt. Eindrucksvolle Schilderungen und Filme zeigen, daß die Yanomamo, die nahe den Oberläufen des Orinoco und des Rio Negro im Busch an der Grenze zwischen Brasilien und Venezuela leben, praktisch unablässig untereinander Krieg führen.

Ich habe an früherer Stelle erwähnt, daß 33 Prozent der Todesfälle unter Yanomamo-Männern durch Verwundungen in der Schlacht verursacht sind. Darüber hinaus praktizieren die Yanomamo eine besonders grausame Form männlichen Supremats; sie betreiben Vielweiberei, schlagen häufig ihre Frauen und begehen gruppenweise Notzucht an gefangengenommenen Feindesfrauen.

Die Yanomamo sind ein strittiger Fall nicht nur, weil sie eine der am gründlichsten untersuchten Dorfgesellschaften sind, die aktiv Krieg führen, sondern auch, weil Chagnon – der sie am besten kennt – bestreitet, daß die hohe Homizidrate in und zwischen den Dörfern durch ökologischen und Fortpflanzungsdruck bedingt ist:

»Man findet zwischen den Dörfern [sic] riesige Landstriche, die zum größten Teil kultivierbar und wildreich sind . . . Was immer sonst man als ›Grund‹ für die Kriege zwischen den Dörfern anführen mag, *die Konkurrenz um Ressourcen dürfte kaum ein stichhaltiger sein.* Die im allgemeinen intensiven kriegerischen Aktivitäten, die man bei Ureinwohnern tropischer Buschkulturen findet, lassen sich nicht gut mit Ressourcenknappheit oder Streit um Land oder Jagdgründe erklären . . . Neuere Trends in der ethnologischen Theorie kristallisieren sich immer mehr um die Auffassung, Kriegführung sei stets durch Bevölkerungsdichte, Knappheit strategischer Ressourcen wie

Territorien oder ›Proteinen‹ oder ein Zusammenwirken beider zu erklären. Die Yanomamo sind insofern eine bedeutsame Gesellschaft, als ihre Kriegführung sich auf diese Weise nicht herleiten läßt.« [Hervorhebungen von Chagnon.]

Obwohl sie Paradiesfeigen, Bananen und andere Früchte anbauen, beträgt ihre Bevölkerungsdichte, insgesamt gesehen, nur etwa 0,5 Personen pro Quadratmeile – und weicht damit nicht wesentlich von der der Jäger-Sammler-Gesellschaften im Amazonasgebiet ab. Die Dörfer sind, gemessen an Jäger-Sammler-Normen, groß, aber die Siedlungen »fissionieren« (das heißt spalten sich auf), lange ehe sie eine Gesamteinwohnerschaft von zweihundert Menschen erreichen. Dies läßt die Yanomamo-Dörfer im Vergleich zu den indianischen Siedlungen an den Hauptläufen des Amazonas und des Orinoco, wo die ersten europäischen Entdecker auf Dörfer mit fünfhundert bis tausend Menschen und auf bis zu acht Kilometer lange Häuserreihen entlang der Flußufer stießen, unbedeutend klein erscheinen.

Warum ist die Bevölkerungsdichte und die Dorfgröße bei den Yanomamo so gering geblieben, wenn doch, wie Chagnon behauptet, Land und Wild im Überfluß vorhanden sind? Der Unterschied läßt sich nicht auf die Kriegführung selbst zurückführen, denn es ist gesichert, daß die Völker an den Flußhauptläufen noch kriegerischer waren als diejenigen, die in den Wäldern lebten. Donald Lathrap hat überzeugend argumentiert, daß sämtliche Gruppen, die abseits der Hauptströme leben – wie die Yanomamo es tun – »Strandgut« entfalteterer Gesellschaften sind und »aus den Flußniederungen in weniger günstige Lebensräume abgedrängt worden sind«.

Die Yanomamo versuchen nicht zu verhehlen, daß sie Infantizid an weiblichen Nachkommen verüben. Dies bedingt ein extrem unausgewogenes Geschlechterverhältnis in der Altersgruppe bis vierzehn Jahre. Chagnon hat zwölf Yanomamo-Dörfer untersucht, die in der kriegsintensivsten Zone lagen; dort belief sich das durchschnittliche Geschlechterverhältnis auf 148 Jungen zu 100 Mädchen. In einem kriegerischen Dorf, das Jacques Lizot untersucht hat, betrug das Geschlechterverhältnis unter der Jugend gar 260:100. Auf der anderen Seite wiesen außerhalb der kriegsintensivsten Zone im Parima-Hochland drei Dörfer, die William Smole erforscht hat, unter den Jugendlichen ein Geschlechterverhältnis von durchschnittlich 109 : 100 auf.

Laut Chagnon stellt der Umstand, daß Frauen hoch im Kurs stehen – was noch durch die Vielweiberei verschärft wird –, eine vorrangige Ursache von Uneinigkeit und Auseinandersetzungen dar:

»Die Frauenknappheit, indirekt Folge einer Haltung, die Männlichkeit bewundert, führt letztlich zu scharfer Konkurrenz und bestärkt so den gesamten *waiteri*-Komplex (den Komplex der männlichen Wildheit), indem sie in verstärkten Aggressionen und Kämpfen resultiert. Praktisch ausgedrückt war fast jede Dorfspaltung, die ich untersuchte, durch chronische innere Streitigkeiten über Frauen ausgelöst, und in vielen Fällen begannen die Gruppen sich schließlich zu bekämpfen, nachdem sie sich getrennt hatten.«

Die Yanomamo selbst »erachten Streitigkeiten wegen Frauen als Hauptursache ihrer Kriege.«

Aber nicht alle Yanomamo-Dörfer sind von gewalttätigen, aggressiven Männern bewohnt. Chagnon legt Wert auf die Unterscheidung im Grad der Gewalttätigkeit zwischen Dörfern, die in den »zentralen«, und die in den »peripheren« Gebieten liegen. In den Dörfern an der »Peripherie« ... »kommt es weniger häufig zu Konflikten mit Nachbarn ... ist die Intensität der Kriegführung stark gemindert ... Die Dörfer sind kleiner ... Die Austragung von Aggression und Gewalttätigkeit ist in der Häufigkeit stark herabgesetzt und in der Form begrenzt ...«

Auf dieser Grundlage bedürfen folgende Fakten hinsichtlich der Yanomamo einer Erklärung: 1. die geringe Größe der Dörfer und die niedrige Bevölkerungsdichte insgesamt trotz des scheinbaren Ressourcenreichtums; 2. die größere Intensität der Kriegführung und des männlichen Wildheitskomplexes in den »zentralen« Lebensräumen der Yanomamo; und 3. die Tötung weiblicher Säuglinge trotz des infolge der Unausgeglichenheit des Geschlechterverhältnisses und der Polygynie bestehenden Bedarfs an mehr Frauen – eines Bedarfs, der stark genug ist, um das Motiv für ständigen Streit und menschentötende Gewalttätigkeit zu liefern.

Alle diese Merkmale des gesellschaftlichen Lebens der Yanomamo stehen mit der allgemeinen Erklärung, die ich für den Ursprung der Kriegführung in Banden- und Dorfgesellschaften gegeben habe, gut in Einklang. Ich halte den Beweis für möglich, daß die Yanomamo in jüngerer Zeit zu einer neuen Technologie übergegangen sind oder eine bestehende intensiviert haben, daß sich daraus eine erhebliche Bevölkerungsexplosion ergeben hat, die ihrerseits die Erschöpfung der Umwelt bedingte, und daß die Umwelterschöpfung zu einer Steigerung der Infantizidrate und der Kriegshäufigkeit geführt hat – als Teil eines systemimmanenten Versuchs, die Siedlungen zu streuen und zu verhindern, daß sie zu groß werden.

Zunächst möchte ich die demographischen Verhältnisse erörtern. Jacques Lizot schreibt:

»Die Eingeborenensiedlungen wurden traditionell weitab von schiffbaren Flüssen errichtet, und man mußte tagelange Märsche durch dichten, unerforschten Busch auf sich nehmen, um sie zu finden ... Erst unlängst, nach einer bemerkenswerten Expansion in unbesiedelte Gebiete – einer Expansion, die in gleichem Maße Fissionierung, Krieg und Konflikten zuzuschreiben ist wie einem erstaunlichen demographischen Zuwachs –, haben sich einige Gruppen um 1950 am Orinoco und seinen Zuflüssen niedergelassen.«

James Neel und Kenneth Weiss meinen, daß sich die Gesamtzahl der Dörfer in dem von Chagnon untersuchten Gebiet in den letzten hundert Jahren mehr als verdoppelt hat. Sie schätzen die Gesamtrate des Bevölkerungswachstums in diesem Zeitraum auf 0,5 bis ein Prozent jährlich. Und allem Anschein nach ist die Wachstumsrate in den Gebieten und Dörfern, in denen heute am heftigsten Krieg geführt wird, noch weit höher gewesen. Ausgehend von einem einzigen Dorf vor hundert Jahren, leben heute 2000 Menschen in zwölf Dörfern, die Chagnon besucht hat. Wenn das ursprüngliche Dorf sich in zwei Hälften gespalten hat, als seine Bevölkerung die Stärke von 200 Personen erreichte, dürfte die Wachstumsrate dieser Siedlungen jährlich über drei Prozent betragen haben. Da aber das durchschnittliche heutige Dorf in der Kriegszone sich aufteilt, ehe es 166 Einwohner erreicht, mutmaße ich, daß die Wachstumsrate in diesem Gebiet noch höher gelegen hat.

Es mag verwirrend erscheinen, daß die Yanomamo trotz außergewöhnlich hoher Infantizidraten und Kriegshäufigkeit eine Bevölkerungsexplosion erlebt haben. Schließlich spricht einiges für die Annahme, Kriegführung und Infantizid verhinderten eine solche Explosion. Das Problem dabei ist, daß wir nicht über eine Verlaufsstatistik hinsichtlich der wechselhaften Beziehung zwischen dem Wachstum der Yanomamo-Dörfer und der Kriegs- und Kindestötungspraxis verfügen. Ich habe nicht gesagt, daß Völker, die Kriege führen, nie einen Bevölkerungsanstieg erleben. Vielmehr habe ich gesagt, daß Kriegführung Bevölkerungen tendenziell davon abhält, bis zu dem Punkt zu wachsen, da sie ihre Lebensumwelt auf Dauer erschöpfen. Dementsprechend dürften die Jahre kurz vor und nach der Aufspaltung eines Yanomamo-Dorfes durch höchste Intensität der Kriegführung und des Infantizids an weiblichen Säuglingen gekennzeichnet sein. Das Gipfeln der Kriegführung ergibt sich aus der Notwendigkeit, den Lebensstandard in Konkurrenz mit benachbarten Dörfern durch Ausbeutung größerer oder ergiebigerer Gebiete zu halten, während das Gipfeln des Infantizids an weiblichem Nachwuchs sich aus der Notwendigkeit ergibt, die Dorfgröße zu begrenzen und dabei zugleich die Kampfkraft zu maximieren. Infolgedessen entkräftet der Umstand, daß die Yanomamo, übergreifend gesehen, gleichzeitig in intensive Kriege verwickelt sind und eine Bevölkerungsexplosion durchlaufen, nicht die Theorie, daß Umwelterschöpfungen und Fortpflanzungsdruck ursächlich hinter beiden Phänomenen stehen. Leider sind bisher noch keine Daten erhoben worden, um meine Behauptungen über das Ansteigen und Absinken der Kriegsintensität in Beziehung zum Wachstum und zur Aufspaltung einzelner Dörfer auf die Probe zu stellen. Trotzdem läßt sich mein Argument auf allgemeiner Ebene durch einen erneuten Blick auf die Unterschiede in den Geschlechterverhältnissen der friedfertigeren und der kriegerischen Yanomamo-Gruppen beweisen: der Geschlechterrelation unter den Jugendlichen von 109:100 in Smoles drei Dörfern im Parima-Hochland, verglichen mit der Relation von 148:100 in Chagnons überaus kriegerischer Zone.

Chagnons Zone durchläuft den raschesten Bevölkerungsanstieg und die rascheste Streuung in unbesiedelte Gebiete. Smoles Zone dagegen weist zur Zeit eine stationäre oder vielleicht sogar abnehmende Bevölkerung auf. Die gipfelnden Kriegs- und Infantizidintensitäten in Chagnons Zone lassen sich leicht als Bemühungen deuten, die wachsende Bevölkerung zu streuen und zugleich die Maximalgröße der Dörfer zu begrenzen. Kriegführung *und* Aufzucht von männlichem wie weiblichem Nachwuchs in gleicher Zahl wären, wie ich weiter oben ausgeführt habe, durchaus nicht unvereinbar, wenn nicht ökologische Engpässe und Drucksituationen bestünden. Gewiß, Kriegführung für sich genommen favorisiert die Aufzucht männlicher Nachkommenschaft für den Kampf; aber die schnellste Möglichkeit, mehr Männer aufzuziehen, besteht für die Yanomamo nicht darin, fünfzig Prozent der weiblichen Säuglinge zu töten oder sterben zu lassen, sondern sie alle zur Fortpflanzungsfähigkeit heranreifen zu lassen. *Nur wenn die Bevölkerung auf die Ressourcen drückt, ergibt es einen Sinn, nicht ebenso viele weibliche wie männliche Kinder aufwachsen zu lassen.* Ich werde gleich erörtern, um welche Ressourcen es dabei geht.

Weshalb begann die Yanomamo-Bevölkerung vor ungefähr hundert Jahren plötzlich zu wachsen? Es ist über die Geschichte dieser Region nicht genügend bekannt, um diese Frage eindeutig zu beantworten, aber ich möchte eine plausible Hypothese darlegen. Vor etwa hundert Jahren kamen die Yanomamo nach und nach in Besitz von stählernen Äxten und Macheten, die sie von anderen Indianern erhielten, die Kontakt zu weißen Händlern und Missionaren pflegten. Heute stützen sie sich so vollständig auf diese Geräte, daß sie sämtliche Kenntnis in der Fertigung der einst von ihren Vorfahren benutzten Steinäxte verlernt haben. Stahlwerkzeuge ermöglichten es den Yanomamo, mehr Bananen und Paradiesfeigen mit weniger Anstrengung zu produzieren. Und wie die meisten vorindustriellen Gesellschaften verwandten sie die überschüssigen Kalorien, um mehr Kinder zu ernähren. Die Bananen und Paradiesfeigen haben vielleicht sogar die Funktion eines neuen Produktionsmittels erfüllt. Es handelt sich dabei nicht um einheimische amerikanische Früchte, sondern sie sind in nachkolumbischer Zeit aus Asien und Afrika in die Neue Welt gelangt. Die meisten amazonischen Indianer stützen sich in ihrer Versorgung mit Stärkekalorien auf Maniok. Beleg für die relativ späte Verlagerung auf die Bananen- und Paradiesfeigenzucht ist der Umstand, daß es die Yanomamo-Männer sind, die die Pflanzen setzen, sie pflegen und auch besitzen. Die Frauen helfen mit, indem sie die schweren Setzlinge transportieren, die bei der Anlage neuer Gärten gebraucht werden, und indem sie rückgratverkrümmende Lasten reifer Stauden heimschleppen; das Gärtnern selbst aber ist bei den Yanomamö im wesentlichen Männersache. »Dies steht in verblüffendem Kontrast zur Praxis vieler anderer Hortikulturalisten-Völker unter den südamerikanischen Ureinwohnern«, bei denen »die Gärten ausschließlich das Reich der Frauen sind«, bemerkte Smole.

Ein Faktor, der den Übergang zur oder die Intensivierung der Bananen- und Paradiesfeigenproduktion beschleunigt haben könnte, ist die durch europäische Kolonisatoren bewirkte Befriedung und – möglicherweise durch Malaria und andere eingeschleppte Krankheiten ausgelöste – Ausrottung der Arawak- und Caribe-Gruppen, die bis dahin alle befahrbaren Flüsse der Region unter ihrer Kontrolle gehabt hatten. Zu Zeiten der Urvölker hätten große Gärten mit ihren fruchtbehangenen Bäumen ein einladendes Ziel für jene zahlenstärkeren und besser organisierten Eingeborenengruppen dargestellt. Ein wichtiger Punkt, den man im Auge behalten muß, besteht darin, daß Yanomamö-Kriege hauptsächlich zwischen Dörfern ausgefochten werden, die sich von gemeinsamen Muttersiedlungen abgespalten haben. Die Yanomamö breiten sich in Gebiete hinein aus, die vormals von ihnen überlegenen, an den Flußufern beheimateten Völkern bewohnt wurden.

Ich habe unterstellt, daß im allgemeinen die Einführung eines neuen Produktionsmittels – in diesem Fall von Stahlwerkzeugen, Bananen- und Paradiesfeigengärten – Bevölkerungswachstum bedingt, das durch Intensivierung Umwelterschöpfungen und erneuten Druck auf die Ressourcen auf einer höheren Stufe der Bevölkerungsdichte bewirkt. Die Durchschnittsgröße der von Chagnon untersuchten Dörfer hat sich mehr als verdoppelt – auf 166 Personen in den zwölf Gruppen, über die er berichtet. Smole führt aus, daß das typische Dorf im Parima-Hochlandkern des Yanomamö-Territoriums zwischen 65 und 85 Einwohnern umfaßt und daß »Populationen von weit mehr als hundert Köpfen schon außerordentlich groß sind«. Andere Schätzungen setzen das durchschnittliche Dorf vor dem Kontakt mit Weißen im Bereich zwischen vierzig und sechzig Personen an.

Welche Ressourcen sind erschöpft worden, indem die Einwohner zugelassen haben, daß ihre Dörfer auf 166 Personen statt der bisherigen 40 bis 85 anwuchsen? Mit Ausnahme der Gruppen, die an größeren Bächen leben und die von schmalen, zeitweilig überfluteten Landstreifen abhängig sind, in denen sie ihre Gärten anlegen, sind die amazonischen Banden- und Dorfvölker, was ihre Ressourcen angeht, nicht hinsichtlich der Wälder oder Böden anfällig – davon gibt es riesige Reserven –, sondern hinsichtlich ihrer Beutetiere. Selbst ohne umfangreiche Bejagung durch Menschen entwickelt sich in tropischen Wäldern kein sonderlicher Wildreichtum. Wie ich gesagt habe, siedelten in vorkolumbischer Zeit große amazonische Dörfer entlang der Ufer der größeren Flüsse, die Fische, Wassersäugetiere und Schildkröten lieferten. Die Yanomamo haben erst in jüngerer Zeit Siedlungsplätze nahe diesen Flüssen bezogen, und ihnen fehlt immer noch die Technologie, Fische und andere Wassertiere auszubeuten. Was aber hat Chagnons Bekundung auf sich, die Gebiete zwischen den Dörfern böten reichlich Wild? In früheren Aufzeichnungen vermittelt Chagnon den gegenteiligen Eindruck:

»Beutetiere sind keineswegs reichlich vorhanden, und ein Gebiet ist durch die Jagd rasch erschöpft, so daß die Gruppen ständig umherziehen müssen ... Ich bin mit den Yanomamo auf fünftägige Jagdwanderungen in Gebiete gezogen, die seit Jahrzehnten nicht mehr bejagt worden waren, und hätten wir nicht Nahrungsmittel aus den Gärten mitgeführt, so wären wir am Ende dieser Zeit außerordentlich hungrig gewesen – wir erbeuteten nicht einmal genügend Fleisch, um uns selbst ernähren zu können.«

Chagnon könnte leicht einen – nicht zutreffenden – Eindruck des übermäßigen Wildreichtums gewonnen haben, falls seine spätere Beobachtung sich auf die »Niemandsländer« zwischen den Dorfgebieten bezieht. Eben ein solcher Eindruck ist zu erwarten, wenn diese Landstriche als Tierreservate fungieren, in denen die überjagten Bestände sich erholen können.

Ich behaupte nicht, es habe infolge der Erschöpfung tierischer Ressourcen einen absoluten Rückgang der Eiweißration pro Kopf der Yanomamo gegeben. Durch längere Jagdausflüge, das Sammeln von Insekten und Raupen, durch die Substitution tierischen Eiweißes durch pflanzliches, durch die Steigerung des Infantizids an weiblichen Säuglingen (wodurch die Rate des Bevölkerungswachstums herabgedrückt wird, wenn der Punkt näherrückt, an dem sich ein Dorf aufspaltet) können Völker das Auftreten von akuten Proteinmangelsymptomen verhindern. Daniel Gross vom Hunter College hat darauf hingewiesen, daß – wenn überhaupt – solche Symptome an amazonischen Völkern, die ihre ursprüngliche Lebensweise beibehalten haben, nur selten beobachtet worden sind. Das Fehlen solcher Symptome hat manche Beobachter dazu verführt, die kausale Bedeutung der tierischen Proteine in der Entwicklung von Banden- und Dorfgesellschaften zu unterschätzen. Wenn aber die Kriegführung der Yanomamo Teil eines Systems zur Bevölkerungsregulierung ist, so ist dieses System darauf angelegt, die Entwicklung von Bevölkerungsdichten zu verhindern, bei denen Erwachsene an Unterernährung leiden und anfangen zu kränkeln. Folglich kann das Fehlen klinischer Symptome nicht als Beweis gegen die Existenz akuten ökologischen und Fortpflanzungsdrucks gewertet werden. Gross hat den täglichen Pro-Kopf-Verzehr an tierischen Eiweißen in Dorfgesellschaften des tropischen Waldes auf durchschnittlich 35 Gramm geschätzt. Zwar liegt diese Menge um einiges über dem Minimalbedarf, beträgt aber nur gut die Hälfte dessen, was an tierischem Eiweiß pro Kopf und Tag in den Vereinigten Staaten verzehrt wird. Amerikaner würden Gross' Schätzung des durchschnittlichen Verzehrs an tierischem Protein bereits entsprechen, wenn sie nur einmal am Tag einen großen Hamburger (160 Gramm) verspeisten. Für geübte Jäger, die inmitten des weltgrößten Dschungels leben, ist dies kein sonderlich eindrucksvoller Vergleich. Wieviel Fleisch bekommen die Yanomamo nun tatsächlich? William Smole ist der einzige, der sich zu diesem Thema klar äußert. Zwar ist die Jagd für das Lebensgefühl der Yanomamo unverzichtbar, und sie essen alle gern frisches Fleisch, aber laut Smole verhält es sich folgendermaßen:

»Nicht selten vergehen Tage um Tage, während derer die Männer eines Dorfes nicht auf die Jagd ausziehen oder während derer wenig oder überhaupt kein Fleisch gegessen wird.«

Tatsächlich sind unter Bedingungen des tropischen Waldes riesige Landgebiete nötig, um auch nur den bescheidenen Verzehr von 35 Gramm an tierischen Proteinen pro Kopf und Tag sicherzustellen. Darüber hinaus ist die proportional zur Aufrechterhaltung dieses Konsumniveaus notwendige Gebietserweiterung größer als jede Größenzunahme des Dorfes. Große Dörfer verursachen proportional größere Störungen als kleine, da das tägliche Aktivitätsniveau in einem großen Dorf nachteilige Auswirkungen auf den Wildbestand in meilenweitem Umkreis hat. Je zahlenstärker ein Dorf wird, desto weiter müssen seine Jägergruppen ausziehen, um auf Wild in einigermaßen lohnender Menge zu stoßen. Ein kritischer Punkt ist schon bald erreicht, wenn die Jäger über Nacht draußen bleiben müssen, um nicht mit leeren Händen heimzukehren, und sie tun dies in einer Region intensiver Kriege nicht gern. Daher sind die Dörfer entweder gezwungen, Minderungen ihrer Fleischrationen hinzunehmen, oder das Dorf aufzuspalten und sich über weitere Gebiete zu streuen. Zu guter Letzt wählen sie die zweite der genannten Möglichkeiten. Wie reagieren die Yanomamo auf den Druck auf ihre Eiweißressourcen, und wie übersetzen sie ihn in die faktische Spaltung eines Dorfes? Chagnon hebt hervor, den Dorfspaltungen gingen in wachsendem Maß Streitigkeiten wegen Frauen voraus. Aus den Schilderungen Helena Valeros, einer Brasilianerin, die als Gefangene bei den Yanomamo lebte, wissen wir, daß die Frauen es sich zum Prinzip machen, ihre Männer zu verhöhnen und zu schelten, wenn der Wildnachschub nachläßt – ein auch bei vielen anderen Eingeborenengruppen des tropischen Waldes verbreitetes Verhalten. Die Männer ihrerseits, nachdem sie schon mit leeren Händen von der Jagd heimgekehrt sind, reagieren empfindlich auf die tatsächliche oder eingebildete Unbotmäßigkeit ihrer Frauen und jüngeren Brüder. Gleichzeitig stachelt das Versagen der Männer die Frauen und unverheirateten jungen Männer an, die Schwächen der Ehemänner, Senioren und Häuptlinge gründlich auf die Probe zu stellen. Ehebruch und Hexerei nehmen real und in der Phantasie zu. Cliquen verfestigen sich, und die Spannungen wachsen bis zur Unerträglichkeit.

Die Aufspaltung eines Yanomamo-Dorfes kann unmöglich friedlich vonstatten gehen. Diejenigen, die fortziehen, nehmen unweigerlich große Nachteile in Kauf, denn sie sind gezwungen, schwere Bananen- und Paradiesfeigensetzlinge zu neuen Gärten zu transportieren, Zuflucht bei Verbündeten zu suchen und für Nahrung und Schutz mit Geschenken in Form von Frauen zu bezahlen, während sie darauf warten, daß ihre neuen Pflanzungen zur Tragfähigkeit heranwachsen. Zahlreiche Angriffe des alten Dorfes auf das neue und umgekehrt bezeichnen die Fortsetzung der innerdörflichen Konflikte über die Spaltung hinaus. Auch die Überfälle zwischen Dörfern ohne Verwandtschaftsbeziehungen nehmen zu, wenn die Spannungen innerhalb einzelner Dörfer ihrem Höhepunkt zustreben. Je weiter die Expeditionen auf der Jagd nach schwindenden Wildreserven umherziehen müssen, desto häufiger kommt es auch zu Übergriffen in Pufferzonen zwischen den Dörfern und auf Gärten von Feinden. Die Spannungen wegen Frauen führen immer häufiger zu Überfällen mit dem Ziel, Frauen zu erbeuten; dies dient als Alternative zum Ehebruch und als Mittel, den Status der Männer und Häuptlinge zu festigen, wenn er bedroht ist.

Ich will nicht versuchen, all die Mechanismen im Detail zu beschreiben, die dazu dienen, drohende Erschöpfung tierischer Ressourcen anzukündigen und umzusetzen, und die die Entlastungsreaktion in Form von Dorfspaltung und Bevölkerungsstreuung in Gang setzen. Ich meine nämlich, genug Material angeführt zu haben, um zu belegen, daß das Fallbeispiel der Yanomamo die Theorie bestärkt, der zufolge die Kriegführung von Banden und Dörfern Teil eines Systems zur Bevölkerungsstreuung und Verringerung ihrer Wachstumsrate ist.

6. Kapitel

Die männliche Überlegenheit
und der Ödipuskomplex

Die Praxis der Kriegführung steht ursächlich hinter einem in Banden- und Dorfgesellschaften weit verbreiteten Komplex von Institutionen männlichen Supremats. Die Existenz dieses Institutionenkatalogs ist für die Verfechter der Frauenrechte eine Quelle der Empörung und Verwirrung. Viele Frauen fürchten, es sei vielleicht wirklich »naturgegeben«, daß die Männer über die Frauen dominieren, wenn doch die Vormachtstellung des Mannes schon so lange besteht. Diese Sorge ist unbegründet. Die Institutionen des männlichen Supremats haben sich als Nebenprodukt aus der Kriegführung, aus dem männlichen Monopol über die Waffen und aus der Instrumentalisierung der Sexualität zur Nährung aggressiver männlicher Persönlichkeitsstrukturen ergeben. Und Kriegführung ist, wie ich gezeigt habe, nicht ein Selbstausdruck menschlicher Natur, sondern eine Reaktion auf Fortpflanzungs- und ökologischen Druck. Infolgedessen ist der männliche Supremat um keinen Deut natürlicher als die Kriegführung.

Unglücklicherweise haben die Feministinnen die Ansicht, die Vorrangstellung des Mannes sei naturwüchsig, zu kontern versucht, indem sie die Existenz des männlichen Supremats bei den meisten Banden- und Dorfgesellschaften bestritten. Unter Nichtanthropologen hat dies zur Wiederbelebung mystischer Theorien über ein Goldenes Zeitalter des Matriarchats geführt, in dem Frauen absolut über Männer geherrscht haben sollen. Die Anthropologen selbst haben nichts ermittelt, was die Exhumierung dieser Theorieleiche aus dem neunzehnten Jahrhundert rechtfertigen könnte. Statt dessen haben sie zu belegen versucht, daß Ausmaß und Intensität des Komplexes männlichen Supremats übertrieben gezeichnet worden sind. In extremeren Fällen haben Feministinnen in jüngster Zeit behauptet, die berichtete hohe Häufigkeit von Institutionen männlichen Supremats sei ein Gespinst der sexistischen Hirne männlicher Beobachter, die für den Großteil der Beschreibungen des Banden- und Dorflebens verantwortlich zeichnen.

Wer da glaubt, Institutionen des männlichen Supremats seien nicht häufiger als diejenigen weiblichen Supremats oder sexuell ausgewogene Institutionenkomplexe, beweist ein mangelhaftes Verständnis der Tendenz, die augenblicklich die beruflichen Karrieren von Kulturanthropologen, seien sie nun männlichen oder weiblichen Geschlechts, bestimmt und ausrichtet. In dieser Tendenz spiegelt sich eine fast unwiderstehliche Verlockung, zu behaupten, man habe Feldforschung in einer Gruppe betrieben, deren Sitten und Bräuche genügend vom Üblichen abgehoben seien, um die Anstrengungen und Aufwendungen zu rechtfertigen, die ihre Erforschung erfordert habe. (Ich erinnere mich noch gut an meine Verärgerung über mich selbst, als ich mich darauf festgelegt hatte, Feldforschung unter den Bathonga, einer patrilinearen Gruppe im Süden von Mozambique, zu betreiben; mit etwas mehr Voraussicht hätte ich die Ford Foundation leicht bewegen können, mich zu einer exotischeren und daher beruflich lohnenderen matrilinearen Kultur etwas weiter im Norden gehen zu lassen.) Weit von der Neigung entfernt, die Existenz von Institutionen zu übersehen, die männliche Macht und Herrschaft dämpfen, können die meisten Ethnographen sich nichts Lohnenderes vorstellen, als Zeitschriftenartikel über »uxorilokale Wohnsitznahme nach der Eheschließung« oder einen hübschen Fall von »matrilinearer Abstammungsherleitung mit Vielmännerei« zu verfassen. Vor diesem Hintergrund kann ich unmöglich annehmen, daß die überaus beweiskräftigen statistischen Regelmäßigkeiten, die auf praktisch weltweite strukturelle Tendenzen gegen Frauen hindeuten, nichts anderes als Splitter im Auge männlicher Feldforscher sein sollten.

In George P. Murdocks *Ethnographic Atlas* sind 1179 Gesellschaften verzeichnet. In drei Vierteln dieser Gesellschaften müssen Frauen, wenn sie heiraten, ideell oder faktisch in den Haushalt ihres Mannes oder dessen väterlicher Verwandten umziehen, wohingegen nur in einem Zehntel der Bräutigam sein Lebenszentrum ins Heim der Braut oder ihrer mütterlichen Verwandten verlegen muß. Die Abstammungszurechnung der Kinder weist eine ähnliche Asymmetrie auf. In den gleichen 1179 Gesellschaften werden Kinder fünfmal so häufig als Mitglieder der väterlichen Abstammungsgruppe (Familie oder Clan) wie als Angehörige der mütterlichen Abstammungsgruppe erachtet; das heißt, Patrilinearität ist fünfmal so häufig verbreitet wie Matrilinearität. Und nur in etwa einem Drittel der Kulturen, in denen die Abstammung über die mütterliche Linie hergeleitet wird, bleiben verheiratete Kinder bei der Mutter. In einem weiteren Drittel dieser Kulturen leben verheiratete männliche Kinder nicht weiter bei der Mutter, sondern verlegen ihren Wohnsitz in den Haushalt von deren Bruder. Dieses Avunculokalität genannte Muster – Wohnsitz beim *avunculus*, das lateinische Wort für »Bruder der Mutter« – beinhaltet, daß der Mutterbruder die Kinder und das Eigentum der Sippengruppe kontrolliert, wenn auch die Abstammung über die weibliche Linie hergeleitet wird. Bemerkenswerterweise gibt es das entgegengesetzte Muster nicht, was aber manche Anthropologen nicht davon abgehalten hat, den Begriff »Amitalokalität« einzuführen.

Falls es Amitalokalität gäbe, wäre ein verheirateter Mann in einer Gesellschaft mit patrilinearer Abstammung verpflichtet, seiner Frau in die Wohnstatt der Schwester ihres Vaters zu folgen. Dies bedeutete, daß trotz der Abstammungsherleitung über die männliche Linie die Schwester des Vaters diejenige wäre, welche die Kinder und das Eigentum der Sippengruppe kontrollierte.

Auch die Ehetypen sprechen für die Dominanz der Männer in häuslichen Belangen. Polygynie (ein Ehemann, mehrere Frauen) ist mehr als hundertmal häufiger als Polyandrie (eine Ehefrau, mehrere Männer), und sie ist die funktional am besten geeignete Eheform, um Sexualität und Frauen als Belohnung für aggressives, »männliches« Verhalten einzusetzen. Polyandrie ist die Form, die am besten für eine Gesellschaft geeignet wäre, die von Frauen beherrscht wird und in der unterwürfige Ehemänner als Belohnung für gewalttätige, konkurrenzorientierte Fraulichkeit ausgesetzt würden. Solche Gesellschaften hätten im Krieg wenig Erfolgsaussichten gegen Feinde, bei denen aggressive, kräftige Männer die militärischen Spezialisten wären. Daraus erklärt sich, weshalb so wenige Banden- und Dorfgesellschaften Frauen in der gleichen Weise anhalten, Ehemänner zu sammeln, wie so viele von ihnen Männer anhalten, Frauen zu sammeln.

Eine andere ehebezogene Institution liefert noch weitere Belege für den auf Basis von Kriegführung und letztlich von ökologischem und Fortpflanzungsdruck kulturell induzierten männlichen Supremat. Bei der Eheschließung ist die Übergabe von Wertgegenständen seitens der Familie des Bräutigams an die Familie der Braut ein äußerst verbreiteter Brauch. Diese Besitzübertragung, allgemein »Brautpreis« genannt, entschädigt die Familie der Braut für den Verlust ihrer wertvollen produktiven und Fortpflanzungsleistungen. Es ist ein augenfälliger und aufschlußreicher Fakt, daß das logische Gegenstück zum Brautpreis – ein Bräutigampreis – praktisch nicht existiert. (Einen Ausnahmefall, auf den mich unlängst Jill Nash hingewiesen hat, gibt es im Brauchtum der Nagovisi in Bougainville, wo die Schwestern und die Mutter der Braut den Schwestern und der Mutter des Bräutigams für den Verlust seiner wertvollen produktiven und Fortpflanzungsdienste Entschädigung leisten.) Der Begriff »Bräutigampreis« sollte jedoch nicht mit dem der »Mitgift« verwechselt werden, die eine ganz andere Form des Besitzaustauschs bei der Eheschließung darstellt. Mitgift ist in patrilinearen Gesellschaften üblich und wird vom Vater und Bruder der Braut an den Bräutigam oder seinen Vater geleistet. Nichtsdestoweniger ist sie nicht als Entschädigung für den Verlust der produktiven und Fortpflanzungsleistungen des Bräutigams gemeint. Vielmehr soll sie die Unterhaltskosten einer wirtschaftlich belastenden Ehefrau decken helfen oder als Bezahlung für die Schließung politischer, wirtschaftlicher, kastenspezifischer oder ethnischer Bündnisse dienen, die für den Vater und die Brüder der Braut von Nutzen sind.

Diese männlich orientierten Heiratsbeziehungen sind die Grundlage für die Theorie des französischen Anthropologen Claude Lévi-Strauss, derzufolge Eheschließung die Vergabe von Frauen ist, die zwischen Männern ausgetauscht werden. »Männer tauschen Frauen aus; nie tauschen Frauen Männer aus.« So Lévi-Strauss. Allerdings bietet er an keiner Stelle eine Erklärung an, weshalb dies so ist.

Auch die politischen Institutionen in Banden- und Dorfgesellschaften liegen in der Hand der Männer. Patrilineare Gesellschaften haben immer männliche und nicht weibliche Häuptlinge, und die religiöse Führung in den meisten Banden- und Dorfgesellschaften ist ebenfalls männerzentriert; es gibt auch einige weibliche Schamanen

– diejenigen, die in den Umgang mit übernatürlichen Kräften eingeweiht sind –, aber sie sind fast immer weniger zahlreich vertreten und nicht so berühmt wie ihre männlichen Kollegen.

Banden- und Dorfgesellschaften betrachten Frauen während der Menstruation als rituell unrein. Sie sehen Menstruationsblut als entweihend und verunreinigend an. Aber sie verwenden Samen in Ritualen, die darauf abzielen, die Gesundheit und das Wohlergehen der Gruppe zu heben. In der ganzen Welt verängstigen Männer Frauen und Kinder mit Rasseln (Krachmacher, die an einer Schnur durch die Luft gewirbelt werden), Masken und anderen Gegenständen, deren Beschaffenheit den Frauen verheimlicht wird. Die Clubhäuser der Männer, in denen diese Gerätschaften aufbewahrt werden und zu denen die Frauen keinen Zutritt haben, gehören dem gleichen Institutionskomplex an. Frauen hingegen behelligen selten rituell Männer, und mir ist kein Dorf bekannt, in dem es ein Clubhaus gäbe, in dem sich die Frauen versammeln, um sich vor den von ihren Ehemännern abgesonderten Verunreinigungen zu schützen.

Zu guter Letzt zeigt sich die männliche Dominanz in fast allen Banden- und Dorfgesellschaften evident in der Art der Arbeitsteilung. Frauen verrichten die Schwerarbeit, sie mahlen und stampfen das Korn, jäten die Gärten, holen Wasser und sammeln Feuerholz, schleppen die Kinder und Haushaltsgeräte und leisten die tägliche Kocharbeit.

Ich behaupte, alle diese geschlechtlich asymmetrischen Institutionen sind als Nebenprodukt der Kriegführung und des männlichen Monopols über die militärischen Waffen entstanden. Kriegführung erforderte die Organisierung von Gemeinwesen um einen ständigen Kern von Vätern, Brüdern und ihren Söhnen. Dies führte zur Kontrolle über Ressourcen durch väterlich-brüderliche Interessengruppen sowie zum Austausch von Schwestern und Töchtern zwischen solchen Gruppen (Patrilinearität, Patrilokalität und Brautpreis), zur Vergabe von Frauen als Belohnung für männliche Aggressivität und damit zur Vielweiberei. Die Zuweisung der Schwerarbeit an die Frauen und deren rituelle Unterordnung und Geringschätzung ergeben sich automatisch aus dem Erfordernis, die Männer auf Kosten der Frauen zu belohnen und eine übernatürliche Rechtfertigung für den gesamten Komplex des männlichen Supremats zu entwickeln.

Was hat andere Forscher die Kausalverknüpfung zwischen der Kriegführung und all diesen männerorientierten Institutionen übersehen lassen? Der Stolperstein ist immer gewesen, daß einige der kriegerischsten Dorfgesellschaften anscheinend sehr schwach ausgeprägte oder überhaupt keine Strukturen des männlichen Supremats aufweisen. Die Iroquois zum Beispiel sind für ihre unablässigen Kriege allgemein bekannt und dafür, daß sie Männer zur Schmerzunempfindlichkeit erzogen haben sowie für ihren gnadenlosen Umgang mit Kriegsgefangenen. Gefangene wurden zum Spießrutenlaufen gezwungen, bekamen die Fingernägel ausgerissen und Glieder abgehackt, um schließlich enthauptet oder bei lebendigem Leibe am Marterpfahl geröstet zu werden – worauf die Folterer ihre sterblichen Überreste in kannibalistischen Orgien verzehrten. Und doch waren die Iroquois matrilinear, matrilokal, zahlten keinen Brautpreis, waren mehr oder minder monogam und besaßen keinen ausgefeilten religiösen Komplex zur Einschüchterung oder Isolation von Frauen. Viele Gesellschaften weisen ein ähnliches Muster von intensivem Militarismus kombiniert mit matrilinearer statt patrilinearer Abstammungsherleitung und eher schwachen als starken Institutionen männlichen Supremats auf. (Man behalte dabei im Auge, daß matrilineare Gesellschaften weniger als 15 Prozent aller Fälle ausmachen.)

In der Tat tritt die Verbindung zwischen matrilinearen Institutionen und einer grausamen Form des Militarismus viel zu regelmäßig auf, um ein Zufallsergebnis zu sein. Wenn wir nicht bereits davon überzeugt wären, daß die Kriegführung ursächlich die patrilinearen-patrilokalen Komplexe bedingt hat, wäre die logische Schlußfolgerung, daß sie auch irgendwie die matrilinearen-matrilokalen Komplexe mit aus der Taufe gehoben hat. Die Auflösung dieses Dilemmas liegt darin, daß es unterschiedliche Typen von Kriegführung gibt. Matrilineare Dorfgesellschaften neigen zu einer Art Krieg, der sich von dem in patrilinearen Dorfgesellschaften, wie etwa bei den Yanomamo praktizierten, deutlich unterscheidet. William Divale hat als erster gezeigt, daß matrilineare Gesellschaften sich typischerweise in »externe Kriegführung« verwickeln, das heißt, große Überfallgruppen dringen tief in das Territorium weit entfernt lebender Feinde ein, die sich ethnisch und sprachlich von den Angreifern unterscheiden. Kriegführung unter patrilinearen Banden- und Dorf-gruppen wie den Yanomamo dagegen nennt man »interne Kriegführung«; dabei unternehmen kleine Plünderergruppen Angriffe auf nahegelegene Dörfer, in denen die Feinde die gleiche Sprache wie die Angreifer sprechen und wahrscheinlich in nicht allzuweit zurück-liegender Zeit mit ihnen gemeinsame Vorfahren haben – daher die Bezeichnung »interne Kriegführung«.

Der logische Zusammenhang zwischen Matrilinearität und exter-ner Kriegführung stellt sich folgendermaßen dar: Die Männer, die nach der Heirat in ein matrilokales Iroquois-Gemeinschaftshaus zie-hen, stammen aus verschiedenen Familien und Dörfern. Ihr Wohn-sitzwechsel hindert sie daran, ihre Interessen ausschließlich im Rah-men dessen zu sehen, was ihren Vätern, Brüdern und Söhnen nützt, und bringt sie zugleich in täglichen Kontakt mit Männern aus nahe-gelegenen Dörfern. Dies fördert den Frieden zwischen benachbarten Dörfern und schafft die Grundlage dafür, daß die Männer bei der Aufstellung großer Kriegerscharen zusammenarbeiten, die in der Lage sind, Hunderte von Kilometern entfernt lebende Feinde anzu-greifen. (Iroquois-Heere von über fünfhundert Kriegern haben vom Staat New York aus Angriffe gegen Ziele unternommen, die bis nach Illinois reichten – immerhin zirka 600 Kilometer Luftlinie.) Divale hat die Zahl der Fälle, auf die diese Logik anzuwenden ist, erweitert, indem er die Mutmaßung aufgestellt hat, daß patrilineare Völker, die von matrilinear organisierten Gruppen angegriffen werden, entwe-der notgedrungen in kurzer Zeit eine ähnliche Organisationsstruktur entwickeln oder gar vernichtet werden.

Ich möchte allerdings an dieser Stelle einen Vorbehalt gegen den Schluß einfügen, *sämtliche* Fälle matrilinearer Organisation stünden im Zusammenhang mit der Praxis der externen Kriegführung. Län-gere Abwesenheit der Männer, aus welchem Grund auch immer, kann dazu führen, daß Frauen als Titelträger und Hüter männlicher Interessen in den Mittelpunkt treten. Jagd- und Fischexpeditionen sowie Fernhandel sind männerzentrierte Aktivitäten, die ebenfalls mit Matrilinearität verbunden sind. Der logische Zusammenhang ist ähnlich wie im Fall der Kriegführung: Die Männer müssen sich für riskante Unternehmungen zusammenschließen, bei denen sie oft auf Wochen und Monate Heim, Herd und sonstiger Habe fernbleiben müssen. Solche langen Abwesenheiten bringen es notwendig mit sich, daß die Frauen die Verantwortung für die Entscheidung über die täglichen Arbeiten und die Versorgung sowie Ausbildung der Kinder übernehmen müssen und daß auf ihnen auch die Bürde der agrarischen Produktion in den Gärten und auf den Feldern lastet. Der Übergang von patrilinearer zu matrilinearer Organisation ergibt sich aus dem Bemühen abwesender Männer, die Sorge für im gemeinsamen Besitz befindliche Häuser, Böden und Habe ihren Schwestern zu übertragen. Abwesende Männer verlassen sich dabei lieber auf ihre Schwestern als auf ihre Frauen, da die Frauen aus einer fremden väterlichen Interessengruppe stammen und infolgedessen in ihrer Loyalität gespalten sind. Schwestern, die zu Hause bleiben, haben dagegen die gleichen Eigentumsinteressen wie ihre Brüder. Abwesende Brüder versuchen daher, Eheschließungen zu verhindern, infolge derer ihre Schwestern den Haushalt verlassen müßten, in dem sie gemeinsam aufgewachsen sind. Die Schwestern machen dabei nur allzu bereitwillig mit, setzt doch eine patrilokale Eheschließung sie der Willkür eines im männlichen Supremat verhafteten Ehemannes und ungeliebter Schwiegereltern aus.

Der Übergang von der Patrilokalität zur Matrilokalität braucht keineswegs in Form plötzlicher, schlagartiger Wandlungen der Institutionen zu verlaufen. Er kann auf dem simplen Umweg erfolgen, daß der Brautpreis in einen Brautdienst umgewandelt wird. Mit anderen Worten, statt Wertgegenstände als Präludium des Wegzugs seiner Braut aus ihrer Familie zu übergeben, wohnt der Ehemann zeitweilig bei ihrer Familie, jagt für sie und hilft, ihre Felder zu bestellen. Von dieser Institution ist es nur mehr ein kleiner Schritt zu Eheformen, wie sie für matrilineare, matrilokale Systeme kennzeichnend sind. Solche Ehen sind leicht zu lösende Beziehungen, in denen die Ehemänner de facto als zeitweilige, mit sexuellen Privilegien ausgestattete Gäste betrachtet werden, die jederzeit zum Gehen aufgefordert werden können, wenn ihre Gegenwart auch nur die geringsten Unannehmlichkeiten mit sich bringt. Bei den matrilokalen Pueblo-Indianern Arizonas und Neu-Mexikos zum Beispiel wurden unbequem gewordene Gatten schlicht dadurch aus dem Haus gejagt, daß man ihnen die Mokassins vor die Haustür stellte. Iroquois-Frauen hatten das Recht, einem Mann zu bedeuten, er solle seine Decke nehmen und gehen, wann immer es ihnen einfiel; »die geringfügigsten Anlässe oder eine Laune des Augenblicks reichten aus, um die Ehebande zu lösen«, vermerkt Lewis Henry Morgan über die Ehe der Iroquois. Bei den Nayar, einer militaristischen, matrilinearen Kaste an der Malabar-Küste Indiens, ging die Bedeutungslosigkeit der Ehemänner sogar so weit, daß sich das gemeinsame Wohnen auf nächtliche Besuche beschränkte.

Haushalte, die aus einem fest ansässigen Kern von Müttern, Schwestern und Töchtern bestehen und bei denen die Männer entweder auf Kriegszügen oder anderen Expeditionen unterwegs sind oder nur zeitweilig der Familie ihrer Frau angehören, sind mit der Erbfolge nicht vereinbar. Da sie über verschiedene Haushalte verstreut sind, in denen er während seiner wechselhaften Ehebeziehungen gastweise gelebt hat, kann der Mann in seinen eigenen Kindern nicht mehr das Kontinuitätsmoment seines Herdes und seiner Äcker sehen; vielmehr sieht er es in den Kindern seiner Schwester, die dort aufgezogen werden, wo er selbst aufgewachsen ist. Aus dem Blickwinkel der Kinder stellt sich die gleiche Situation folgendermaßen dar: Es ist nicht der Vater, an den sie sich in Hinblick auf Sicherheit und Erbfolge halten können, sondern es ist vielmehr der Bruder ihrer Mutter.

Ich möchte noch auf eine zusätzliche Schwierigkeit hinweisen. Nicht alle expansionistischen Gesellschaften auf vorstaatlicher Entwicklungsstufe, die externe Kriegführung praktizieren, sind matrilinear organisiert. In Afrika zum Beispiel haben sich Hirtengesellschaften wie die Nuer und die Massai auf externe Kriegführung verlegt, waren aber patrilinear-patrilokal strukturiert. Diese Gruppen müssen gesondert betrachtet werden. Die meisten nomadischen und halbnomadischen vorstaatlichen Hirtengesellschaften sind extrem militaristisch und expansionistisch, ihrer überwiegenden Mehrzahl nach aber patrilinear oder patrilokal und nicht matrilinear oder matrilokal. Der Grund dafür liegt darin, daß die Hauptsubsistenz- und -wohlstandsquelle der Hirtenvölker Herdentiere und nicht Feldfrüchte sind. Wenn Hirten auf vorstaatlicher Entwicklungsstufe ihre Produktion intensivieren und, infolge von Bevölkerungsdruck, in die Gebiete ihrer Nachbarn eindringen, brauchen sie sich keine Sorgen zu machen, was »daheim« passiert. Hirten ziehen normalerweise in den Krieg, um ihre Herden auf bessere Weiden zu führen, und ihr »Heim« folgt ihnen dichtauf. Daher ist die expansionistische Kriegführung vorstaatlicher Hirtenvölker nicht durch jahreszeitliche Überfälle über weite Entfernungen hinweg von einer Heimatbasis aus gekennzeichnet, wie es bei vielen matrilinearen Gesellschaften mit agrarischer Subsistenzweise der Fall ist, sondern durch die Wanderung ganzer Gemeinwesen – Männer, Frauen, Kinder und Viehbestand.

Die Entdeckung des Zusammenhangs zwischen externer Kriegführung und der Herausbildung matrilinearer Institutionen löst eine Reihe von Rätseln, die den Anthropologen mehr als hundert Jahre lang Schwierigkeiten bereitet haben. Man kann jetzt überschauen, weshalb Patriarchat nie durch Matriarchat, Polygynie nie durch Polyandrie und der Brautpreis nie durch einen Bräutigampreis abgelöst worden sind. Matriarchat ist ausgeschlossen, solange das Monopol auf die Techniken und die Technologie der körperlichen Gewalt bei den Männern liegt. Der Grund, weshalb die Wohnsitznahme bei den Brüdern der Mutter – Avunculokalität – in matrilinearen Gesellschaften so verbreitet ist, liegt darin, daß Männer sich weigern, ihre Schwestern über den gemeinsamen mütterlichen Besitz verfügen zu lassen. Der Grund dafür, daß es Amitalokalität nicht gibt, liegt darin, daß Frauen – die Schwestern des Vaters – niemals in der Lage sind, in höherem Grade Kontrolle über den vom Vater überkommenen Besitz auszuüben als ihre Brüder. Der Grund, weshalb ein Bräutigampreis praktisch nicht vorkommt, besteht darin, daß Ehemännern in matrilinearen Gesellschaften nie eine Stellung zukommt, die der von Ehefrauen in patrilinearen Systemen analog wäre. Sie werden nicht als Abhängige in die Familiengruppe der Frau eingegliedert, und sie treten die Kontrolle über die eigenen heimischen Angelegenheiten nicht an ihre Schwestern ab; daher zahlen Ehefrauen an die Schwestern ihrer Männer auch keinen Bräutigampreis, um sie für den Verlust der produktiven und Fortpflanzungsleistungen des Mannes zu entschädigen. Und der Grund dafür, daß matrilineare Gesellschaften nicht ebenso häufig polyandrisch wie polygyn sind, liegt darin, daß Sexualität auch weiterhin als Belohnung für männliche Tapferkeit benutzt wird. Kein kampfgestählter Kopfjäger oder Skalpsammler läßt sich zu ehelichen Freuden herbei, wenn er unter der Fuchtel einer einzigen Frau diese Freuden mit vier oder fünf Kumpanen zu teilen hat (wenn auch das Teilen von Konkubinen und gemeinschaftliche Vergewaltigung durchaus an der Tagesordnung sind).

Mit all diesen Ausführungen soll nicht bestritten werden, daß die Entwicklung matrilinearer Institutionen einen mäßigenden Einfluß auf den männlichen Supremat ausübt. Aus Gründen, die mit der Erklärung des Übergangs zu externer Kriegführung zusammenhängen – ich gehe später darauf ein –, führt Matrilinearität zu einem Rückgang des Infantizids an weiblichem Nachwuchs und sogar zu einer Umkehr des Wunsches, welches Geschlecht das erstgeborene Kind haben sollte. Ein Iroquois-Mann wünschte sich zum Beispiel, daß seine Schwestern Töchter gebären sollten, damit seine Matrilinearität nicht ausstarb, und wo Matrilokalität streng eingehalten wurde, mußte ein Mann, der mehrere Frauen haben wollte, sich auf solche beschränken, die verschwistert waren. (In matrilinearen Gesellschaften, etwa bei den Iroquois, wurde formale Polygynie vielfach ganz aufgegeben.) Und wie ich gesagt habe, Frauen können in matrilinearen Gesellschaften die Ehebande leicht lösen. Wenn ein Mann Gast in der Heimstatt seiner Ehefrau ist, kann er sie nicht mißhandeln und erwarten, daß sie es stillschweigend hinnimmt. Doch darf man diese Milderung der Geschlechterhierarchie nicht fälschlich für deren Aufhebung halten. In ihrem Bemühen, gängige Stereotypen hinsichtlich des männlichen Supremats über den Haufen zu werfen, führen manche Anthropologen die mildernde Wirkung matrilinearer Institutionen auf den Grad männlicher Verfügungsgewalt an, als handele es sich dabei um einen Beweis für sexuelle Gleichberechtigung. Man sollte den Umstand nicht überbewerten, daß Iroquois-Frauen es »heftigst ablehnten, sich von ihren Männern schlagen zu lassen«. Und die Tatsache, daß die Frauen »Selbstmord begehen konnten, um sich für schlechte Behandlung zu rächen«, spricht nicht für ihre Gleichberechtigung mit den Männern, wie ein Forscher unlängst glauben machen wollte. Der springende Punkt ist der, daß keine Iroquois-Frau es gewagt hätte, ihren Mann zu schlagen. Und wenn etwas derartiges jemals vorgekommen sein sollte, so hätte der Ehemann gewiß in überzeugenderer Weise als durch Selbstmord »Rache genommen«. Ich bezweifle nicht, daß Lewis Henry Morgan gewußt hat, was er schrieb, als er vermerkte, daß die männlichen Iroquois »Frauen als zweitklassig, als abhängig und als Dienerinnen des Mannes einschätzten, und erziehungs- und gewohnheitsbedingt begriffen sie sich auch selber so«. Frühe Beobachter, die das genaue Gegenteil von Morgans Auffassungen geäußert hatten, haben sich dadurch völlig verwirren lassen, daß sie den entscheidenden Unterschied zwischen matrilinearer Abstammungsherleitung und weiblichem Supremat nicht begriffen haben.

Die mildernde Auswirkung der Matrilinearität hat sich bei den Iroquois stärker und vielleicht auch in noch ungewöhnlicherer Weise im politischen Bereich bemerkbar gemacht als in der Ehe und im häuslichen Leben. Soweit mir bekannt ist, hat sich von allen Dorfkulturen, über die wir verläßliche Informationen besitzen, keine stärker dem politischen Matriarchat angenähert als die der Iroquois. Trotzdem hat die Rolle der Iroquois-Frauen als politische Entscheidungsträger keine politische Gleichberechtigung zwischen den Geschlechtern mit sich gebracht. Die älteren Iroquois-Frauen hatten das Recht, die männlichen Ältesten als Kandidaten aufzustellen oder abzusetzen, die in das höchste Regierungsorgan, den Rat, gewählt wurden. Durch einen männlichen Vertreter im Rat konnten sie dessen Entscheidungen beeinflussen und darauf einwirken, welche Kriege geführt und welche Verträge geschlossen werden sollten. Die Wählbarkeit in Ämter leitete sich über die weibliche Linie her, und es war die Pflicht der Frauen, die Männer zu nominieren, die in den Rat aufgenommen werden sollten. Aber die Frauen konnten nicht selbst in den Rat gewählt werden, und die Ratsmitglieder hatten ein Vetorecht gegenüber den Nominierungen der alten Frauen. Judith Brown beschließt ihre Untersuchung über die sexuelle Hierarchie der Iroquois mit der Bemerkung »die Nation war kein Matriarchat, wie von manchen behauptet wird«. Sie fügt jedoch hinzu, daß »die älteren Frauen als graue Eminenzen fungiert« haben. Aber darum geht es gar nicht. Frauen sind hinter den Kulissen immer einflußreicher, als es auf offener Szene den Anschein hat. Es ist vielmehr der Umstand, daß sie so selten im Vordergrund agieren können, der Rätsel aufgibt, und dies läßt sich meiner Ansicht nach nur im Zusammenhang mit der Praxis der Kriegführung erklären.

Abgesehen von den Problemen, die kriegerische matrilineare Gesellschaften aufwerfen, gibt es noch einen anderen Grund, weshalb der Einfluß der Kriegführung auf die Geschlechterrollen bislang fast durchgängig übersehen worden ist. Die modernen Theorien über die Geschlechterrollen sind von Freudschen Psychologen und Psychiatern geprägt worden. Die Freudianer sind sich schon lange darüber im klaren, daß ein Zusammenhang zwischen Krieg und Geschlechterrollen bestehen muß, aber sie haben die Kausalfolge umgedreht und Krieg aus männlicher Aggressivität und nicht männliche Aggressivität aus der Kriegführung hergeleitet. Diese Umkehrung hat auf andere Fachrichtungen übergegriffen und ist allgemeines Kulturgut geworden, und nun vernebelt sie die Diskussion auf allen Ebenen. Freud hat behauptet, Aggression sei eine Manifestation von Frustrationen des Sexualtriebs während der Kindheit, und Krieg sei nichts anderes als gesellschaftlich sanktionierte Aggression, die in ihrer homizidalsten Form ausgelebt werde. Daß Männer Frauen dominieren, folge automatisch aus der unterschiedlichen Art, in der die Besitzer männlicher Geschlechtsorgane die Qualen und Reuegefühle der kindlichen Sexualität erleben. Nach Freud konkurrieren Jungen mit ihrem Vater um die sexuelle Beherrschung derselben Frau. Sie phantasieren, sie seien omnipotent und könnten ihren Rivalen töten, der de facto oder in ihrer Einbildung droht, ihre Geschlechtsorgane abzuschneiden. Dieses zentrale Szenarium seiner Theorie von der Psychodynamik hat Freud »Ödipuskomplex« genannt. Seine Auflösung besteht darin, daß der Junge lernt, seine Aggression vom Vater weg auf gesellschaftlich »konstruktive« Aktivitäten zu lenken (zu denen auch Krieg gehören kann).

Hinsichtlich des kleinen Mädchens hat Freud ein paralleles, allerdings grundlegend verschiedenes Trauma gesehen. Auch die Sexualität des Mädchens ist anfangs auf die Mutter gerichtet, aber in der phallischen Phase macht es eine schockierende Entdeckung: Ihm fehlt der Penis. Das Mädchen macht die Mutter für seinen »kastrierten« Zustand verantwortlich und überträgt daher seine Liebe auf den Vater, weil er das geschätzte Organ besitzt, das es mit ihm zu teilen hofft. Seine Liebe zum Vater und zu anderen Männern ist jedoch mit Neidgefühl durchsetzt, weil sie etwas besitzen, das ihm fehlt. Während also männliche Kinder ihren Ödipuskomplex bewältigen müssen, indem sie lernen, wie sie Feindseligkeit andern gegenüber ausdrücken können, müssen Mädchen lernen, ihren Penisneid zu kompensieren, indem sie einen untergeordneten Status akzeptieren und Kinder bekommen (die symbolisch für den verlorenen Penis stehen).

Man könnte diese Deutung für baren Unsinn halten, aber die anthropologische Forschung hat gezeigt, daß psychodynamische Strukturen weit – wenn nicht gar universell – verbreitet sind, die ödipalen Strebungen ähneln: zumindest in dem Minimalverständnis, daß es sexuell befrachtete Feindseligkeit zwischen Männern verschiedener Generationen und Penisneid bei den Frauen gibt. Bronislaw Malinowski hat darauf hingewiesen, daß es sogar bei den matrilinearen, avunculokalen Trobriandern, pazifischen Inselbewohnern, zu ödipalen Rivalitäten kommt – wenn auch nicht exakt in der Form, die Freud gesehen hatte, da die Autoritätsperson während der Kindheit nicht so sehr der Vater als vielmehr der Bruder der Mutter ist. Eindeutig war Freud einem richtigen Gedanken auf der Spur, nur hat er leider den Kausalzusammenhang verkehrt herum gesehen. Unfug an seiner Auffassung ist, daß die ödipale Situation durch die menschliche Natur bedingt sei – und nicht so sehr durch menschliche Kulturen. Kein Wunder, daß die ödipale Situation so verbreitet ist. Sämtliche Bedingungen für die Schaffung von Kastrationsängsten und Penisneid sind im Komplex des männlichen Supremats gegeben: im männlichen Monopol über die Waffen und der Erziehung des männlichen Nachwuchses zu Tapferkeit und Kämpferrollen, im Infantizid an weiblichen Säuglingen und der Erziehung des weiblichen Nachwuchses, sich als passive Belohnung für »männliche« Leistungen mißbrauchen zu lassen, in der Tendenz zur Patrilinearität, im Vorherrschen von Polygynie, auf Konkurrenz gerichteter Männersportarten, intensiven männlichen Pubertätsritualen, ritueller Unreinheit menstruierender Frauen, im Brautpreis und vielen anderen männerzentrierten Institutionen. Wo immer das Ziel der Kinderaufzucht die Hervorbringung aggressiver, »männlicher«, dominanter Männer und passiver, »weiblicher«, unterwürfiger Frauen ist, wird es augenscheinlich so etwas wie Kastrationsangst zwischen männlichen Wesen einander angrenzender Generationen geben – sie werden sich in ihrer Männlichkeit verunsichert fühlen –, und es wird so etwas wie Penisneid unter ihren Schwestern geben, denen beigebracht wird, die Macht und Bedeutung des männlichen Genitalapparats übertrieben zu sehen.

All dies läßt nur einen Schluß zu: Der Ödipuskomplex war nicht die Ursache des Krieges; der Krieg war die Ursache des Ödipuskomplexes (wobei man beachten muß, daß der Krieg selbst nicht Primärursache war, sondern sich aus dem Versuch ergab, ökologischen und Fortpflanzungsdruck unter Kontrolle zu bekommen). Dies mag wie die unmöglich zu lösende Frage klingen, was denn eher da gewesen sei, die Henne oder das Ei; aber es gibt hervorragende wissenschaftliche Gründe, die Entwicklungsabfolge, die Freud gesetzt hat, zu bestreiten. Setzt man den Ödipuskomplex als Primärursache, kann man die Unterschiede in Intensität und Zielsetzung der Kriegführung nicht erklären – weshalb manche Gruppen kriegerischer sind als andere und weshalb manche externe und andere interne Kriegführung praktizieren. Ebensowenig kann man erklären, weshalb der Institutionenkomplex des männlichen Supremats inhaltlich und seiner Stärke nach variiert. Auch lassen sich, ausgehend vom Ödipuskomplex, der Ursprung der Agrikultur, die divergenten Verläufe von Produktionsintensivierungen und Umwelterschöpfungen oder der Ursprung des Staates nicht aufschlüsseln. Geht man indessen vom Fortpflanzungsdruck, von Intensivierungen und Umwelterschöpfungen aus, dann erschließen sich sowohl die konstanten wie die variablen Aspekte der Kriegführung. Und kennt man die Ursachen der verschiedenartigen Ausprägungen von Kriegführung, so kann man zu einem ursächlichen Verständnis der Unterschiede der Familienorganisation, der Geschlechterhierarchien und Geschlechterrollen und somit der konstanten und variablen Merkmale des Ödipuskomplexes gelangen. Es ist ein gesicherter Grundsatz der Wissenschaftstheorie, daß, wenn man zwischen zwei Theorien die Wahl zu treffen hat, derjenigen Theorie der Vorrang zukommt, die mit der geringsten Zahl unerklärter, unabhängiger Annahmen die größere Zahl von Variablen erklärt.

Dieser Punkt verdient im Auge behalten zu werden, da sich aus jeder Theorie unterschiedliche theoretische und praktische Konsequenzen ergeben. Auf der einen Seite ähnelt die Freudsche Theorie stark jenem Ansatz, der den Krieg als der menschlichen Natur einbeschrieben begreift. Zugleich legt sie sowohl Männer wie Frauen mit einem biologischen Imperativ in Fesseln (»Anatomie ist Schicksal«), womit sie die Bewegung zur Herstellung der Geschlechtergleichberechtigung vernebelt und einengt. Wenn ich auch argumentiert habe, daß die Anatomie dazu bestimmt ist, sich im Kriegsfall in Grausamkeit und Aggressivität zu üben, so habe ich keineswegs gesagt, daß Anatomie oder Gene oder Instinkt oder Triebe oder sonst was Krieg unvermeidlich machen. Nur weil alle Menschen, die heute auf der Welt leben und in historisch erfaßter Vergangenheit gelebt haben, in kriegerischen sexistischen Gesellschaften leben oder gelebt haben, die von kriegerischen sexistischen Gesellschaften angegriffen werden oder wurden, erscheint es noch keineswegs begründet, der menschlichen Natur die Charakteristika zuzuschreiben, die gegeben sein müssen, um erfolgreich Krieg führen zu können. Der Umstand, daß Krieg und Sexismus in menschlichen Belangen bisher eine solch hervorstechende Rolle gespielt haben und dies immer noch tun, bedeutet nicht, daß sie es auch auf alle Zukunft hin tun müssen. Krieg und Sexismus werden nicht mehr weiter praktiziert werden, wenn ihre produktiven, Fortpflanzungs- und ökologischen Funktionen von weniger kostspieligen Alternativen erfüllt werden. Erstmals in der Geschichte liegen solche Alternativen nun in unserer Reichweite. Wenn wir versäumen, sie zu nutzen, wird dies ein Versäumnis nicht unserer Natur, unseres Wesens sein, sondern unserer Intelligenz und unseres Willens.

7. Kapitel

Der Aufstieg der ursprünglichen Staaten

In den meisten Banden- und Dorfgesellschaften vor der Entstehung des Staates besaß der Durchschnittsmensch wirtschaftliche und politische Freiheiten, wie sie heute nur noch eine privilegierte Minorität genießt. Die Männer entschieden jeder für sich selbst, wie lange sie an einem bestimmten Tag arbeiten wollten, was sie arbeiteten – und ob sie überhaupt arbeiteten. Auch die Frauen stellten sich trotz ihrer Unterordnung unter die Männer ihre eigenen Tagespläne auf und bestimmten ihr Arbeitstempo selbst. Es gab wenig festgefahrene Routine. Die Leute erledigten, was sie zu erledigen hatten, aber das Wo und Wann wurde ihnen von niemandem vorgegeben. Es schauten einem keine Chefs oder Vorarbeiter über die Schulter, die zählten oder auf die Stoppuhr drückten. Niemand sagte einem, wie viele Hasen oder Rehe man zu fangen oder wie viele wilde Yamswurzeln man auszugraben hatte. Ein Mann überlegte sich vielleicht, es sei ein guter Tag, um eine neue Sehne auf den Bogen zu spannen, das Strohdach zu erneuern, nach Federn zu suchen oder auch einfach nur im Lager herumzulungern. Eine Frau hielt es vielleicht für sinnvoll, Raupen zu suchen, Feuerholz zu sammeln, einen Korb zu flechten oder ihre Mutter zu besuchen. Sofern die Kulturen heutiger Jäger-Sammler-Völker einen Rückschluß auf die Vergangenheit gestatten, ist die Arbeit Zehntausende von Jahren lang in dieser Weise erledigt worden. Und mehr noch, Holz für den Bogen, Stroh für das Dach, Grabstäbe für die Raupen, Ruten für den Korb – all das war jedem verfügbar. Boden, Wasser, Pflanzen und Wind befanden sich in gemeinschaftlichem Besitz. Jeder Mann und jede Frau hatten Anspruch auf einen gleichen Anteil an der Natur. Es gab weder Mieten, Steuern noch Tribute, die die Leute davon abhielten, das zu tun, was sie wollten. Mit der Entwicklung des Staates wurde all dies hinweggefegt. Die letzten fünf oder sechs Jahrtausende lang haben neun

Zehntel aller Menschen, die je gelebt haben, ihr Dasein als abhängige Bauern oder als Angehörige irgendeiner anderen dienstverpflichteten Kaste oder Klasse gefristet. Mit der Entwicklung des Staates mußten gewöhnliche Menschen, die sich den Reichtum der Natur nutzbar machen wollten, bei jemand anderem die Erlaubnis dazu einholen und dafür mit Steuern, Tributen oder Extraarbeit bezahlen. Die Waffen und Techniken des Krieges und der organisierten Aggression wurden ihnen abgenommen und an spezialisierte Soldaten und Polizisten übergeben, die von militärischen, religiösen und zivilen Bürokraten überwacht wurden. Erstmals tauchten auf Erden Könige, Diktatoren, Hohepriester, Kaiser, Premierminister, Präsidenten, Gouverneure, Bürgermeister, Generäle, Admiräle, Polizeichefs, Richter, Rechtsanwälte und Gefängniswärter auf, und Kerker, Gefängnisse, Zuchthäuser und Konzentrationslager schossen aus dem Boden. Unter der Vormundschaft des Staates lernten Menschen erstmals, wie man sich verbeugt, buckelt, auf dem Bauch rutscht, kniet und Kratzfüße macht. In vieler Hinsicht war der Aufstieg des Staates der Abstieg der Menschheit aus der Freiheit in die Knechtschaft.

Wie ist es dazu gekommen? Um diese Frage zu beantworten, muß ich zunächst klar unterscheiden, wie die Entwicklungsabläufe anfangs in bestimmten Weltgegenden vonstatten gingen, und wie sie sich in späteren Phasen und Epochen vollzogen. Ich muß, um auf die Terminologie Morton Frieds zurückzugreifen, zwischen der Entstehung »ursprünglicher« und »nachfolgender« Staaten unterscheiden. Ein ursprünglicher Staat hat in sich oder außer sich keinen Vorläufer, der den Vorgang der Staatsbildung stimulieren könnte. Gewiß, da keine Gesellschaft in einem Vakuum lebt, sind alle Entwicklungsprozesse durch Interaktion mit anderen Gesellschaften beeinflußt; aber – und darum geht es hier – »es gibt Situationen, in der keine der externen, benachbarten Kulturen komplexer ist als die zur Debatte stehende, und diese Situationen lassen sich als ursprünglich kennzeichnen«.

Unter Archäologen stellt sich nach und nach Einmütigkeit her, daß es mindestens drei, möglicherweise sogar acht Zentren ursprünglicher Staatsentwicklung gegeben hat. Die drei eindeutigen Fälle sind Mesopotamien um etwa 3300 v. Chr., Peru um die Zeit Christi und Mittelamerika um etwa 300 unserer Zeitrechnung. Es kann als gesichert gelten, daß in der Alten Welt weitere ursprüngliche Staaten entstanden sind: in Ägypten um etwa 3100 v. Chr., im Indus-Tal kurz vor 2000 v. Chr. Arg bezweifelt wird allerdings die Behauptung mancher Prähistoriker, es hätten sich ursprüngliche Staaten auch auf Kreta und in der Ägäis um 2000 v. Chr. und in der Ostafrikanischen Seenplatte um 200 n. Chr. gebildet. Kontrovers ist auch die Frage, ob die ursprünglichen Staaten in der Neuen Welt zuerst in der Tieflandregion der Maya oder im mexikanischen Hochland entstanden sind; ich werde dieses Problem im folgenden Kapitel unter die Lupe nehmen.

Entstehung und Aufstieg der ursprünglichen Staaten scheinen am besten als Folgeerscheinung aus der Intensivierung der agrarischen Produktion zu begreifen zu sein. Wie die Jäger-Sammler tendierten auch die Ackerbau-Dörfer dazu, ihre Anstrengungen in der Nahrungsproduktion zu intensivieren, um den Fortpflanzungsdruck zu lindern. Im Gegensatz zu Jäger-Sammlern können jedoch Ackerbauern in günstigen Bodenzonen über relativ lange Zeiträume ihre Bemühungen intensivieren, ohne krasse Umwelterschöpfungen und Rückschläge der Arbeitseffektivität zu erleiden. Seßhafte Dorfbauern neigen daher dazu, besondere Institutionen zu entwickeln, die zur Intensivierung anregen, indem auffällig solche Leute belohnt werden, die härter arbeiten als andere. Eine Schlüsselrolle in dem Prozeß, durch den sich die Unterordnungsstruktur des Staates entwickelt hat, spielt daher der abgehobene, übergeordnete Charakter der Institutionen, denen die Belohnung der Produktionsintensivierer in seßhaften, vorstaatlichen Bauerndörfern obliegt.

Die Anthropologen bezeichnen die Intensivierer der agrarischen Produktion als »große Männer«. In ihrer reinsten, egalitärsten Phase, die am besten in Untersuchungen zahlreicher Gruppen in Melanesien und Neu-Guinea dargestellt ist, spielen diese »großen Männer« die Rolle hart arbeitender, ehrgeiziger, der Allgemeinheit verschriebener Leute, die ihre Verwandten und Nachbarn dazu anstiften, für sie zu arbeiten, indem sie ihnen versprechen, von dem Nahrungsüberschuß, den die Mithelfenden produzieren, ein großes Fest zu geben. Wenn das Fest dann stattfindet, verteilt – umgeben von seinen stolzen Helfern – der »große Mann« demonstrativ Nahrungshaufen und andere Gaben, ja er teilt sie regelrecht aus, behält aber nichts für sich selbst. Unter bestimmten ökologischen Bedingungen und etwa zu Kriegszeiten könnten diese Nahrungsmanager sich Schritt um Schritt über ihre Gefolgschaft gesetzt haben und zum Ursprungskern der herrschenden Klassen der ersten Staaten geworden sein.

Der Anthropologe Douglas Oliver von der Harvard University hat im Zuge seiner Feldstudien unter den Siuai in Bougainville auf den Salomon-Inseln eine bereits klassische Untersuchung über den »Großmannstatus« erarbeitet. Bei den Siuai wird ein »großer Mann« *mumi* genannt, und es ist das höchste Streben eines jeden jungen Mannes, *mumi*-Status zu erlangen. Ein junger Mann beweist seine Fähigkeit, ein *mumi* zu werden, indem er härter arbeitet als jeder andere und seinen persönlichen Fleisch- und Kokosnußkonsum sorgsam einschränkt. Nach und nach beeindruckt er seine Frau, seine Kinder und nahen Verwandten durch die Ernsthaftigkeit seiner Absichten, und sie geloben, ihm bei den Vorarbeiten und Vorbereitungen zu seinem ersten Fest zu helfen. Ist das Fest ein Erfolg, erweitert sich der Kreis seiner Unterstützer, und er geht an die Arbeit, eine noch größere Schaustellung seiner Großzügigkeit vorzubereiten. Als nächstes Ziel steckt er sich den Bau eines Clubhauses für die Männer, in dem seine männliche Gefolgschaft müßiggehen kann und in dem Gäste unterhalten und bewirtet werden können. Zur Einweihung des Clubhauses steigt ein weiteres Fest, und wenn es ebenfalls erfolgreich verläuft, wächst der Zirkel seiner Helfer weiter – der Leute, die willens sind, für das nächste Fest mitzuarbeiten –, und man beginnt von ihm als *mumi* zu sprechen. Was bringt all dies seinen Helfern ein? Obwohl von Mal zu Mal umfangreichere Feste es mit sich bringen, daß die Forderungen des *mumi* an seine Helfer und Gefolgsleute immer lästiger und größer werden, steigt das Gesamtvolumen der Produktion. Wenn sie auch schon einmal darüber maulen, wie hart sie arbeiten müssen, bleiben die Anhänger nichtsdestoweniger loyal, solange ihr *mumi* seinen Ruf als »großer Fürsorger« erhalten oder verbessern kann.

Schließlich kommt die Zeit heran, da der neue *mumi* seine *mumi*-Kollegen, die vor ihm aufgestiegen sind, herausfordern muß. Dies geschieht anläßlich eines *muminai*-Fests, bei dem genau Buch geführt wird über all die Schweine, Kokosnußkuchen und Sago-

Mandel-Puddings, die der Gastgeber-*mumi* und seine Gefolgsleute an den Gast-*mumi* und seinen Anhang austeilen. Wenn der Gast-*mumi* darauf nicht innerhalb etwa eines Jahres mit einem mindestens ebenso üppigen Fest erwidern kann, erleidet er eine tiefe soziale Erniedrigung, und er büßt auf der Stelle seinen Status als *mumi* ein. Ein *mumi* muß daher die Entscheidung, wen er herausfordert, sehr sorgsam abwägen. Er versucht einen Gast zu wählen, dessen Sturz seine eigene Reputation hebt, und er muß Gegner zu meiden versuchen, deren Rückschlagskapazität seine Möglichkeiten überschreitet.

Nach einer erfolgreichen Festfolge kann sich der größte der *mumis* keineswegs auf seinen Lorbeeren ausruhen; ihm steht eine lebenslange Plackerei und Abhängigkeit von den Launen und Neigungen seiner Anhänger bevor. »*Mumi*tum« bringt, zumindest wie Oliver es erfahren hat, nicht die Macht mit sich, andere zur Ausführung von Anordnungen zwingen zu können, und es hebt auch nicht den Lebensstandard des Statusinhabers über den seiner Stammesbrüder. Da das Verschenken von Gütern das zentrale Wesenselement des »*mumi*tums« ist, kann es durchaus sein, daß große *mumis* weniger Fleisch und andere Delikatessen verzehren als gewöhnliche, sozial nicht hervorgehobene Siuai. Bei den Kaoka, einer anderen Gruppe auf den Salomon-Inseln, über die H. Ian Hogbin berichtet hat, heißt es: »Der Gastgeber des Festes nimmt die Knochen und die ausgetrockneten Kuchen; das Fleisch und das Fett gehen an die anderen.«

Nicht nur kann ein *mumi* nicht auf seinen Lorbeeren ausruhen, vielmehr muß er sich ständig auf neue Herausforderungen vorbereiten. Bei einem großen Fest am 10. Januar 1939, an dem 1100 Leute teilnahmen, gab ein Gastgeber-*mumi* namens Soni 32 Schweine und eine große Menge Sago-Mandel-Pudding. Soni und seine engsten Anhänger gingen dabei allerdings leer aus. »Wir werden Sonis Ruhm essen«, sagten die Anhänger. Erschöpft von den Wochen fieberhafter Festvorbereitungen, unterhielten sie sich über die Verschnaufpause, die sie verdient hätten, nun da das Fest vorüber sei. Aber schon früh am nächsten Morgen wurden sie vom Dröhnen hölzerner Gongs geweckt, das aus Sonis Clubhaus herüberscholl. Eine Handvoll verschlafener Leute ging hin, um zu sehen, wer so viel Krach machte. Es war Soni, und er begrüßte seine Anhänger mit den Worten:

»Verkriecht ihr euch schon wieder in euren Häusern; kopuliert Tag und Nacht, obwohl Arbeit geleistet werden muß! Wenn es nach euch ginge, würdet ihr den Rest eures Lebens damit zubringen, euch am Duft der Schweine von gestern zu laben. Aber ich sage euch, das gestrige Fest war gar nichts. Das nächste wird ein wirklich großes Fest.«

In früheren Zeiten waren die *mumis* ebenso für ihre Fähigkeit berühmt, Männer dazu zu bringen, für sie zu kämpfen, wie sie für ihre Fähigkeit berühmt waren, sie zu veranlassen, für sie zu arbeiten. Die Kolonialherren haben jedoch die Kriegführung unterbunden, lange bevor Oliver seine Untersuchung durchführte, aber die Erinnerung an *mumi*-Kriegsanführer lebte bei den Siuai noch fort. Ein alter Mann hat folgendes berichtet:

»In der alten Zeit gab es größere *mumis* als heute. Damals waren sie wilde und erbarmungslose Kriegsanführer. Sie legten das Land in Schutt und Asche, und in ihren Clubhäusern waren die Schädel von Leuten aufgereiht, die sie erschlagen hatten.«

Die Generation der befriedeten Siuai besingt ihre *mumis* in Lobliedern, in denen sie »Krieger« und »Schlächter von Menschen und Schweinen« genannt werden:

»Donnerer, Erdenrüttler,
Geber vieler Feste,
Wie entleert vom Gongdröhnen werden alle
Stätten sein, wenn du uns verläßt!
Krieger, schöne Blume,
Wer wird unseren Orten Ruhm bringen,
wenn du uns verläßt?«

Seine Gewährsleute berichteten Oliver, daß die *mumis* in den Tagen, in denen noch Kriege geführt wurden, mehr Autorität besessen hatten. Manche *mumi*-Kriegsanführer hielten sich sogar ein oder zwei Kriegsgefangene, die wie Sklaven behandelt und gezwungen wurden, in den Gärten der Familie des *mumi* zu arbeiten. Und niemand durfte »vorlaut oder anmaßend gegenüber seinem *mumi* auftreten, ohne Strafe fürchten zu müssen«. Dies deckt sich ganz mit dem, was theoretischen Mutmaßungen nach zu erwarten ist, denn die Fähigkeit, Fleisch, Pflanzennahrung und andere Wertsachen umverteilen zu können, geht Hand in Hand mit der Fähigkeit, eine Gefolgschaft von Kriegern um sich zu scharen, sie für den Kampf auszurüsten und mit Kriegsbeute zu belohnen. Die Rivalität unter den Krieger-*mumis* von Bougainville scheint eine inselweite politische Organisation herbeigeführt zu haben, als die ersten europäischen Expeditionen eintrafen. Laut Oliver »standen viele benachbarte Dörfer für bestimmte Zeiträume im Kampf so eng zusammen, daß sich ein Muster kriegführender Regionen herausbildete, die jede in sich mehr oder weniger friedlich waren und einen herausragenden *mumi* hatten, dessen kriegerische Aktivitäten für inneren sozialen Zusammenhalt sorgten«. Diese regionalen *mumis* besaßen zweifellos eine rudimentäre Macht, andere unter ihren Willen zu zwingen. Nichtsdestoweniger blieb die Hinentwicklung der Siuai zu Klassenstrukturen, die auf unterschiedlichen Machtprivilegien basierten, in den Kinderschuhen stecken und vergänglich. Dies erhellt aus dem Umstand, daß *mumis* ihre Krieger mit Geschenken in Form von Schweinefleisch und anderen Delikatessen sowie mit Prostituierten zu versorgen hatten, die in die Clubhäuser geholt wurden. Ein alter Krieger berichtete:

»Wenn der *mumi* uns nicht mit Frauen versorgte, waren wir wütend ... Wir trieben es die ganze Nacht und wollten immer noch mehr. Mit dem Essen war es das gleiche. Normalerweise war das Clubhaus reichlich mit Essensvorräten ausgestattet, und wir aßen und konnten nie genug bekommen. Es war eine wunderbare Zeit.«

Darüber hinaus mußte der *mumi*, der eine Kriegerschar anführen wollte, persönlich darauf vorbereitet sein, für jeden seiner Männer, der in der Schlacht umkam, eine Entschädigung zahlen zu können, und er mußte für das Begräbnisfest jedes Mannes ein Schwein stiften. (So als ob wir vergleichsweise im Interesse der Bewahrung einer angemessenen Achtung vor dem menschlichen Leben unsere politischen und militärischen »großen Männer« verpflichten würden, den Versicherungswert jedes Kriegstoten aus eigener Tasche zu entrichten.)

Ich möchte noch ein weiteres Beispiel dafür geben, in welcher Weise sich die Güter umverteilenden Kriegsanführer Stück um Stück zu ständigen Herrschern mit Zwangsgewalt über Produktion und

Konsumtion gemausert haben könnten. Etwa zweihundert Kilometer nördlich der Ostspitze Neu-Guineas liegt der Trobriand-Archipel, eine kleine Gruppe flacher Koralleninseln, die der große Ethnograph Bronislaw Malinowski erforscht hat. Die Trobriander-Gesellschaft war in verschiedene matrilineare Clans und Unterclans mit unterschiedlichem Rang und Privilegien gegliedert, und das Recht auf Gartenland wurde in diesen Sippen vererbt. Malinowski berichtete, die Trobriander seien »kampfeslustig« und hätten »systematische und gnadenlose Kriege« geführt, und sie hätten sich mit ihren Kanus über den offenen Ozean gewagt, um mit über hundert Meilen entfernten Inselvölkern Handel zu treiben oder – wenn es sich ergab – gegen sie zu kämpfen. Im Gegensatz zu den *mumis* der Siuai hätten die »großen Männer« der Trobriander ihre Ämter auf erblicher Basis innegehabt, und einzig Niederlagen im Krieg hätten sie ihrer Posten entheben können. Einer von ihnen, den Malinowski für den »obersten Häuptling« aller Trobriander hielt, habe über ein Dutzend Dörfer mit insgesamt mehreren tausend Einwohnern geherrscht. (Sein tatsächlicher Status war nicht ganz so hoch, denn andere behaupteten, mit ihm gleichrangig zu sein.) Häuptlingsämter wurden innerhalb der wohlhabendsten und größten Unterclans weitervererbt, und die Trobriander führten diese Ungleichheiten auf Eroberungskriege zurück, die vor langer Zeit stattgefunden hatten. Nur die Häuptlinge durften bestimmte Muschelornamente tragen, die als Insignien hohen Ranges galten, und allen gewöhnlichen Trobriandern war es verboten, in einer Stellung zu sitzen oder zu stehen, in der ihr Kopf den des Häuptlings überragt hätte. Malinowski schreibt, er habe im Dorf Bwoytalu alle im Dorf anwesenden Leute von ihren Veranden springen sehen, »als habe ein Wirbelsturm sie heruntergefegt«, als der langgezogene Ruf »O guya'u!« erklang, der die Ankunft eines bedeutenden Häuptlings ankündigte.

Trotz solcher Reverenzbekundungen war die tatsächliche Macht der Häuptlinge begrenzt. Sie beruhte letztlich auf der Fähigkeit, die Funktion des »großen Fürsorgers« zu erfüllen, was stärker von Verwandtschafts- und Ehebanden abhing als von der Verfügung über Waffen und Ressourcen. Die Wohnsitznahme unter den gewöhnlichen Trobriandern erfolgte normalerweise avunculokal. Heranwachsende Jungen lebten in Junggesellenhütten, bis sie heirateten.

Dann lebten sie mit ihren Bräuten im Haushalt des Bruders ihrer Mutter, wo sie gemeinsam das Gartenland der mütterlichen Abstammungslinie des Ehemanns bearbeiteten. In Anerkennung der matrilinearen Abstammung waren sich die Brüder darüber im klaren, daß ein Anteil des Produkts der matrilinearen Böden ihren Schwestern zukam, und sie sandten ihnen zur Erntezeit Geschenkkörbe mit Yamswurzeln, der Lagerfrucht des Stammes. Der Trobriander-Häuptling stützte sich auf diesen Brauch, um seine politische und wirtschaftliche Basis zu erhalten. Er heiratete die Schwestern der Oberhäupter einer großen Anzahl von Unterlinien. Manche Häuptlinge brachten es auf bis zu zwei Dutzend Ehefrauen, von denen jede einen Anspruch auf die obligatorische Yamsgabe seitens ihrer Brüder hatte. Diese Yamswurzeln wurden ins Dorf des Häuptlings geliefert und auf besonderen Yamsgestellen zur Schau gestellt. Ein Teil des Yams wurde dann bei ritualisierten Festen umverteilt, durch die der Häuptling seine Stellung als »großer Fürsorger« untermauerte, während der Rest dazu verwandt wurde, Spezialisten im Kanubau, Handwerker, Zauberer und Diener der Familie zu ernähren, die auf diese Weise unter die Kontrolle des Häuptlings gerieten und seine Macht steigerten. Zweifellos dienten die Yamsvorräte in früherer Zeit auch als Proviantbasis, wenn es darum ging, über weite Entfernungen Handelsexpeditionen oder Raubzüge durchzuführen.

Obwohl sie ihre »großen Fürsorger« und Kriegshäuptlinge fürchteten und hochachteten, waren die gewöhnlichen Trobriander noch weit davon entfernt, sich auf den Status abhängiger Bauern einengen zu lassen. Da sie auf Inseln lebten, konnten die Trobriander sich nicht frei ausbreiten, und schon zu Malinowskis Zeit hatten sie eine Bevölkerungsdichte von sechzig Personen pro Quadratmeile erreicht. Trotzdem waren die Häuptlinge nicht in der Lage, das Produktionssystem so weit unter ihre Kontrolle zu bringen, daß sie große Macht erlangt hätten. Es gab keine Kornfrüchte, und Yams verrottete oft schon nach drei oder vier Monaten, woraus folgt, daß ein »großer Fürsorger« seine Trobriander weder durch Austeilen von Nahrung manipulieren konnte, noch er in der Lage war, aus seinen Lagervorräten eine ständige Polizei-Militär-Garnison zu unterhalten. Ein gleichermaßen wichtiger Faktor waren die allen zugänglichen Ressourcen der Lagunen und des Ozeans, aus denen die

Trobriander ihren Eiweißbedarf deckten. Der Trobriander-Häuptling konnte den Zugang zu diesen Ressourcen nicht unterbinden, und er war daher nicht in der Lage, eine echte ständige politische Zwangsherrschaft über seine Untertanen auszuüben. Bei intensiveren Formen des Ackerbaus und umfangreichen Getreideernten dagegen entfaltete sich in anderen Gesellschaften die Macht der »großen Fürsorger« weit über das Maß hinaus, das ein Trobriander-Häuptling je hätte erreichen können.

Colin Renfrew verdanken wir den Hinweis auf die Schriften des Naturforschers William Bartram aus dem achtzehnten Jahrhundert, die eine anschauliche Darstellung enthalten, welch eminente Bedeutung der Um- und Neuverteilung in den Sozialstrukturen nordamerikanischer Ackerbauern zukommt. Bartrams Beschreibung der Cherokee, der ursprünglichen Eigentümer des Tennessee-Tals, weist ein Umverteilungssystem aus, das trotz der völlig unterschiedlichen äußeren Merkmale der Kulturen des Östlichen Waldlandes und Melanesiens im großen und ganzen nach den gleichen Mustern funktioniert wie das der Trobriander. Wie die Iroquois hatten die Cherokee matrilineare und matrilokale Institutionen und praktizierten externe Kriegführung. Ihre Hautnahrungspflanzen waren Mais, Bohnen und Kürbis. Im Zentrum der Hauptsiedlungen stand ein großes, rundes »Rathaus«, wo der Rat der Häuptlinge Fragen erörterte, die viele Dörfer betrafen, und wo Umverteilungsfeste veranstaltet wurden. Dem Rat der Häuptlinge saß ein Oberster Häuptling vor, der sogenannte *mico*, der im Mittelpunkt des Redistributionsnetzes der Cherokee stand. Bartram berichtet, zur Erntezeit sei auf jedem Feld eine große Krippe, der »Kornspeicher des *mico*«, aufgestellt worden. »Dorthin trägt jede Familie eine bestimmte Menge Korn und lagert sie ein, ganz nach ihrem Vermögen oder ihrer Neigung, und sie bringt auch gar nichts, wenn sie nicht will.« Die Kornspeicher des *mico* dienten als »öffentliches Vermögen, . . . auf das man zur Notlinderung zurückgreifen konnte« – im Falle von Mißernten –, als Nahrungsvorrat »zur Bewirtung von Fremden oder Reisenden« und als militärischer Vorrat, »wenn sie zu feindseligen Expeditionen ausziehen«. Obgleich laut Bartram jedem Stammesangehörigen »das Recht auf freien und öffentlichen Zugang« zustand, mußten die gewöhnlichen Zeitgenossen ausdrücklich anerkennen, daß der Vorrat eigentlich dem Obersten Häuptling gehörte, denn der »Hort steht zur Verfügung des Königs oder *mico*«, der das »ausschließliche Recht und die Fähigkeit besitzt, Labsal und Wohltaten an die Bedürftigen auszuteilen«. Daß der *mico* ebenso wie der Trobriander-Häuptling weit davon entfernt war, tatsächlich im Rang eines »Königs« zu stehen, ergibt sich aus Bartrams Bemerkung, außerhalb des Rates »gesellt er sich zu den Leuten als gemeiner Mann und spricht mit ihnen wie sie mit ihm in völliger Ungezwungenheit und Vertrautheit«.

Die Um- und Neuverteilung liefert zweifellos den Schlüssel zum Verständnis der zahlreichen alten Monumente und Bauwerke, die jahrhundertelang den Gelehrten und Reisenden Rätsel aufgegeben haben. Wie wir gesehen haben, sind von den *mumis* an aufwärts »große Männer«, Oberhäupter und Häuptlinge in der Lage, Arbeit im Interesse gemeinsamer Vorhaben und Unternehmungen zu organisieren. Zu solchen Unternehmungen zählte – Hunderte von Arbeitskräften erfordernd – der Bau von großen Kanus, Gebäuden, Grabstätten und Monumenten. Colin Renfrew lenkt unser Interesse auf die verblüffende Ähnlichkeit zwischen den kreisförmigen hölzernen Festzentren-Rathäusern der Cherokee und jenen rätselhaften Rundbauten, deren hölzerne Pfahllöcher innerhalb von jungsteinzeitlichen Zeremonialumfriedungen, den sogenannten »Henges«, in Großbritannien und Nordeuropa gefunden worden sind. Die im Lauf der Zeit zunehmend vervollkommneten Grabkammern, Grabhügel und Anordnungen von großen Felsblöcken, die für die Periode zwischen 4000 und 2000 v. Chr. in Europa kennzeichnend sind, haben ziemlich genaue Entsprechungen in den *mounds*, die die prähistorischen Bewohner des Ohio- und Mississippi-Tals errichtet haben, in den steinernen Beerdigungsplattformen und monolithischen Statuen Polynesiens sowie in den monolithischen Gräbern und Gedenkstätten auf dem heutigen Borneo. All diese Gebilde spielen eine Rolle für das reibungslose Funktionieren vorstaatlicher Umverteilungssysteme, dienten als Veranstaltungsort von Umverteilungsfesten und von Gemeinschaftsritualen, deren Sinn die Beherrschung der Naturkräfte war, und erinnerten an die Tapferkeit und Großzügigkeit dahingeschiedener heldenhafter »großer Männer« und Häuptlinge. Rätselhaft erscheinen sie einzig, weil sie die Skelette, nicht die inhaltliche Substanz von Umverteilungssystemen sind. Da wir die Investition von Mehrarbeit in die agrarische Produktion nicht manifest vor Augen haben, kommt uns der Monumentenbau wie eine Art irrationaler Besessenheit dieser alten Völker vor. Doch im lebendigen Kontext eines Umverteilungssystems betrachtet, stellen sich die Gräber, Megalithen und Tempel als funktionale Komponenten dar, deren Kosten gering sind im Vergleich mit den gesteigerten Ernten, die die ritualisierte Intensivierung der agrarischen Produktion ermöglicht.

Je größer und dichter die Bevölkerung war, desto größer wurde auch das Umverteilungsnetz und desto mächtiger war der Kriegshäuptling, in dessen Befugnis die Umverteilung lag. Unter gewissen Umständen entwickelte sich die Machtausübung seitens des Umverteilers und seiner engsten Gefolgschaft auf der einen und seitens der gewöhnlichen Nahrungsproduzenten auf der anderen Seite derart ungleichgewichtig, daß die Umverteiler-Häuptlinge zur Hauptzwangsgewalt im gesellschaftlichen Leben wurden. Wenn dies geschah, hörten die Beiträge zum zentralen Vorratsbestand auf, freiwillig geleistete Beiträge zu sein. Sie wurden zu Steuern. Ackerboden und Naturschätze hörten auf, Elemente zu sein, zu denen jedermann rechtmäßigen Zugang hatte. Sie wurden zu lehenartigen Zuteilungen. Und die Umverteiler hörten auf, Häuptlinge zu sein. Sie wurden zu Königen.

Um diese folgenschweren Umwandlungen im Zusammenhang eines kleinen vorindustriellen Staates zu veranschaulichen, möchte ich auf John Beatties Beschreibung der Bunyoro zurückgreifen. Die Bunyoro zählten ungefähr hunderttausend Köpfe, besiedelten ein Gebiet von etwa 13 000 Quadratkilometern in jenem Teil des zentralen Seengebiets in Ostafrika, der heute unter dem Namen Uganda bekannt ist, bestritten ihren Lebensunterhalt vornehmlich durch Hirse- und Bananenanbau und wurden von einem erblichen Herrscher mit dem Titel *mukama* regiert. Die Bunyoro waren in einer feudalen, nichtsdestoweniger aber echten Staatsgesellschaft organisiert. Ihr *mukama* war ein König und keineswegs nur ein schlichter Umverteiler-Häuptling. Das Privileg, alles Land und allen natürlichen Reichtum zu nutzen, war ein Lehen, das der *mukama* an etwa ein Dutzend Häuptlinge vergeben hatte, die dies Lehen an das gewöhnliche Volk weiterverteilten. Als Gegenleistung für diese Zuteilungen wurden Nahrungsabgaben, handwerkliche Leistungen und Frondienste

durch die Machthierarchie in das Hauptquartier des *mukama* hinauf-
kanalisiert. Der *mukama* wiederum lenkte die Nutzung dieser Güter
und Dienstleistungen in Staatsprojekte. Oberflächlich betrachtet,
scheint der *mukama* auch nur ein »großer Mann«-Umverteiler-
Häuptling zu sein. Beattie schreibt dazu:

»Der König wurde zugleich als oberster Empfänger von Gütern
und Dienstleistungen wie als oberster Geber angesehen . . . Die
Großhäuptlinge, die selbst Abgaben von ihren Abhängigen empfin-
gen, waren gehalten, einen Teil der Produkte ihrer Ländereien in
Form von Getreide, Vieh, Bier oder Frauen an den König abzugeben
. . . Aber jedermann hatte an den König Abgaben zu leisten, nicht
nur die Häuptlinge . . . Dementsprechend wurde auch die Rolle des
mukama als Gebender betont. Viele seiner besonderen Namen und
Titel hoben seine Großherzigkeit hervor, und traditionell erwartete
man von ihm, daß er in Form von Festen wie in Form von Geschenken an Einzelpersonen ausgiebig spendierte.«

Ein Vergleich des *mukama* mit dem Obersten Häuptling der Trobriander oder Cherokee offenbart jedoch, daß die Machtverhältnisse
sich umgekehrt hatten. Die Trobriander- und Cherokee-Häuptlinge
waren von der Großzügigkeit der Nahrungsproduzenten abhängig;
die Nahrungsproduzenten bei den Bunyoro dagegen waren von der
Großzügigkeit des Königs abhängig. Der *mukama* allein konnte die
Erlaubnis zur Blutrache gewähren oder verweigern, und wer es ver-
säumte, zum Einkommen des *mukama* beizusteuern, konnte mit
dem Verlust seines Bodens, mit Verbannung oder einer körperlichen
Züchtigung rechnen. Trotz seines Rufes als »großer Fürsorger« und
seiner verschwenderischen Feste benutzte der *mukama* einen Großteil seines Einkommens dazu, sein Monopol auf den Apparat der
Zwangsgewalt zu zementieren. Mittels seiner Kontrolle über die zentralen Getreidespeicher unterhielt er eine stehende Palastwache und
überhäufte Krieger, die sich durch Tapferkeit im Kampf oder Erge-
benheit seiner Person gegenüber ausgewiesen hatten, mit Belohnun-
gen. Auch verwandte er einen beträchtlichen Teil des Staatsschatzes
auf das, was wir heute Imagepflege und Public Relations nennen. Er
umgab sich mit zahlreichen Beamten, Priestern, Magiern, Regalien-
trägern wie etwa den Hütern der Speere, der königlichen Gräber,
der königlichen Trommeln, der königlichen Throne und der könig-

lichen Kronen, sowie mit königlichen Kronenaufsetzern, Köchen, Bademeistern, Hirten, Töpfern, Feigenbaumbastzeugmachern und Musikanten. Viele der Beamten hatten mehrere Assistenten. Andere Berater, Wahrsager und Wahrheitsverschweiger lungerten bei Hof herum in der Hoffnung, ein Häuptlingsamt zu erlangen. Ebenfalls präsent waren des *mukamas* umfangreicher Harem, seine vielen Kinder, die mit zahlreichen Frauen bestückten Haushaltungen seiner Brüder und die anderer königlicher Persönlichkeiten. Um seine Macht zu bewahren, unternahmen der *mukama* und Teile seines Hofes häufig Reisen durchs Bunyoro-Land, wobei sie in lokalen Palästen verweilten, die auf Kosten der Häuptlinge und Gemeinen unterhalten wurden.

Beattie führt aus, viele Züge des Bunyoro-Königtums seien auch im nachrömischen Feudaleuropa zu entdecken, wie der *mukama* sind auch Wilhelm der Eroberer und seine Begleitung ständig durch das England des zwölften Jahrhunderts gereist, haben den »Häuptlingen« Kontrollbesuche abgestattet und von deren Gastfreundschaft gelebt. Die englischen Könige jener Zeit ließen in ihrem Verhalten immer noch ihre Herkunft als »große Fürsorger« an der Spitze von Umverteilungsnetzen durchblicken. Wilhelm der Eroberer zum Beispiel hielt jährlich drei große Feste ab, bei denen er seine Krone trug und Lords und Untertanen in großer Zahl bewirtete. Wie wir jedoch sehen werden, führte die weitere Entwicklung der Staatssysteme nach und nach zur Abschaffung aller Verpflichtungen der Herrscher, für ihre Untertanen als »große Fürsorger« zu wirken.

Unter welchen Umständen ist mit der Wandlung eines auf Umverteilung basierenden Häuptlingsamts in einen Feudalstaat zu rechnen? Zu Intensivierung, Bevölkerungswachstum, Kriegführung, lagerfähigen Getreiden und der Erblichkeit der Umverteilerrolle muß noch ein weiterer Faktor hinzutreten: Enge oder Einkeilung. Nehmen wir an – wie Robert Carneiro es getan hat –, eine Bevölkerung, an deren Spitze Umverteiler stehen, ist innerhalb einer von Umweltbarrieren umgrenzten oder abgeschlossenen Region gewachsen. Diese Barrieren brauchen keine unüberquerbaren Ozeane und keine unbezwinglichen Bergketten zu sein; vielmehr könnte es sich schlicht um ökologische Übergangszonen handeln, wo Leute, die aus übervölkerten Dörfern aufgebrochen und auf die Suche nach neuen

Lebensräumen gegangen sind, feststellen, daß sie erhebliche Einbu-
ßen im Lebensstandard hinnehmen oder ihre gesamte Lebensweise
ändern müßten, wenn sie in der nämlichen Region überleben wollten. Bei Enge oder Einkeilung könnten zwei Typen von Gruppen zu
dem Schluß gelangen, daß der Nutzen eines auf Dauer untergeordneten Status die Kosten übersteigt, die es verursacht, wenn sie
versuchen, ihre Unabhängigkeit zu bewahren. Fall 1: Aus Sippenverwandten bestehende Dörfer, die gezwungen wären, in die Übergangszonen auszuweichen, könnten statt dessen lieber ein Abhängig-
keitsverhältnis in Kauf nehmen, wenn sie dafür weiter an den von
ihren Muttersiedlungen getragenen Umverteilungen partizipieren
dürften. Fall 2: In der Schlacht besiegte Feindesdörfer könnten es für
sinnvoller und weniger kostspielig erachten, Steuern und Tribute zu
entrichten, statt in die genannten Elendszonen auszuweichen.

Es wäre nur sehr wenig unmittelbarer physischer Zwang nötig,
um die sich so entwickelnde abhängige Bauernschaft im Zaum zu
halten. Die Verwandtschaftsbeziehungen würden benutzt werden,
um die Legitimität dessen zu rechtfertigen, daß Jüngere nicht in gleichem Maße mit der Verfügung über Ressourcen privilegiert sein
können wie Ältere (oder das gleiche im Verhältnis zwischen Frauen
abgebenden und Frauen entgegennehmenden Bündnisgruppen, wobei diejenigen, die Frauen abgeben, als Entgelt dafür Tribute und Ar-
beitsleistungen erwarten würden). Der Zugang zu den gelagerten
Getreiden könnte an die Leistung von handwerklichen oder militärischen Diensten gebunden werden. Oder die »großen Männer« der
mächtigeren Gruppe könnten eine Besteuerung einfach dadurch ein-
führen, daß sie weniger verteilten, als sie eingenommen haben. Die
externe Kriegführung würde zunehmen, und die besiegten Dörfer
würden jeweils in das Steuern- und Abgabennetz eingegliedert. Ein
wachsendes Korps militärischer, religiöser und handwerklicher Fachleute würde aus den zentralen Vorratslagern unterhalten werden,
was das Ansehen der Herrscher als wohltätige »große Fürsorger«
steigen ließe. Und der soziale Abstand zwischen der polizeilich-mili-
tärisch-priesterlich-verwaltungstechnischen Elite und der sich heraus-
bildenden Klasse der nahrungsproduzierenden bäuerlichen Arbeitstiere würde sich noch weiter vergrößern, je weiter die Dimension der
Einrichtungen zur Nahrungsproduktion wüchse, die Handelsnetze

sich ausdehnten, die Bevölkerung zunähme und die Produktion durch gesteigerte Steuern, Arbeitsdienstverpflichtung und Abgaben intensiviert würde.

Inwieweit stimmt die Theorie von der Umgrenzung oder Einkeilung mit den vorgefundenen Belegen überein? Die sechs Regionen, in denen sich mit der größten Wahrscheinlichkeit Staaten ursprünglich entwickelt haben, zeichnen sich durch klar umgrenzte Zonen der Produktion aus. Wie Malcolm Webb ausgewiesen hat, besitzen alle diese Regionen fruchtbare Kernzonen, die von Gebieten mit agrarisch erheblich weniger ertragreichen Böden umgeben sind. Es handelt sich dabei um Flußtäler oder Seensysteme, die inmitten von Wüsten oder zumindest sehr trockenen Zonen liegen. Die Abhängigkeit des alten Ägypten, Mesopotamien und Indien von den Überflutungsebenen des Nil, Euphrat-Tigris und Indus ist allgemein bekannt. Im alten China setzten die Bedingungen des Klimas, des Bodens und der Topographie einer intensiven landwirtschaftlichen Nutzung jenseits des Beckens des Gelben Flusses enge Grenzen. Das zentrale Hochland Mexikos ist ebenfalls trocken und leidet darüber hinaus »in den Hochlandbecken und Flußtälern, die die ursprünglichen Bevölkerungszentren waren, unter schweren Nebenwirkungen der Regenschattenlage«. Und die peruanische Küste schließlich zeichnet sich durch den schroffen Kontrast zwischen der üppigen Vegetation entlang der kurzen Küstenflüsse, die von den Anden herunterfließen, und den Wüstenverhältnissen aus, die überall sonst vorherrschen. All diese Regionen werfen besondere Schwierigkeiten für Dorfbevölkerungen auf, die versucht haben könnten, der wachsenden Konzentration von Macht in den Händen übermäßig aggressiver Umverteiler-Kriegshäuptlinge zu entrinnen.

Darüber hinaus besteht kein Zweifel, daß all diese Regionen vor der Herausbildung des Staates Gebiete raschen Bevölkerungswachstums gewesen sind. Ich habe weiter oben erwähnt, daß die Bevölkerung des Mittleren Ostens in der Zeit zwischen 8000 und 4000 v. Chr. um das Dreißigfache gewachsen ist. Karl Butzer schätzt, daß die Bevölkerung Ägyptens sich zwischen 4000 und 3000 v. Chr. verdoppelt hat. William Sanders mutmaßt, daß in den Hochlandzonen der frühen Staatsbildung in Mexiko die Bevölkerung sich verdrei- oder vervierfacht hat, und ähnliche Schätzungen dürften auch für Peru,

China und das Indus-Tal zutreffen.»Hinsichtlich aller Gebiete gewinnt man den Eindruck einer Zunahme nicht nur der Gesamtzahl der Fundstellen, sondern auch der Verteilungsdichte, Größe und Entfaltetheit der Fundstellen.«

Malcolm Webb hat auch das Material hinsichtlich der Kriegführung gesichtet. Ägyptens legendäre Geschichte beginnt mit einer Eroberungssage, und auf Krieg spezialisierte Geräte und Befestigungsanlagen lassen sich archäologisch sehr weit zurückverfolgen. In Mesopotamien finden sich Kriegswaffen und Darstellungen von Sklaven und Schlachten bereits in früher vordynastischer Zeit. Befestigungsanlagen und Dokumente weisen aus, daß Shang-China zur Zeit der Herausbildung der ersten Staaten am Gelben Fluß eine extrem militaristische Gesellschaft gewesen ist. Jüngste Funde im Kernland der frühesten Indus-Staaten haben eindeutig erbracht, daß es dort stark befestigte jungsteinzeitliche Dörfer gegeben hat, die durch Eroberung zerstört wurden. In der Neuen Welt blicken »das an der Küste gelegene Peru ebenso wie Mittelamerika auf eine lange Geschichte von Kriegen zurück«; archäologische »Hinweise auf Kämpfe gibt es bereits aus der Zeit um 1000 v. Chr.«.

Die Art Kriegführung, die zur Entwicklung des Staates führte, muß ganz augenscheinlich stärker auf externe Kämpfe über weite Entfernungen hinweg abgestellt gewesen sein als auf interne Kriege von der Art, wie die Yanomamo sie anzetteln. Da Matrilokalität als Methode immer wiederkehrt, um die Grenzen zu überwinden, die patrilinearen Dorfgruppen bei der Bildung aus vielen Dörfern bestehender Militärbündnisse gesetzt sind, erscheint es wahrscheinlich, daß Gesellschaften, die an der Schwelle der Staatlichkeit stehen, häufig zu matrilinearen Formen der gesellschaftlichen Organisation übergehen. Robert Briffault zufolge läßt sich die Auffassung, daß die alten Staatsgesellschaften kurz vor und kurz nach Entfaltung ihrer Staatlichkeit matrilineare Institutionen besaßen, anhand zahlreicher Belegstellen in der Literatur stützen. Der große Ägyptologe Flinders Petrie zum Beispiel vertrat die Ansicht, daß die administrativen Abteilungen des frühen Ägyptens einst matrilineare Clans gewesen sind und daß die Wohnsitznahme in frühester Zeit matrilokal erfolgte; der griechische Historiker Strabo vermerkt, daß die alten Völker Kretas vorwiegend weibliche Götter anbeteten, Frauen eine herausragende

Rolle im öffentlichen Leben zuwiesen und Matrilokalität praktizierten. Plutarch sagt, in Sparta sei die Eheschließung matrilokal erfolgt und »Frauen herrschten über Männer«. Der große Altertumswissenschaftler Gilbert Murray war überzeugt, daß in Griechenland zu homerischer Zeit »Söhne in fremde Dörfer auszogen, um zu dienen und Frauen zu heiraten, denen das Land dort gehörte«. Herodot sagte über die Lykier am östlichen Rand des Mittelmeers: »Sie pflegen einen einzigartigen Brauch, in dem sie sich von den anderen Völkern der Welt unterscheiden: Sie benennen sich selbst nach ihren Müttern, nicht nach ihren Vätern.« Und über die alten Germanen schrieb Tacitus, daß »die Söhne einer Schwester gegenüber ihrem Onkel die gleiche Stellung einnehmen wie gegenüber ihrem Vater« und daß »manche sogar zum ersteren die stärkere familiäre Bindung empfinden«.

Den heutigen Anthropologen läßt diese starke Gewichtung der Bande zwischen dem Bruder der Mutter und dem Sohn der Schwester auf das frühere Bestehen einer matrilinearen Organisation schließen. Überdies wird Tacitus' Beschreibung des relativ hohen Status der Frauen bei den Germanen noch durch Funde von Gräbern gestützt, in denen als Krieger gekleidete Frauen Seite an Seite neben in gleicher Weise gekleideten Männern liegen. Livius berichtet, daß die *curiae*, die frühesten administrativen Instanzen im alten Rom, nach den Sabinerinnen benannt sind, die die Anhänger des Romulus angeblich geraubt haben. Und schließlich weist Briffault darauf hin, daß sich in den lateinischen Verwandtschaftsbezeichnungen eine Unterscheidung zwischen dem Bruder der Mutter und dem Bruder des Vaters bewahrt hat. Der erstere wurde *patruus*, der letztere *avunculus* genannt. Das lateinische Wort für Vorfahre lautet *avus*. Es wurde also – wie es auch in einem matrilinearen System der Fall wäre – der Bruder der Mutter mit einem Begriff bezeichnet, der auf eine gemeinsame Ahnenschaft mit dem Sohn der Schwester hinweist. (Der Umstand, daß im Deutschen das Wort »Onkel« etymologisch mit dem lateinischen Wort *avunculus* für Bruder der Mutter die gleiche indogermanische Wurzel hat, deutet auf den Rang hin, den früher die Beziehung zwischen dem Bruder der Mutter und dem Sohn der Schwester gehabt hat.)

Weibliche Figurinen und Statuen, wie sie in vielen vorstaatlichen

Kulturen Europas und Südwestasiens gefunden worden sind, deuten ebenfalls stark auf matrilineare Organisation hin. Der noch vor 2000 v. Chr. gebaute Tempel von Tarxien auf Malta zum Beispiel enthielt eine 1,80 Meter hohe Statue einer rundlichen, sitzenden Frau. Das Thema der »dicken Frauen« kehrt in etlichen kleineren Versionen wieder, die in maltesischen Tempeln gefunden wurden; sie alle stehen im Zusammenhang mit menschlichen Grabstätten, Altären und den Knochen von Opfertieren, was auf einen Kult mit weiblichen Vorfahren hinweist.

Wenn auch der Großteil dieses Materials weitgehend mit der Bildung »nachfolgender« Staaten in Europa in Zusammenhang steht, so ist es doch hinreichend gerechtfertigt, daraus den Rückschluß zu ziehen, daß die ursprünglichen Staaten zuvor eine ähnliche matrilineare Phase durchlaufen haben. Aber wenn es in der Entwicklung der ursprünglichen wie der nachfolgenden Staaten eine solche Phase gegeben hat, so kann sie nur von kurzer Dauer gewesen sein. Was wir durch die Schriften der klassischen griechischen und römischen Historiker hindurchschimmern sehen, sind die Restspuren von Systemen, die sich bereits wieder patrilinearer Abstammungsherleitung zugewandt hatten. Sehr wenige alte oder neue Staatsgesellschaften praktizieren matrilineare Abstammungsherleitung oder Matrilokalität (weshalb schon Herodot über die Lykier geschrieben hat, sie unterschieden sich »von den anderen Völkern der Welt«). Mit der Entfaltung und dem Aufstieg des Staates verloren die Frauen ihren hohen Status wieder. Von Rom bis China wurden sie in den Gesetzeswerken als Mündel ihrer Väter, Ehemänner und Brüder definiert. Der Grund dafür liegt meiner Ansicht nach darin, daß die Matrilokalität nun nicht mehr funktional notwendig war, um die Streitkräfte zu rekrutieren und auszubilden. Staaten führen Kriege mittels militärischer Spezialisten, deren Solidarität und Leistungsfähigkeit von hierarchischen Rängen und straffer Disziplin abhängen – und nicht vom gemeinsamen Wohnsitz nach der Eheschließung. Infolgedessen brachte der Aufstieg des Staates eine Wiederbelebung des alten Komplexes des männlichen Supremats zu neuer, voller Blüte mit sich. Ich halte es nicht für einen Zufall, daß die vorstaatlichen Siuai, Trobriander und Cherokee externe Kriegführung betrieben haben, während der Bunyoro-Staat, der noch stärker externe Kriegführung betreibt, patrilineare Institutionen und einen starken Komplex des männlichen Supremats aufweist.

Sobald sich in einer Region ursprüngliche Staaten herausgebildet haben, beginnen unter einer Reihe von besonderen Bedingungen nachfolgende Staaten sich zu entwickeln. Manche nachfolgenden Staaten entstehen aus der Notwendigkeit, sich gegen die räuberischen Übergriffe der fortgeschritteneren Nachbarn verteidigen zu müssen; andere entwickeln sich infolge von Versuchen, die Kontrolle über strategische Handelsstraßen und das wachsende Volumen transportierter Güter an sich zu bringen, das üblicherweise eine Begleiterscheinung von Staatsentfaltung in allen Regionen ist. Wieder andere bilden sich teilweise deshalb, weil nomadische Völker, die an ihren Rändern leben, ihren Reichtum zu plündern versuchen. Staaten in relativ dünn besiedelten Regionen ohne Einkeilung müssen immer zunächst unter diesen Aspekten untersucht werden, ehe man den Schluß zieht, daß Intensivierung und Fortpflanzungsdruck nicht die Entwicklung der ursprünglichen Staaten der Region bedingt haben. Zum Beispiel haben Hirtenvölker mit geringer Dichte (die Türken, Mongolen, Hunnen, Mandschus und Araber) wiederholt Staaten entwickelt – aber nur, indem sie die vorher schon bestehenden Reiche der Chinesen, Hindus, Römer und Byzantiner zu plündern versuchten. In Westafrika haben sich nachfolgende Staaten infolge islamischer und europäischer Anstrengungen, den Sklaven-, Gold- und Elfenbeinhandel unter Kontrolle zu bekommen, gebildet, während im neunzehnten Jahrhundert in Südafrika die Zulus einen Staat bildeten, um der militärischen Bedrohung durch die holländischen Kolonisten, die in ihr Heimatland eindrangen, entgegenzutreten.

An der Entstehung ursprünglicher Staaten scheint mir der bemerkenswerteste Umstand der zu sein, daß sie als Resultat eines unbewußten Prozesses erfolgte: Die Mitwirkenden dieser enormen Umwandlung scheinen nicht gewußt zu haben, was sie da schufen. Durch unmerkliche Verlagerungen im Umverteilungsgleichgewicht von Generation zu Generation hat sich die Spezies Mensch in eine Form sozialen Lebens eingebunden, in der die Vielen sich selbst herabsetzen, um die Wenigen zu erhöhen. Um Malcolm Webb zu paraphrasieren: Zu Anfang des langwierigen Prozesses konnte niemand das Endergebnis vorhersehen. »Der Egalitarismus der Stammesgesellschaft verschwand nach und nach, auch wenn er weiter beschworen wurde, ohne daß man sich des Wesens des Wandels bewußt war, und die schließliche Erlangung absoluter Kontrolle und Herrschaft dürfte an diesem Punkt nur noch als geringfügige Abweichung vom bestehenden Brauchtum erschienen sein. Die Konsolidierung der Staatsgewalt dürfte als eine Reihe natürlicher, wohltätiger und – wenn überhaupt – nur unerheblich außergesetzlicher Reaktionen auf jeweilige Bedingungen erfolgt sein, wobei jede neue Festigung der Staatsmacht nur ein geringfügiges Abweichen von der gegenwärtigen Praxis bedeutet haben dürfte.« Zu der Zeit, da die Reste des alten Rates gegenüber der wachsenden Macht des Königs endgültig in Ohnmacht verfielen, erinnerte sich niemand mehr an die Zeit, da der König nur ein hochverehrter *mumi* gewesen war, dessen hervorgehobener Status auf der Wohltätigkeit seiner Freunde und Verwandten beruhte.

Ich fordere diejenigen auf, die glauben, meine Erklärung der Evolution von Kultur sei zu deterministisch und zu mechanistisch, einmal die Möglichkeit zu überdenken, daß wir gerade zum gegenwärtigen Zeitpunkt wieder in langsamen Schritten eine Reihe von »natürlichen, wohltätigen und nur geringfügig . . . außergesetzlichen« Wandlungen durchlaufen, die das gesellschaftliche Leben in einer Weise verändern, wie sie nur wenige heutige Zeitgenossen künftigen Generationen bewußt zumuten würden. Eindeutig kann das Heilmittel für diese Situation nicht darin liegen, daß man die deterministische Komponente in sozialen Prozessen verleugnet; vielmehr ist es darin zu sehen, daß man diese deterministische Komponente der Allgemeinheit bewußt macht.

Auf die moralischen Implikationen dieser Sachverhalte will ich jedoch erst später zu sprechen kommen. Die unmittelbar vor uns liegende Aufgabe besteht darin, die weiteren Konsequenzen des Aufstiegs des Staates im Kontext unterschiedlicher regionaler Muster von Intensivierungen, Umwelterschöpfungen und ökologischen Krisen nachzuzeichnen.

8. Kapitel

Mittelamerika vor Kolumbus

Manche Archäologen behaupten, Ökologie und Fortpflanzungsdruck hätten auf den Aufstieg des Staats in Mittelamerika wenig Einfluß ausgeübt. Sie meinen, der Übergang zur Staatlichkeit sei zuerst bei den Olmeken und Maya erfolgt, die in Tieflandsümpfen und Dschungeln lebten, wo weder eine Möglichkeit zu intensiver landwirtschaftlicher Nutzung noch Barrieren für die Bevölkerungsstreuung bestanden. Angeblich haben diese Dschungelstaaten sich infolge religiöser Impulse herausgebildet, die für die Auffassung der Olmeken und Maya von der Welt eigentümlich sind. Da sie glaubten, Regen, Ernten und die Kontinuität des Lebens seien Gaben der Götter, hätten sich die Maya und Olmeken veranlaßt gesehen, zeremonielle Zentren zu errichten und eine Priesterklasse von Nicht-Nahrungsproduzenten zu unterhalten. Und weil sie religiöser gewesen seien als andere vorstaatliche Dorfvölker, hätten sie größere Tempel als diese gebaut und ihren Priestern und Beamten eine ungewöhnlich tiefe Achtung und Verehrung erwiesen. Ihre politische Organisation sei nicht aus Bevölkerungsdruck, sinkender Arbeitseffektivität, Kriegführung, Einkeilung oder ähnlich krassen Impulsen erwachsen; vielmehr erwuchs sie aus freiwilliger Unterwerfung unter eine wohlwollende Theokratie.

Den Archäologen, die dieses Erklärungsmodell für den Ursprung des Staates in Mittelamerika verfechten, scheint die Vorstellung, menschlicher Glaube und Einfallsreichtum habe über widrige ökologische Bedingungen gesiegt, innerlichen Auftrieb zu geben. Zwar stehe ich Gefühlsurteilen, wie sie sich hinter dieser Verherrlichung schöpferischer Kulturleistungen wie der der Olmeken und Maya verbergen, durchaus wohlwollend gegenüber, halte es aber für weit dringlicher, daß wir die Begrenzungen begreifen, die ökologische und Fortpflanzungsfaktoren auch den durchgeistigtsten Formen menschlicher Aktivität setzen.

Die Olmeken sind in der Tat ein verblüffender Fall. Der mexikanische Archäologe Covarubias hat sie als die »Mutterzivilisation« der Neuen Welt bezeichnet. Sie bewohnten die feuchten Tiefländer und Küstenebenen der mexikanischen Golfküstenstaaten Vera Cruz und Tabasco. Zwischen 800 und 400 v. Chr. errichteten sie auf künstlichen Hügeln von etwa achttausend bis zwölftausend Quadratmeter Fläche eine Anzahl weit gestreuter Tempelzentren, die frühesten in der Neuen Welt. Die bekannteste Fundstelle ist La Venta in Tabasco und liegt auf einer Insel inmitten eines Sumpfs. La Ventas eindrucksvollstes Bauwerk ist ein Erdkegel von 140 Metern Durchmesser und etwa 36 Metern Höhe. Monumentale Skulpturen, die aus fünfzig Tonnen schweren, behauenen Steinblöcken bestehen und Stelen genannt werden, Altäre und riesige, runde menschliche Köpfe, die aussehen, als trügen sie Football-Helme, liegen über der Fundstelle verstreut.

Wenn auch die olmekischen Zeremonienzentren eindrucksvolle Belege für die Fähigkeit der Umverteiler-Häuptlinge darstellen, kooperative Vorhaben zu organisieren und Kunsthandwerker zu unterhalten, die in Bildhauerei, Steinmetzarbeit und der Herstellung von Jadeschmuck und feiner Keramik gute Arbeit leisteten, bleibt doch das Ausmaß ihrer Anstrengungen hinter dem zurück, was man von einem Gemeinwesen auf staatlicher Entwicklungsstufe erwarten würde. Jede der Stätten hätte leicht von einer Bevölkerung von nicht mehr als zwei- oder dreitausend Menschen errichtet werden können, und die einzelnen Stätten liegen zu weit voneinander entfernt, um zu einem zusammenhängenden politischen System gehören zu können.

Um die Olmeken aus dem richtigen Blickwinkel zu sehen, muß man das Ausmaß der Baulichkeiten im Auge behalten, wie es für Stätten charakteristisch ist, von denen historisch gesichert ist, daß sie von Gesellschaften im Übergang zur Staatsbildung errichtet worden sind. Als zum Beispiel die ersten französischen Entdeckungsreisenden das Mississippi-Tal hinauffuhren, stießen sie auf volkreiche »Städte« und riesige Erdplattformen, auf denen hölzerne Tempel und Häuser von Priestern und Adligen standen. Ein Überrest des größten dieser Bauwerke, des Cahokia-Mound, ist am östlichen Stadtrand von St. Louis immer noch erhalten. Bevor der *mound* von Bulldozern zerfressen wurde, maß er sechs Hektar und war über dreißig Meter hoch – etwas mehr als die typischen Hügel der Olmeken mit ihrem rund einen Hektar Fläche. Überdies wissen wir, daß eindrucksvolle Bauleistungen durchaus unter der Leitung »großer Männer«-Umverteiler-Häuptlinge erbracht werden können, denen darüber hinaus jede Möglichkeit fehlt, ihre Anhänger zu besteuern, zu Arbeitsdienst zu verpflichten oder zu bestrafen. Selbst die nicht Ackerbau treibenden Kwakiutl und Haida im nordwestlichen Pazifik, die von Umverteiler-Häuptlingen geleitet wurden, waren in gewissem Grade zur Herstellung von Monumenten in Form von Totempfählen und geschnitzten Hauspfeilern fähig. In Stonehenge und anderen frühen Zeremonialzentren in Europa, die mit der Ausbreitung des Ackerbaus in Zusammenhang stehen, haben vorstaatliche Häuptlingsinstanzen es zuwege gebracht, nach den Sternen ausgerichtete, ausgeklügelte Monumente aus Steinblöcken zu errichten, die beträchtlich mehr wogen als die in La Venta gefundenen. Und im Vergleich mit den großen Hochlandzentren auf dem Mexikanischen Zentralplateau sind die Stätten der Olmeken in der Tat winzig. Bestenfalls repräsentieren sie ein Entwicklungsstadium, das auf der Stufe anfänglicher Staatlichkeit verhaftet geblieben ist. Ihre Unfähigkeit, sich weiter zu entwickeln, steht in eindeutigem Zusammenhang mit dem Umstand, daß infolge ökologischer Verhältnisse ihre regionalen Bevölkerungsdichten niedrig blieben und sie keiner Einkeilung ausgesetzt waren.

Ich sollte auch die Möglichkeit nicht unerwähnt lassen, daß in Zukunft im Hochland des Zentralplateaus Zeremonialgebäude noch entdeckt werden, die auf eine ältere anfängliche Staatlichkeit als die der Olmeken rückschließen lassen. Jüngste Ausgrabungen von Ronald Grennes-Ravitz und G. Coleman deuten darauf hin, daß Figuren von der Art der olmekischen, die in Morelos und im Tal von Mexiko gefunden worden sind, ebenso alt sind wie die in Vera Cruz und Tabasco entdeckten. Überdies finden sich an diesen Fundstellen im Hochland olmekische Artefakte in Schichten über solchen Schichten, die einheimische Hochlandkeramik aus einer Zeit enthalten, die vierhundert Jahre vor der olmekischen Periode liegt. Es könnte sich daher durchaus erweisen, daß die olmekischen Tempelzentren teilweise von der Entwicklung der ersten Hochlandstaaten abhängig gewesen sind. Es ist sogar nicht ausgeschlossen, daß die olmekischen

Stätten koloniale Außenposten gewesen sind – vielleicht Pilgerzentren, wie Grennes-Ravitz und Coleman vermutet haben –, in deren Umkreis der Handel zwischen dem tropischen Tiefland und dem trockenen Zentralplateau organisiert worden ist.

Östlich vom olmekischen Kerngebiet liegt die Halbinsel Yucatán, eine weitere Region, in der der Entwicklungsgang zur Staatlichkeit hin ökologische Prinzipien Lügen zu strafen scheint. Hier lebten die Maya, ein Volk, das ein komplexes System von Bilderschrift und mathematischer Zählung erfunden hat, seine Geschichte in ziehharmonikaförmigen Büchern aufzeichnete, exakte astronomische Beobachtungen anstellte, einen höchst genauen Sonnenkalender entwickelte und die Kunst der Steinbildhauerei und Steinverarbeitung meisterhaft beherrschte.

Und trotzdem ist die untere Hälfte der Halbinsel Yucatán von einem dichten Dschungel, dem Petén, bedeckt. Von 300 bis 900 n. Chr. beschäftigten sich die Maya damit, just inmitten dieser Urwaldregion Zeremonienzentren zu erbauen. Norman Hammond hat im südlichen Teil Yucatáns 83 größere Stätten gezählt, die durchschnittlich fünfzehn Kilometer voneinander entfernt liegen. In diesen Zentren stehen mit feinen Ornamenten versehene, vielräumige Gebäude, die symmetrisch um gepflasterte Plazas gruppiert sind, Spielfelder für rituelle Ballspiele, Stelen aus Steinplatten mit bedeutsamen Daten, Generalogien der Herrscher und anderen, bislang nicht entschlüsselten historischen Aufzeichnungen, Altäre, in die weitere Hieroglyphentexte eingemeißelt sind, und massive Statuen, die Götter und Adlige darstellen. Über allem türmen sich große, abgestumpfte Pyramiden, die mit behauenen Steinen verkleidet sind und auf denen steinerne Tempel stehen. Die größte Stätte ist Tikal, dessen Tempelpyramiden 58 Meter hoch steil über die Plaza aufragen. Auf dem Höhepunkt seiner Entwicklung im neunten Jahrhundert nach Christus dürfte Tikal samt seinem ländlichen Einzugsbereich vierzigtausend Einwohner gehabt haben, und seine durchschnittliche regionale Bevölkerungsdichte ist auf 250 Einwohner pro Quadratmeile (knapp 100 Menschen pro Quadratkilometer) geschätzt worden. Damit wäre das Petén ebenso dicht bevölkert gewesen wie das heutige Mitteleuropa. Es besteht kein Zweifel, daß die größten der Maya-Zentren die Verwaltungsmetropolen kleiner Staaten gewesen sind. Aber es ist ausgeschlossen, daß die Maya Staatlichkeit völlig unabhängig von vorher in der Hochlandregion schon bestehenden Staaten entfaltet haben. Teotihuacán, auf das ich gleich näher eingehen werde, umfaßte bereits etliche Zehntausende Einwohner, als Tikal gerade begann, sich über die Baumwipfel zu erheben. Teotihuacán liegt etwa tausend Kilometer von Tikal entfernt, doch die militärischen und wirtschaftlichen Schockwellen, die von den großen Hochlandimperien ausgingen, erreichten regelmäßig auch die entlegeneren Regionen. Wir wissen, daß Kaminaljuyu, eine Maya-Stadt im Hochland von Guatemala, das das Petén überblickt, um 300 n. Chr. bereits unter den Einfluß von Teotihuacán geraten war. Kaminaljuyu beherbergte wahrscheinlich eine Militärgarnison, die die Handelsrouten zwischen dem Petén, der Pazifikküste und dem Mexikanischen Zentralplateau kontrollierte. Nach 300 unserer Zeitrechnung lassen Handelsgüter, Malstile und architektonische Motive in den Zentren des Petén keinen Zweifel daran, daß die Maya durch Ereignisse im Hochland des Zentralplateaus mit betroffen wurden. Militärische Auseinandersetzungen zwischen späten formativen oder frühen klassischen Hochlandstaaten und in ihrem Anfangsstadium befindlichen Maya-Staaten können nicht ausgeschlossen werden.

Auch der Handel mit ihren Hochlandnachbarn kann die Maya näher an die Entfaltung ihrer Staatlichkeit herangeführt haben. In der Petén-Region gibt es von Natur aus keine Steine, die zur Herstellung von *metates* und *manos*, also Messern und Geschoßspitzen, geeignet sind. Diese Materialien wurden aber unbedingt gebraucht, damit man Korn mahlen und militärische Waffen herstellen konnte. Ebenso wie Salz wurden sie durch Handel mit dem Hochland bezogen. Dieser Handel könnte die Kluft zwischen den Umverteiler-Häuptlingen und den gewöhnlichen Maya in zweifacher Hinsicht vergrößert haben: Mächtigere Individuen, die mit dem Adel der Staatsgesellschaften, mit dem sie zu verhandeln hatten, auf einer Stufe standen, konnten günstigere Handelsbedingungen herausschlagen, und die Kontrolle über diese zusätzlichen strategischen Ressourcen könnte ihre Möglichkeiten verbessert haben, die sich herausbildende Klasse bäuerlich-abhängiger Nahrungsproduzenten im Zaum zu halten. Allgemein gesprochen: je größer das Handelsvolumen ist, desto größer ist der Durchfluß des Umverteilungssystems und desto größer auch die Macht der Individuen, unter deren Verfügung der Umverteilungsprozeß steht.

Das Material, das für eine Interpretation der Maya-Zentren als nachfolgende, sekundäre Staaten spricht, schließt die Möglichkeit nicht aus, daß innerhalb der Petén-Region selbst entstandener ökologischer und Fortpflanzungsdruck ebenfalls zur Staatsbildung beigetragen haben könnte. Bei näherer Betrachtung erweist sich der Petén-»Dschungel« als ein Gebiet voller Überraschungen. Der erste Aspekt, der hier geklärt werden muß, ist seine Ausdehnung; sie beträgt nur etwa achtzigtausend Quadratkilometer (das Amazonas-Orinoco-Gebiet ist zum Vergleich über 5,2 Millionen Quadratkilometer groß). Zweitens weist das Petén-Gebiet eine eigenartige Niederschlagsverteilung auf. Je weiter man vom Petén zur Spitze der Halbinsel Yucatán nach Norden kommt, desto mehr nehmen die jährlichen Niederschlagsmengen ab, und an die Stelle von Wäldern treten Dornbüsche, Kakteen und andere dürreresistente Pflanzen. Innerhalb des Zentrums des Petén-Waldes beträgt die jährliche Niederschlagsmenge nur etwa die Hälfte dessen, was im Amazonas-Orinoco-Gebiet an Regen fällt. Die trockene Jahreszeit im Petén ist besonders hart, und sowohl die jährliche wie die jahreszeitliche Niederschlagsgesamtmenge sind extremen Schwankungen unterworfen. Es kann passieren, daß während der Monate April und Mai nicht ein einziger Tropfen Regen fällt. Dürreartige Bedingungen herrschen auch häufig im Februar und März und bisweilen sogar während der Regenzeit selbst. C. L. Lundell vermerkt dazu: »Die Vegetation weist nicht die Üppigkeit des echten Regenwaldes auf, weshalb man diese Region als Quasi-Regenwald bezeichnen kann. Der Niederschlag beträgt im jährlichen Durchschnitt unter 1800 Millimeter, was nicht ausreicht, um in einer Region mit ausgeprägter trockener Jahreszeit einen echten Regenwald hervorzubringen.«

Viele der Petén-Bäume werfen ihre Blätter in jeder Trockenzeit ab, eine Tendenz, die in Dürreperioden verstärkt auftritt. Dieser »Dschungel« wird in der Tat bisweilen so trocken, daß die Bauern noch nicht einmal Stellen roden müssen, indem sie Feuer im Unterholz legen, um Anbauflächen für die nächste Saison zu gewinnen; im Gegenteil, ihre Hauptbeschäftigung besteht in solchen Phasen darin, spontan ausgebrochene Brände an der Verbreitung zu hindern.

An dieser Stelle nun haben wir die besondere geologische Struktur der Halbinsel Yucatán zu behandeln. Ihr Grundgestein besteht fast ausschließlich aus porösem Kalkstein, woraus sich auch die Notwendigkeit erklärt, Material für Mühlsteine aus dem Inland zu importieren. Aufgrund dessen gibt es auf der Halbinsel auch kaum ständige Flüsse und Seen, denn die Niederschläge sickern rasch durch den Kalkstein ab und verschwinden vollständig, ohne daß etwas über die Oberfläche abläuft. Außer an Stellen, an denen natürliche Tonschichten das Versickern des Wassers verhindern, oder an Stellen mit Wasserlöchern, deren poröse Wände verstopft sind, herrscht während der trockenen Jahreszeit sogar Trinkwasserknappheit.

Wie nicht anders zu erwarten ist, lagen die frühesten Maya-Dörfer in der Nähe der beiden einzigen ständigen Flüsse auf der Halbinsel Yucatán: Am Usumacinta im Südwesten und am Belize im Südosten. Um 600 v. Chr. scheint das Gebiet um Tikal unbesiedelt gewesen zu sein, was darauf schließen läßt, daß Bauern erst dazu übergingen, das Innere des Waldes urbar zu machen, nachdem die günstigen Siedlungsplätze an den Flüssen überfüllt waren. Diese Kolonisten müssen den Yanomamo und anderen »indianischen Fußgängern«, die keine Kanus besaßen und in den Eiweißmangelzonen abseits der Flüsse im Amazonas-Orinoco-Becken lebten, ziemlich ähnlich gewesen sein. Doch in kurzer Zeit sollten die eigenartige Geomorphologie und das Klima des Petén-Gebiets eine Situation schaffen, die in der Amazonas-Region keine Entsprechung aufweist.

Die frühen Petén-Bauern konnten sich nicht gleichzeitig im Wald ausbreiten. Siedlungen mußten in der Nähe von Wasserstellen angelegt sein, von denen man sicher sein konnte, daß sie während schwerer Dürreperioden nicht austrockneten. Wir wissen, daß später künstliche Zisternen angelegt wurden, die 22 Meter tief in den Kalkstein gebohrt und mit Kalkmörtel abgedichtet wurden, um die Trinkwasserversorgung sicherzustellen. Diese *chultuns* wurden zum Teil unter den gepflasterten Plazas der Zeremonialzentren gegraben, die während Regenstürmen als Sammelfläche dienten. In einem modernen Dorf bei Campeche am Golf von Yucatán mußte man durch eine unterirdische Kaverne 150 Meter unter die Erdoberfläche hinabsteigen, um in der Trockenzeit Trinkwasser zu holen. Sämtliche klassischen Maya-Stätten einschließlich Tikal und anderen Zentren im

Petén wurden in unmittelbarer Nähe künstlicher oder natürlicher Speicherbrunnen oder Reservoirs errichtet. Die berühmteste natürliche Wasserstelle oder *cenote* liegt bei Chichen Itza, einem späten Maya-Zentrum im Norden Yucatáns. Große Mengen menschlicher Knochen und Goldartefakte, die von ihrem Boden hochgeholt wurden, deuten darauf hin, daß Menschen und rituelle Gegenstände in den Brunnen geworfen wurden, um die Wassergötter gnädig zu stimmen. Und damit erscheint es auch als durchaus möglich, daß die frühen Siedlungen im Petén über den normalen Spaltungspunkt tropischer Walddörfer hinaus zu wachsen tendierten. Diese Theorie hebt auch das Problem des anfänglichen Wachstums der Zeremonialzentren der Maya aus dem Reich des Himmels herab ins Reich von Erde und Wasser. Die Maya-Bauern hatten einen sehr praktischen Grund, nicht in die Wälder hinaus zu fliehen, wenn ihre Umverteiler-Häuptlinge anfingen, sich wie Könige statt wie *mumis* zu gebärden.

Die nächste Frage, mit der wir uns zu befassen haben, ist die, wie es den Maya unter Leitung ihrer Umverteiler-Häuptlinge gelungen ist, ihre Bevölkerungsdichte auf ein Niveau zu heben, das das Zweihundertfünfzigfache dessen betrug, was in den zwischen den Flüssen gelegenen Zonen des Amazonas-Orinoco-Gebiets erreicht wurde. Die Archäologen haben allgemein angenommen, daß die alten Maya das Petén in einer Weise beackerten, wie es ihre heutigen Nachfahren tun – mittels eines Systems, das unter dem Namen »Brandrodung« bekannt ist. Aber dieses Verfahren hätten sie – soviel ist eindeutig – unmöglich anwenden können.

Brandrodung ist eine Form der landwirtschaftlichen Bearbeitung, die sich gut für Regionen mit dichtem Waldbewuchs und hohen Regenerationsraten eignet. Ziel des Brandrodungssystems ist es, einen Waldabschnitt einige Jahre lang zu nutzen, ihn dann lange genug brach liegen zu lassen, bis die Bäume nachgewachsen sind, und ihn danach erneut nutzbar zu machen. Dabei werden kleine Bäume, Rankenpflanzen und Buschwerk abgehauen, zum Trocknen liegen gelassen und in Brand gesteckt. Das Abbrennen, das gewöhnlich unmittelbar vor Einsetzen der Regenzeit vorgenommen wird, ergibt eine Ascheschicht, die als Dünger dient. Die Nahrungspflanzen werden direkt in den aschebedeckten Boden in Löcher oder kleine Hügel gesetzt, ohne daß man erst pflügen müßte. Drei oder vier Jahre lang lassen sich auf diese Weise hohe Erträge an Getreide, Bohnen, Kürbis und sonstigen Feldfrüchten erzielen. Danach breiten sich vom umgebenden Wald her Unkraut und Gestrüpp aus und überwuchern das Feld; zur gleichen Zeit ist auch der Aschedünger vom Regen ausgelaugt, und es muß ein neues Feld gefunden und vorbereitet werden. Brandrodungs-Landwirtschaft erbringt hohe Flächen- und Arbeitsstundenerträge, vorausgesetzt, daß ein hinreichendes Intervall zwischen den Rodungen eingehalten wird, damit Bäume und Strauchwerk in ausreichender Menge nachwachsen können. Je höher die Aschemenge ist, desto höher fallen die Erträge aus. Je länger das Intervall angesetzt wird, in dem der Wald brachliegen und sich erholen kann, desto mehr Holz kann zu Asche verbrannt werden. Aus diesem Grunde bezeichnen Brandrodungsbauern in Südostasien sich selbst als »die Leute, die Wälder essen«. Je kürzer die Brache gehalten wird, desto geringer sind die Erträge. In tropischen Wäldern können die Erträge steil absinken nicht nur, weil die konzentrierten heftigen Regenfälle die Nährstoffe rasch aus dem Boden waschen, sondern auch, weil Unkraut und Gestrüpp jedes Jahr, das das Feld in Gebrauch bleibt, dichter wachsen.

Brandrodung war unzweifelhaft das System der ersten Bauernvölker, die ins Petén kamen, aber während des und nach dem Übergang zur Staatlichkeit konnte sie nicht mehr als Hauptsubsistenzweise beibehalten werden. Aufgrund der Zahl der Wohnstättenruinen hat Dennis Puleston von der University of Minnesota die Mutmaßung angestellt, daß die Bevölkerungsdichte im Wohngebiet um Tikal 2250 Personen pro Quadratmeile betragen und sich in der Zone zwischen Tikal und seinem nächsten Nachbarn, Uxactun, auf rund 750 Menschen pro Quadratmeile belaufen hat. Brandrodungssysteme können unmöglich Bevölkerungen von solcher Dichte tragen. Das gesamte Petén-Gebiet in Betracht ziehend, weist Sherburne Cook nach, daß genügend Mais, Bohnen und Kürbis mit Brandrodungstechniken hätten angebaut werden können, um die geschätzte Gesamtbevölkerung von 1,5 Millionen Menschen zu ernähren. Aber diese Berechnungen gehen von der hypothetischen Annahme aus, daß die Bauern gleichmäßig über das gesamte Waldgebiet verteilt gewesen wären und daß sie genug Spielraum gehabt hätten, um neue Rodungen anzulegen, sobald die alten erschöpft waren. Keine dieser Annahmen ist stichhaltig, da sie die begrenzende Wirkung der Trockenzeit auf die Verfügbarkeit von Trinkwasser nicht in Rechnung stellen. Darüber hinaus stellt sich für die tiefliegenden Gebiete während der Regenzeit das umgekehrte Problem; sie leiden unter Wasserüberschuß und sind für die agrarische Nutzung zu sumpfig, sofern nicht Entwässerungsgräben angelegt werden.

Theoretisch betrachtet, scheint das Bild dessen, was geschehen sein muß, klar auf der Hand zu liegen. Als die Bevölkerung des Petén wuchs, muß der Brandrodungszyklus intensiviert worden sein, was in verkürztem Brachliegen der Felder zwischen den Nutzungsphasen und damit in sinkender Effektivität resultiert haben muß. Dies bereitete den Boden für die Übernahme und Ausbreitung eines effizienteren Systems, mit dem höhere Gestehungskosten einhergehen, was wiederum die Grundlage für noch höhere Bevölkerungsdichten und die Herausbildung erster rudimentärer Staaten schuf. Aber wie war dieses neue und produktivere System beschaffen? Ich fürchte, meine Theorie ist gegenwärtig den archäologischen Fakten etwas davongelaufen, doch besteht einige Hoffnung, daß die Fakten gleich wieder aufholen.

Eine der Maßnahmen, die die Maya ergriffen, als die Effektivität der Brandrodung sank, war die Anpflanzung von Brotnußbaumhainen *(Brosimum alicastrum).* Wie C. L. Lundell bereits in den dreißiger Jahren nachgewiesen hat, ist der Brotnußbaum der verbreitetste Baum in den Ruinen der Zeremonialzentren von Petén. Wenn Archäologen dramatisierend davon sprechen, sie hätten den Dschungel weghacken müssen, um die Wunder der Maya-Architektur und -Bildhauerei freizulegen, übersehen sie dabei gewöhnlich, daß sie überwucherte Obstgärten umgeschlagen haben. Baumfrüchte haben naturgemäß hohe Gestehungskosten – man muß etliche Jahre warten, bis die Bäume beginnen, die in sie investierte Arbeit zu lohnen –, aber sie sind, pro Flächeneinheit und pro Arbeitsstunde betrachtet, höchst produktiv. Unlängst hat Dennis Puleston, nachdem er entdeckt hatte, daß jede Wohnstätte in Tikal von einem Hain Brotnußbäume umgeben war, errechnet, daß Brotnüsse achtzig Prozent der Kalorien geliefert haben, die die Leute von Tikal im neunten Jahrhundert nach Christus verzehrt haben. Es gibt noch andere Alternativen, die von jener Generation von Archäologen schlicht übersehen worden sein können, die gemeint hat, die Maya-Tempel seien an goldenen Fäden aus dem Himmel heruntergelassen und nicht so sehr auf dem Buckel von Menschen erbaut worden, die wissen wollten, woher die nächste Mahlzeit kommen würde. In diesem Zusammenhang könnte sich eine Beobachtung, die Ray Mathenay in Edzna in Campeche 1975 gemacht hat, als eine der wichtigsten Entdeckungen hinsichtlich der Maya überhaupt erweisen. Bei der Arbeit an Luftaufnahmen, die während der Regenzeit gemacht worden waren (andere hatten ihre Luftbildaufnahmen auf die trockene Jahreszeit beschränkt, in der die Bedingungen angeblich besser waren), entdeckte Mathenay ein Netz von Kanälen, Gräben und Reservoirs, die das Zeremonialzentrum strahlenförmig umgaben. Infolge des dichten Bewuchses während der Regenzeit und infolge des Umstands, daß das Wasser in ihnen während der Trockenperiode austrocknet, sind diese Bauwerke durch Sucharbeit am Boden wesentlich schwerer zu entdecken.

Die Kanäle sind bis zu anderthalb Kilometer lang, etwa dreißig Meter breit und ungefähr drei Meter tief. Mathenay mutmaßt, sie wurden als Quellen von Trinkwasser benutzt, um die angrenzenden Gärten zu gießen und um Schlamm zur Erneuerung der Fruchtbarkeit brachliegender Felder zu gewinnen. Ich möchte noch die Vermutung anfügen, daß sie es in einigen Gegenden ermöglichten, zwei Ernten jährlich zu erzielen: eine durch Entwässerung tiefliegender Gebiete während der Regenzeit, und eine zweite, indem man in der Trockenzeit Pflanzen in den sehr feuchten Schlamm setzte. Wenn auch Edzna außerhalb der zentralen Zone des Petén liegt, hat der Umstand, daß sein System zur Regulierung des Wasserhaushalts so lange unentdeckt geblieben ist, doch zur Folge, daß man sich vorerst aller Urteile hinsichtlich des Fehlens intensiver Systeme innerhalb des Petén enthalten muß.

Und dies bringt uns nun zum spektakulärsten Aspekt an den Petén-Maya. Nach 800 unserer Zeitrechnung hörte in Zentrum nach Zentrum die Bautätigkeit auf, wurden keine Inschriften erinnerungswürdiger Daten mehr gemeißelt, sammelte sich in den Tempeln Haushaltsschutt, und kam alle staatliche und religiöse Tätigkeit im Petén zu einem mehr oder minder abrupten Stillstand. Was die Bevölkerungsabnahme betrifft, sind die Fachleute nicht einhellig. Aber beim Eintreffen der Spanier war das Petén-Gebiet schon längst zu Bevölkerungsdichten zurückgekehrt, wie sie für vorstaatliche Zeiten charakteristisch gewesen waren – oder gar weniger –, und bis heute ist die Region praktisch entvölkert geblieben. Viele andere vorkolumbische Staatensysteme in Mittelamerika – so auch Teotihuacán – sind irgendwann einmal in ihrer Geschichte ebenso abrupt zusammengebrochen. An Maya-Petén ist einzigartig, daß nicht nur die Staaten auf Dauer von der Bildfläche verschwanden, sondern ebenso ihre gesamten Populationen. Im Hochland des Zentralplateaus folgte auf politischen Zusammenbruch gewöhnlich der Aufstieg neuer und größerer Staaten und Reiche, die die Territorien und Populationen ihrer Vorgänger in sich aufsogen. Die Schlußfolgerung aus dem Zusammenbruch der Maya lautet daher, daß der Petén-Staat sich auf einer ungewöhnlich verletzlichen ökologischen Basis entwickelt hat, die nicht mehr regeneriert werden konnte, nachdem sie einmal zusammengebrochen war.

In welcher Weise genau die Maya ihre ökologische Basis zerstörten, wird ungeklärt bleiben, bis wir besser erforscht haben, wie die einzelnen Komponenten ihres agrarwirtschaftlichen Systems ineinandergegriffen haben. Bislang können wir gesichert sagen, daß jede der Komponenten ihre Grenze hatte, bis zu der sie vorangetrieben werden konnte; wurde sie darüber hinaus strapaziert, mußte es verheerende Rückschläge geben. Brandrodung mit kurzen Brachphasen kann Dschungel auf Dauer in Grasland verwandeln. Im Mittelpunkt des Petén-Gebiets liegt eine riesige Grassteppe, die vermutlich durch übertriebene Brandrodung geschaffen worden ist. Entwaldung wiederum führt zur Erosion von Hügelhängen. Im Petén ist die Humusdecke im Oberland extrem dünn und wird leicht abgetragen, wenn sie nicht durch Pflanzenwuchs geschützt wird. Erosion kann auch Wasserregulierungssysteme im Unterland beschädigen, denn sie führt zur Ansammlung übermäßiger Schlickmengen in Kanälen und Reservoirs. Und schließlich können Eingriffe in eine Walddecke von der Größe des Petén-Gebiets leicht das regionale Muster des jährlichen Niederschlags verändern, die Trockenperiode verlängern und die Häufigkeit und Schwere von Dürreperioden steigern.

Verfall und Niedergang der Zentren des Petén können im einzelnen unterschiedlich verlaufen sein – so mag es in einigen zu Mißernten und Hungersnöten gekommen sein, zu Rebellion in anderen, in wieder anderen zu militärischen Niederlagen oder auch zu mehreren Niedergangsfaktoren auf einmal, je nach den jeweiligen Umständen. Aber der zugrundeliegende Prozeß war zweifellos von der Erschöpfung anfälliger Ressourcen an Böden und Wald bis zu einem derartigen Tiefpunkt getragen, daß Jahrhunderte des Brachliegens erforderlich waren, um sie zu regenerieren.

Was immer auch der genaue Grund für den Zusammenbruch des Maya-Systems gewesen sein mag, der Grund für die Überlegenheit der Hochlandstaaten Mittelamerikas liegt klar auf der Hand. Die Kapazität der semiariden Täler des Hochlands, aufeinanderfolgende agrarische Intensivierungen zu verkraften, überstieg die des quasitropischen Waldes der Maya. Ich möchte aufzeigen, wie dieser Prozeß der Intensivierung sich in der Geschichte des Teotihuacán-Reiches niedergeschlagen hat.

Das Teotihuacán-Tal ist ein Ausläufer des Tals von Mexiko, der etwa vierzig Kilometer nordöstlich der Unterstadt von Mexiko City liegt. Wie das Tehuacán-Tal, in dem Richard MacNeish die frühesten domestizierten Pflanzen gefunden hat, wies das Teotihuacán-Tal bis zum ersten Jahrtausend vor Christus keine ständigen Siedlungen auf. Zwischen 900 und 600 v. Chr. wurden an den bewaldeten oberen Hängen des Tales Dörfer angelegt, und zwar unterhalb der Frostlinie, aber hoch genug, um aus dem Steigungsregen, der an den Hängen fällt, Nutzen ziehen zu können. Die von diesen ersten Dörflern praktizierte Form der Landwirtschaft war zweifellos eine Art Brandrodung mit langen Brachphasen. Um die Zeit zwischen 600 und 300 v. Chr. hatte sich eine Anzahl größerer Dörfer am Rande der Talsohle in geringerer Höhe gebildet, die vermutlich die alluvialen Böden und eine rudimentäre Form von Bewässerung nutzbar machen wollten. Während der nächsten Periode, zwischen 300 und 100 v. Chr., entstanden in quadratischer Ordnung Siedlungen in der Talsohle, und eine von ihnen – der Kern der späteren Stadt Teotihuacán – umfaßte bereits viertausend Einwohner. Die Verlagerung von den Hängen zum Talboden deutet stark auf wachsenden Fortpflanzungsdruck infolge von Intensivierung und Erschöpfung des Brandrodungssystems und insbesondere infolge der daraus sich ergebenden Entwaldung und Erosion hin.

Als die Arbeitseffektivität der Brandrodungs-Landwirtschaft sank, wurde es lohnend, die Gestehungskosten und Aufbauarbeit für Bewässerungseinrichtungen aufzuwenden. Zahlreiche große Brunnen, die von Wasser gespeist werden, das durch das poröse vulkanische Gestein der Hänge zum Talboden sickert, bildeten die Grundlage für das Bewässerungssystem von Teotihuacán; sie sind heute noch in Betrieb. Als die Bevölkerung der zentralen Siedlung wuchs, wurde das Netz der flußgroßen, brunnengespeisten Kanäle schließlich dazu verwandt, um etwa 5600 Hektar höchst ertragreichen Ackerlands zu bewässern, das jährlich zwei Ernten erbrachte.

Nach 100 v. Chr. wuchs die Stadt Teotihuacán rasch und erreichte im achten Jahrhundert unserer Zeitrechnung eine Bevölkerungsspitze von ungefähr 125000 Menschen. Die sorgfältige kartographische Arbeit von René Millon von der University of Rochester zeigt, daß die Stadt in geplante Viertel und Bezirke unterteilt war, von denen jedes Vertreter aller möglichen Handwerkszweige, ethnische Enklaven, Tempel, Märkte, palastartige Stein- und Gipshäuser für die Reichen und Mächtigen sowie dunkle Wohnblocks mit zahlreichen Behausungen für die breiten Bevölkerungsschichten umfaßte; insgesamt hatte die Stadt über 2200 solcher Massenquartiere. Millon hat über vierhundert Werkstätten gezählt, die auf die Herstellung von Obsidianwerkzeugen spezialisiert waren, sowie über hundert Keramikwerkstätten. Die größten und am reichhaltigsten verzierten Gebäude lagen an der breiten, stufigen Prachtstraße, die die Stadt von Norden nach Süden in ganzer Ausdehnung etwa drei Kilometer lang durchzog. Das zentrale Monument – die aus Bruchstein erbaute und mit Steinplatten verkleidete »Sonnenpyramide« – hat eine Seitenlänge von 210 Metern und ist sechzig Meter hoch.

Um das Jahr 700 n. Chr. erlitt Teotihuacán einen plötzlichen völligen Zusammenbruch, der möglicherweise durch Brandschatzung verursacht wurde und mit dem der Aufstieg eines neuen großen Reiches einherging: des Reichs der Tolteken, deren Hauptstadt ganze dreißig Kilometer entfernt im Tula-Tal lag. Zwar ist das Belegmaterial unvollständig, doch ich mutmaße, daß Umwelterschöpfung die Primärursache für den Zusammenbruch von Teotihuacán gewesen ist. Die Wasserabgabekapazität der Brunnen schwankt im Verhältnis zur Niederschlagsmenge. Ein leichtes, ständiges Sinken der von den

Brunnen gelieferten Menge und des Wasserspiegels unter dem Talboden hätte das Tal unbewohnbar gemacht. Wir wissen, daß das Umland von Teotihuacán in immer weiterem Umkreis entwaldet wurde, je weiter die Stadt wuchs und zunehmende Mengen Holz für Tragebalken und Dachsparren der Häuser, als Brennstoff und zur Herstellung von Kalkgips verbrauchte. Diese Entwaldung vollzog sich in einem solchen Ausmaß, daß sie durchaus das Niederschlagsmuster und den Wasserabfluß an den oberen Hängen des Tals verändert haben kann.

Es gab eine technische Lösung des Wasserproblems, die die Einwohner von Teotihuacán nicht beziehungsweise nur in sehr geringem Umfang ausprobierten. Sie bestand darin, die flachen Seen und Sumpfgebiete nutzbar zu machen, die im Südwesten an das Teotihuacán-Tal angrenzten und die in jenen Tagen wahrscheinlich mit dem Texcoco-See verbunden waren, einem großen, teilweise brackigen Wasserkörper, der den Großteil des benachbarten Tals von Mexiko ausfüllte. Um die Ränder des Sees nutzbar zu machen, war es notwendig, Entwässerungsgräben zu ziehen und den ausgehobenen Boden auf Bodenwellen aufzuhäufen – ein weit kostspieligeres Verfahren als andere Formen der Bewässerung. Ab etwa 1100 n. Chr. ließen sich die hohen Gestehungskosten dieser Form von Landwirtschaft für die Bewohner des Tals von Mexiko nicht mehr länger umgehen. Ein Netz von Entwässerungskanälen und höchst ertragreichen Feldern auf Bodenwellen, deren Fruchtbarkeit ständig durch neue Schlammaushebungen erneuert wurde, breitete sich entlang des Seerandes aus und lieferte den Lebensunterhalt eines halben Dutzends sich bekriegender Gemeinwesen. Eines davon war der Staat der Azteken, der das letzte Reich amerikanischer Indianer in Nordamerika werden sollte. Da Tenochtitlán, die Hauptstadt der Azteken, auf einer Insel lag, die mit dem Ufer durch einen Dammweg verbunden war, besaßen die Azteken einen militärischen Vorteil gegenüber ihren Nachbarn und hatten bald die gesamte Seenregion unter ihre Herrschaft gebracht. Als die Bevölkerung zu einer nie gekannten Dichte wuchs, wurden die bepflanzten Erdhügel in den See selbst ausgedehnt, indem man Schlamm auf Gestrüpp, Getreidestroh und Äste aufhäufte; so entstanden die ungeheuer ertragreichen *chinampas* oder »schwimmenden Gärten«, die natürlich nicht schwammen.

Anfangs wurden nur die Frischwasserarme des Sees in dieser Weise genutzt. Doch als die von den *chinampas* eingenommenen Gebiete wuchsen, versuchten die aztekischen Ingenieure, den Salzgehalt der brackigen Teile zu senken, indem sie abdeichten und mit Frischwasser spülten, das durch ein kompliziertes System von Aquädukten und Schleusentoren zugeleitet wurde.

Im Rückblick auf die Entwicklungsabfolge im Teotihuacán-Tal und im Tal von Mexiko während der tausend Jahre von 200 bis 1200 n. Chr. können wir drei generelle Phasen agrarischer Intensivierungen unterscheiden, denen drei Verlagerungen der Produktionsweise folgten: erstens die Intensivierung der Brandrodungs-Landwirtschaft an den Talhängen; zweitens die brunnengespeiste Bewässerung über Kanalsysteme; und drittens den Bau der *chinampas*. Jede dieser Wandlungen erforderte höhere Gestehungs- und Baukosten, aber jede erwies sich auch als tragfähig für höhere Bevölkerungsdichten und größere und mächtigere Staaten. In diesen tausend Jahren wuchs die Bevölkerung des Tals von Mexiko von einigen Zehntausenden auf zwei Millionen Menschen, während die Dimension der politischen Herrschaft sich von einem oder zwei Tälern auf einen ganzen Subkontinent ausdehnte. Der alten Theorie des Fortschritts zufolge, nach der es in der Entwicklung immer weiter aufwärts geht, müßte die stetige Steigerung der agrarischen Produktion besagen, die Azteken und ihre Nachbarn hätten in zunehmendem Maße den Nutzeffekt von »Hochkulturen« genossen – und die Anthropologen scheuen sich nicht, diesen Begriff auf sie anzuwenden. Aber diese Bezeichnung ist in höchstem Maße unangebracht.

9. Kapitel

Das Königreich der Kannibalen

Als gut ausgebildete, planmäßig vorgehende Metzger des Schlachtfelds und als Bürger des Landes der Inquisition war für Cortés und seine Männer bei ihrer Ankunft 1519 in Mexiko der Anblick und die Entfaltung von Grausamkeit und Blutvergießen nichts Ungewohntes. Es dürfte sie nicht sonderlich überrascht haben, daß die Azteken systematisch Menschen opferten, ebenso wie die Spanier und andere Europäer systematisch Menschen auf der Folterbank die Knochen brachen, sie von Pferden vierteilen ließen und Frauen, die der Hexerei angeklagt waren, auf dem Scheiterhaufen verbrannten. Dennoch waren Cortés und seine Leute nicht ganz auf das vorbereitet, was sie in Mexiko erwartete.

Nirgendwo sonst in der Welt hatte sich eine vom Staat getragene Religion entwickelt, deren Kunst, Architektur und Ritual so durch und durch von Gewalt, Verfall, Tod und Krankheit durchdrungen waren. Nirgendwo sonst waren die Mauern und Plätze der großen Tempel und Paläste für eine derart konzentrierte Schaustellung von Kiefern, Fängen, Klauen, Knochen und hohläugigen Totenschädeln reserviert. Die Augenzeugenberichte von Cortés und seinem Konquistadoren-Kameraden, Hauptmann Bernal Díaz del Castillo, lassen keinen Zweifel an dem religiösen Sinn und Inhalt der schrecklichen Fratzen, die da in Stein gemeißelt waren. Die Götter der Azteken verspeisten Menschen. Sie verzehrten Menschenherzen und sie tranken Menschenblut. Die erklärte Funktion der aztekischen Priesterschaft bestand darin, frische Menschenherzen und Menschenblut herbeizuschaffen, damit die erbarmungslosen Gottheiten nicht ungnädig wurden und die gesamte Welt in Verkrüppelung, Siechtum, Verfall und Feuer untergehen ließen.

Die Spanier erblickten erstmals das Innere eines größeren Azteken-Tempels als eingeladene Gäste Moctezumas, des letzten der Azteken-Könige. Moctezuma hatte sich über Cortés' Absichten noch keine Gedanken gemacht – ein Fehler, der sich schon bald für ihn als verhängnisvoll erweisen sollte –, als er die Spanier einlud, die 114 Stufen zu den beiden Tempeln Huitzilopochtlis und Tlalocs hinaufzusteigen, die auf Tenochtitláns höchster Tempelpyramide im Zentrum des heutigen Mexiko City standen. Als sie die Stufen hinaufstiegen, schreibt Bernal Díaz, kamen andere weiß leuchtende Tempel und Schreine in Sicht. »Als wir die Spitze des Cu erreicht hatten, betraten wir eine Plattform, wo mehrere große Steine lagen, auf welche die armen Schlachtopfer niedergelegt wurden. Dabei stand ein großes Götzenbild, in Drachengestalt, umgeben von anderen abscheulichen Figuren, und eine Menge frischen Bluts war auf dem Boden vor demselben sichtbar.« Dann zeigte ihnen Moctezuma das Bild des »Kriegsgott Huitzilopochtli. Dieses Götzenbild hatte ein mißgestaltetes, grauenerregendes Gesicht . . . Vor ihm standen mehrere Kohlenbecken mit Kopal, dem Weihrauch des Landes, und drei Herzen von Indianern, die an diesem Tag für ihn geschlachtet worden waren, und nun zum Opfer für ihn brannten. Alle Wände dieser Kapelle, und der ganze Boden waren von Menschenblut ordentlich schwarz geworden, und es herrschte ein ganz abscheulicher Gestank hier.« In Tlalocs Tempel war »auch . . . alles mit Blut bedeckt, und der Gestank so groß, . . . daß wir es kaum erwarten konnten, bis wir wieder heraus durften.«

Die Hauptquelle für die »Götterspeise« der Azteken-Gottheiten waren Kriegsgefangene, die die Stufen der Pyramiden hinauf zu den Tempeln geführt, von vier Priestern ergriffen, rückwärts über den Steinaltar gespreizt und mit einem Obsidianmesser, das ein fünfter Priester führte, von einer Brustseite zur anderen aufgeschlitzt wurden. Dann wurde dem Opfer das Herz – meist heißt es in den Berichten, es habe noch geschlagen – herausgerissen und als Opfergabe verbrannt. Den Leichnam ließ man die Pyramidenstufen hinunterrollen, die besonders steil angelegt waren, damit die Opfer nicht auf halber Strecke liegenblieben.

Gelegentlich bekamen einige Opfer – ausgezeichnete Krieger vielleicht – das Privileg zuerteilt, sich eine Weile lang zu verteidigen, ehe sie getötet wurden. Bernardino de Sahagún, der größte Historiker und Ethnograph der Azteken, hat diese Scheinkämpfe folgendermaßen beschrieben:

»... schlachteten sie andere Gefangene, indem sie mit ihnen kämpften; diese waren dabei mit einem Seil um die Hüfte angebunden, das durch ein Loch in einem runden Stein lief, wie durch einen Mühlstein; und [das Seil] war lang genug, daß [der Gefangene] um den gesamten Umfang des Steins herumgehen konnte. Und sie gaben ihm Waffen, mit denen er kämpfen konnte; und vier Krieger gingen gegen ihn an mit Schwertern und Schilden, und einer nach dem anderen tauschten sie Schwerthiebe mit ihm aus, bis sie ihn besiegten.«

Augenscheinlich war zwei oder drei Jahrhunderte zuvor der König selbst noch verpflichtet gewesen, einige der Opfer mit eigener Hand ins Jenseits zu befördern. Hier ein Bericht Diego Duráns über die legendäre Schlachtung von Gefangenen, die unter den Mixteken gemacht worden waren:

»Die fünf Priester traten herein und forderten den Gefangenen, der als erster in der Reihe stand ... Jeden Gefangenen brachten sie zu der Stelle, wo der König stand, und nachdem sie ihn gezwungen hatten, sich auf den Stein zu stellen, der die Figur und das Abbild der Sonne war, warfen sie ihn auf den Rücken. Einer griff ihn beim rechten Arm, ein anderer beim linken, einer beim linken Fuß, ein anderer beim rechten, während der fünfte Priester seinen Hals mit einer Schnur umschlang und ihn niederhielt, so daß er sich nicht bewegen konnte.

Der König erhob das Messer hoch in die Luft und machte einen Schnitt in seine Brust. Nachdem er sie geöffnet hatte, zog er das Herz hervor und hielt es mit der Hand hoch als Opfer an die Sonne. Wenn das Herz abgekühlt war, stieß er es in eine kreisförmige Vertiefung, nahm etwas von dem Blut in seine Hand und sprenkelte es in die Richtung der Sonne.«

Nicht alle Opfer waren Kriegsgefangene. Es wurden auch Sklaven in beträchtlicher Zahl geopfert. Darüber hinaus wurden junge Männer und Mädchen ausgewählt, um bestimmte Götter und Göttinnen zu verkörpern. Während des gesamten Jahres vor der Hinrichtung wurden sie mit besonderer Sorgfalt und Zärtlichkeit behandelt. Im Codex von Florenz, einem in Nahuatl, der Sprache der Azteken, geschriebenen Text aus dem sechzehnten Jahrhundert, ist folgende Darstellung des Todes einer jungen Frau gegeben, die die Göttin Uixtociuatl verkörpert hat:

»Und erst nachdem sie die Gefangenen geschlachtet hatten, folgte die [Verkörperung der] Uixtociuatl; sie kam erst ganz zum Schluß an die Reihe. Sie kamen zum Ende und machten nur mit ihr Schluß.

Und als dies getan war, daraufhin legten sie sie auf den Opferstein nieder. Sie streckten sie auf ihrem Rücken aus. Sie hielten sie fest; sie zogen an ihren Armen und Beinen und streckten sie aus, bogen ihre Brust weit [hoch], bogen ihren Rücken [nach unten], streckten ihren Kopf straff nach unten, zur Erde. Und sie drückten auf ihren Hals mit dem stramm aufgepreßten Schwert eines Schwertfischs, mit Zähnen versehen und stachlig; stachlig auf beiden Seiten.

Und der Schlächter stand da; er erhob sich. Daraufhin schnitt er ihre Brust auf.

Und als er ihre Brust öffnete, spritzte das Blut hoch auf; es wallte weit auf, als es hervorrann, als es aufkochte.

Und als dies getan war, hob er ihr Herz hoch als Opfergabe [für den Gott] und legte es in das grüne Gefäß, das das grüne Steingefäß genannt wurde.

Und als dies getan war, wurden laut die Trompeten geblasen. Und als es vorüber war, da senkten sie den Körper und das Herz [der Verkörperung] der Uixtociuatl ab, bedeckt mit einem wertvollen Mantel.«

Doch solche Bezeugung von Ehrerbietung stellte eher die Ausnahme dar. Die große Mehrheit der Opfer stieg nicht freudig die Stufen der Pyramide hinauf, getröstet von der Aussicht, daß sie im Begriff standen, irgendeinen Gott glücklich zu machen. Viele von ihnen mußten an den Haaren herbeigeschleift werden:

»Wenn die Herren der Gefangenen ihre Sklaven zum Tempel führten, wo sie sie schlachten wollten, führten sie sie an den Haaren. Und wenn sie sie die Stufen der Pyramide hinaufführten, wurden manche der Sklaven ohnmächtig, und ihre Herren zogen sie hinauf und schleiften sie an den Haaren zu dem Opferstein, wo sie sterben sollten.«

Die Azteken waren nicht die ersten Mittelamerikaner, die Menschenopfer veranstalteten. Wir wissen, daß auch die Tolteken sowie Maya Menschenopfer vornahmen, und die Annahme klingt vernünftig, daß alle steilwandigen, oben abgeflachten Pyramiden in Mittelamerika dazu gedacht waren, jenem Schauspiel als Bühne zu dienen, bei dem Menschenopfer an die Götter verfüttert wurden. Aber die Menschenopfer waren auch keine Erfindung von Religionen in Gesellschaften auf der Entwicklungsstufe von Staaten. Nach dem Belegmaterial aus Horden- und Dorfgesellschaften in ganz Amerika und in vielen anderen Teilen der Welt zu schließen, wurden Menschenopfer bereits vorgenommen, ehe sich überhaupt Staatsreligionen herausbildeten.

Von Brasilien bis zu den Great Plains brachten amerikanische Indianergesellschaften rituell Menschenopfer dar, um sich bestimmte Vorteile bei Göttern zu verschaffen. Praktisch alle Elemente des aztekischen Rituals waren bereits in den Glaubensauffassungen und Praktiken der Horden- und Dorfvölker enthalten. Selbst die Vorliebe für chirurgische Entfernung des Herzens hatte ihre Vorläufer. Die Iroquois zum Beispiel wetteiferten darum, das Herz eines tapferen Gefangenen zu verspeisen, damit sie etwas von seinem Mut erwerben könnten. Überall waren in der Hauptsache männliche Gefangene die Opfer. Ehe sie getötet wurden, ließ man sie spießrutenlaufen oder schlug sie, steinigte sie, verstümmelte sie, quälte sie mit Feuer oder setzte sie sonstigen Formen der Folterung und des Mißbrauchs aus. Manchmal band man sie an Pfähle und gab ihnen Keulen, mit denen sie sich gegen ihre Peiniger verteidigen sollten. Gelegentlich wurden auch ein oder zwei Gefangene längere Zeit in Gewahrsam gehalten und mit gutem Essen sowie Konkubinen versorgt, ehe sie rituell getötet wurden.

Auf die rituelle Opferung von Kriegsgefangenen folgte bei den Banden- und Dorfvölkern gewöhnlich, daß Teile oder der gesamte Körper des Opfers verspeist wurden. Dank der Augenzeugenberichte Hans Stadens, eines deutschen Seemanns, der Anfang des sechzehnten Jahrhunderts vor der Küste Brasiliens Schiffbruch erlitt, haben wir eine lebhafte Vorstellung davon gewinnen können, wie eine dieser Eingeborenengruppen, die Tupinamba, rituelles Opfer und Kannibalismus miteinander verbanden.

Am Tage der Opferung wurde der Kriegsgefangene an einem Seil, das man ihm um die Hüfte gebunden hatte, auf den Marktplatz gezerrt. Darauf umringten ihn die Frauen, die ihn beleidigten und mißhandelten, wobei es ihm aber gestattet war, daß er seinen Gefühlen Luft machte, indem er mit faulem Obst oder Scherben nach ihnen warf. Inzwischen brachten alte Frauen, die rot und schwarz bemalt waren und Halsketten aus Menschenzähnen trugen, verzierte Gefäße herbei, in denen die Eingeweide und das Blut des Opfers gekocht werden sollten. Die Zeremonienkeule, mit der er getötet werden sollte, wurde unter den Männern herumgereicht, damit sie »die Kraft erlangten, in Zukunft einen Gefangenen zu erbeuten«. Derjenige, der die Hinrichtung durchführen sollte, trug einen langen Mantel aus Federn und kam im Gefolge singender und Trommel schlagender Verwandter. Der Opfervollstrecker und der Gefangene verhöhnten einander. Man ließ dem Gefangenen genügend Bewegungsfreiheit, so daß er den Schlägen ausweichen konnte. Wenn zu guter Letzt sein Schädel zertrümmert wurde, pfiff und johlte das umstehende Volk. Hatte man dem Gefangenen für die Zeit seiner Gefangenschaft eine Frau gegeben, so wurde von ihr erwartet, daß sie Tränen über dem Leichnam vergoß, ehe sie sich an dem Fest beteiligte, das nun folgte. Nun eilten die alten Frauen herbei, um das warme Blut zu trinken, und die Kinder tauchten ihre Hände hinein. »Mütter beschmierten ihre Brustwarzen mit Blut, damit sogar die Säuglinge einen Geschmack davon bekämen.« Der Körper wurde geviertteilt und gegart, während die »alten Frauen, die am gierigsten nach Menschenfleisch waren«, das Fett von den Stöcken leckten, die den Grill bildeten.

Fünfzehntausend Kilometer weiter im Norden und etwa zwei Jahrhunderte später beobachteten jesuitische Missionare bei den Huronen in Kanada ein ähnliches Ritual. Das Opfer war ein Iroquois, der mit einigen Kameraden gefangengenommen worden war, als er im Ontario-See fischte. Der Huronen-Häuptling, der das Ritual leitete, erklärte, die Sonne und der Gott des Krieges würden erfreut über das sein, was zu tun sie nun im Begriff stünden. Es sei wichtig, das Opfer nicht vor Tagesanbruch zu töten; daher wollten sie zunächst nur seine Beine verbrennen. Auch sollten sie während der Nacht keinen Geschlechtsverkehr treiben. Der Gefangene, dessen Hände gefesselt waren und der abwechselnd vor Qual schrie und ein Hohnlied sang, das er als Kind eigens für diese Gelegenheit gelernt hatte, wurde hereingebracht, und eine mit brennenden Rindenscheiten bewaffnete Horde begann ihn zu malträtieren. Während er von einem Ende des Raums zum anderen hin und her torkelte, griffen einige Leute seine Hände »und brachen den Knochen mit roher Gewalt; andere durchstachen seine Ohren mit Stöckchen, die sie darin stecken ließen«. Jedesmal wenn sein Lebenslicht zu erlöschen schien, griff der Häuptling ein »und wies sie an, die Quälereien einzustellen; er sagte ihnen, es sei wichtig, daß der Gefangene das Tageslicht erblickte«. Bei Morgengrauen wurde er nach draußen gebracht und gezwungen, eine Plattform auf einem hölzernen Gerüst zu besteigen, damit das ganze Dorf beobachten konnte, was mit ihm geschah; das Gerüst diente als Opferplattform, da die Huronen über abgeflachte Pyramiden, wie sie die mittelamerikanischen Staaten für solche Zwecke errichtet hatten, nicht verfügten. Vier Männer übernahmen nun die Aufgabe, den Gefangenen zu foltern. Sie brannten ihm die Augen aus, drückten ihm rotglühende Tomahawks auf die Schultern und jagten ihm brennende Scheite in den Schlund und in den Anus. Als offensichtlich war, daß das Opfer bald sterben würde, trennte einer der Henker »einen Fuß ab, ein anderer eine Hand, und fast zur gleichen Zeit schlug ein dritter den Kopf von den Schultern und warf ihn in die Menge, wo jemand ihn auffing« und zum Häuptling trug, der später »ein Fest damit veranstaltete«. Am gleichen Tag wurde auch mit dem Rumpf des Opfers ein Fest veranstaltet, und auf ihrem Heimweg begegneten die Missionare einem Mann, »der auf einem Fleischspieß eine seiner halb gerösteten Hände trug«.

Ich möchte hier einen Augenblick unterbrechen, um Deutungen dieser Rituale zu erörtern, die diese Verhaltensweisen auf angeborene menschliche Instinkte zurückführen wollen. Ich möchte dabei insbesondere auf ausgefeilte Theorien Freudscher Tradition eingehen, die behaupten, Folter, Opferung und Kannibalismus seien als Ausdruck des Liebes- und des Aggressionstriebs zu verstehen. Eli Sagan hat zum Beispiel unlängst behauptet, Kannibalismus sei »die fundamentalste Form menschlicher Aggression«, da sie einen Kompromiß darstelle; einerseits werde das Opfer geliebt, indem es verspeist werde, andererseits werde es getötet, weil es den Opfernden frustriert. Angeblich erklärt sich daraus, weshalb das Opfer bisweilen mit großer Freundlichkeit behandelt wird, ehe die Folterung beginnt

– die Folterer beleben schlicht ihre Haß-Liebe-Beziehung zu ihren Vätern neu. Was dieser Ansatz allerdings nicht erklären kann, ist der Umstand, daß die Folterung, Opferung und Verspeisung von Kriegsgefangenen nur vollzogen werden kann, wenn Kriegsgefangene vorhanden sind, und ohne Kriege können auch keine Kriegsgefangenen gemacht werden. Ich habe weiter oben ausgeführt, daß Theorien, die Kriegführung auf allgemeinmenschliche Instinkte zurückführen, nutzlos sind, wenn es darum geht, die Unterschiede in der Intensität und der Art der Konflikte zwischen Gruppen zu erklären, und daß sie in gefährlicher Weise zu Mißdeutungen Anlaß geben, weil sie implizieren, Krieg sei unvermeidlich. Aus dem gleichen Grunde ist es auch nutzlos und gefährlich, die miteinander in Konflikt liegenden universellen Triebe der Liebe und des Hasses dadurch begreifen zu wollen, daß manchmal Gefangene verhätschelt und dann gefoltert und geopfert werden. Gefangene werden durchaus nicht immer verhätschelt, gefoltert, geopfert und verspeist, und jede Theorie, die zu erklären vorgibt, weshalb das so ist, muß auch in der Lage sein zu erklären, weshalb das nicht die Regel ist. Da die zur Debatte stehenden Handlungen Teil des bewaffneten Konflikts sind, muß ihre Erklärung zuallererst und vordringlich in militärischen Kosten und Nutzen gesucht werden – in Variablen, die die Größe, den politischen Status, die Waffentechnologie und Logistik der Kombattanten spiegeln. Ob Gefangene gemacht werden können oder nicht, hängt zum Beispiel davon ab, inwieweit ein Überfalltrupp in der Lage ist, auf seinem Heimweg, während er durch widerspenstige feindliche Gefangene behindert ist, Hinterhalten und Gegenangriffen aus dem Wege zu gehen. Wenn die Plünderertruppe klein ist und wenn sie beträchtliche Entfernungen durch Gebiete zurückzulegen hat, in denen der Feind zurückschlagen kann, ehe sicheres Territorium erreicht ist, kann die Verschleppung von Gefangenen völlig unmöglich sein. Unter solchen Umständen können nur Körperteile vom Feind mit nach Hause gebracht werden, um den »Body-count« zu untermauern, der die Grundlage für den Anspruch auf soziale und materielle Belohnung bildet, die für Tapferkeit und Kampfesmut vorbehalten ist. Dadurch erklärt sich der weit verbreitete Brauch, anstelle des gesamten, lebendigen Gefangenen Köpfe, Skalps, Finger und andere Körperteile mit nach Hause zu bringen.

Ist der Gefangene erst einmal nach Hause geschafft, hängt die Behandlung, die er zu gewärtigen hat, im wesentlichen davon ab, inwieweit seine »Gastgeber« in der Lage sind, Sklavenarbeit zu verwerten und zu organisieren, wobei der entscheidende Unterschied der zwischen vorstaatlichen und staatlichen politischen Systemen ist. Wenn nur wenige Gefangene gemacht werden, und dies auch nur selten, überrascht es nicht, wenn sie zeitweilig als geachtete Gäste behandelt werden. Welch tiefe psychische Ambivalenzen im Bewußtsein der Sieger auch bestehen mögen, der Gefangene stellt einen wertvollen Besitz dar – einen Besitz, für den die Gastgeber buchstäblich ihr Leben eingesetzt haben. Trotzdem besteht meistens keine Möglichkeit, ihn in die Gruppe zu integrieren; da er nicht zum Feind zurückgeschickt werden kann, muß er getötet werden. Und Folterung hat ihre eigene grausige Ökonomie. Wenn – wie wir zu sagen pflegen – gefoltert werden heißt, tausend Tode zu sterben, so heißt die Folterung eines armen Gefangenen, tausend Feinde zu töten. Folter ist auch ein Schauspiel, eine Volksbelustigung, die sich durch alle Zeitalter hindurch immer wieder als Publikumserfolg bewährt hat. Ich will keineswegs unterstellen, der Genuß daran, Menschen malträtiert, verbrannt und zerstückelt zu sehen, sei der menschlichen Natur eingeschrieben. Aber es gehört zur menschlichen Natur, ungewöhnlichen Anblicken wie etwa aus Wunden spritzendem Blut und Geräuschen wie lautem Schreien und Heulen gespannte Aufmerksamkeit zu widmen. (Und selbst dabei wenden sich viele von uns in Schrecken ab.)

Nicht daß wir es instinktiv genössen, jemand anderen leiden zu sehen, ist hier wiederum der springende Punkt, sondern daß wir die Fähigkeit besitzen, es genießen zu lernen. Für Gesellschaften wie die Tupinamba und die Huronen war es wichtig, sich dieser Fähigkeit bewußt zu werden. Diese Gesellschaften mußten ihrem Nachwuchs beibringen, auf dem Schlachtfeld Feinden gegenüber erbarmungslos grausam zu sein. Solche Lektionen lernen sich leichter, wenn man sich darüber im klaren ist, daß der Feind einem zufügt, was man ihm selbst zugefügt hat, sollte man ihm in die Hände fallen. Und zu seinem Wert als Leistungsnachweis kommt noch der Wert des Gefangenen, solange er lebt, als Übungsobjekt für Krieger in der Ausbildung, und wenn er tot ist, sein Wert als Übungsobjekt für Mediziner.

Als nächstes kommen wir zu den Ritualen der Tötung – zur Opferung zum Gefallen der Götter, zu den Opfervollstreckern mit ihrem geweihten Instrumentarium und zur sexuellen Enthaltsamkeit. All dies begreifen heißt verstehen, daß Kriegführung in Banden- und Dorfgesellschaften Ritualmord ist, gleichgültig, ob der Feind nun auf dem Schlachtfeld getötet wird oder daheim im eigenen Lager. Ehe sie in die Schlacht aufbrechen, bemalen und schmücken die Krieger sich, beschwören ihre Vorfahren, nehmen halluzinogene Drogen, um mit Schutzgeistern in Kontakt zu treten, und stärken ihre Waffen mit Zaubersprüchen. Auf dem Schlachtfeld erschlagene Feinde sind »Opfer« in dem Sinne, daß ihr Tod, so heißt es, die Vorfahren oder die Kriegsgötter erfreut, so wie es auch heißt, daß die Folterung und der Tod eines Gefangenen die Vorfahren oder die Kriegsgötter erfreut. Schließlich stellt sich noch die Frage nach dem Kannibalismus – eine Frage, die, wenn sie gestellt wird, ein profundes Mißverständnis auf seiten des Fragestellers offenbart. Menschen können lernen, den Geschmack von Menschenfleisch zu schätzen oder zu verabscheuen, ebenso wie sie lernen können, auf Folterung amüsiert oder angewidert zu reagieren. Offenkundig gibt es vielerlei Umstände, unter denen ein anerzogener Wohlgefallen an Menschenfleisch sich in das Motivationsmuster einbeziehen läßt, das Gesellschaften veranlaßt, in den Krieg zu ziehen. Darüber hinaus bedeutet das Verzehren eines Feindes buchstäblich, aus seiner Vernichtung Kraft zu ziehen. Was daher erklärt werden muß, ist vielmehr der Umstand, weshalb Gesellschaften, die keine Skrupel kennen, ihre Feinde zu töten, überhaupt darauf verzichten, sie auch zu verzehren. Aber das ist eine offene Frage, der uns zu stellen wir noch nicht ganz gewachsen sind.

Wenn diese Abschweifung in militärische Kostenrechnung als Erklärung für den Folter-Opfer-Kannibalismus-Komplex ein wenig zu mechanisch anmuten sollte, möchte ich darauf hinweisen, daß ich die Existenz ambivalenter psychischer Motivationen, wie sie durch die Ödipalsituation in militaristischen Gesellschaften mit ausgeprägtem männlichen Supremat erzeugt werden, keineswegs in Abrede stelle. Ich erwarte vielmehr, daß Kriegführung widersprüchliche Emotionen hervorruft und daß sie für die Teilnehmenden gleichzeitig viele verschiedene Bedeutungsgehalte hat. Und ich bestreite nicht, daß Kannibalismus sowohl Zuneigung als auch Haß gegenüber dem Opfer ausdrücken kann. Ich lehne jedoch uneingeschränkt die Auffassung ab, daß sich spezifische Muster von Aggression zwischen Gruppen anhand vager und widersprüchlicher psychischer Elemente erklären lassen, weil sie von dem ökologischen und dem Fortpflanzungsdruck ablenken, der in erster Linie dafür verantwortlich und auslösend gewesen ist, wenn Menschen gegeneinander in den Krieg gezogen sind.

Wenn wir uns nun wieder den Azteken zuwenden, sehen wir, daß der einzigartige Beitrag ihrer Religion nicht die Einführung des Menschenopfers gewesen ist, sondern dessen Verfeinerung entlang bestimmter destruktiver Entwicklungslinien. Am bemerkenswertesten daran ist, daß die Azteken das Menschenopfer von einem gelegentlichen Nebenprodukt des Glücks auf dem Schlachtfeld zu einer Routineübung umgewandelt haben, bei der nicht ein Tag verging, an dem nicht Menschen auf den Altären des großen Tempels eines Huitzilopochtli oder Tlaloc geschlachtet worden wären. Und ebenso wurden in Dutzenden nicht so hochrangiger Tempel bis hinunter zu solchen, die man sozusagen als »Kapelle um die Ecke« bezeichnen könnte, Opfer vollzogen.

Eine solche Opferstätte – ein niedriger, runder, flach gedeckter Bau von ungefähr sechs Metern Durchmesser – wurde beim Bau der Untergrundbahn von Mexiko City ausgegraben. Sie steht nun, geschützt durch Glaswände, an einer der belebtesten U-Bahn-Stationen der Stadt. Zur Aufklärung der Pendlermassen, die täglich daran vorüberziehen, ist auf einer erläuternden Tafel vermerkt, die Ureinwohner Mexikos seien »sehr religiös« gewesen.

Da die Heere der Azteken tausendmal größer waren als die der Huronen oder Tupinamba, konnten sie in einer einzigen Schlacht Tausende Gefangene machen. Daher konnten zusätzlich zu den täglichen Opferungen kleiner Zahlen von Gefangenen an den größeren und kleineren Opferstätten zum Gedenken an besondere Begebenheiten Massenopferungen von Hunderten und Tausenden Opfern vorgenommen werden. Den spanischen Chronisten wurde zum Beispiel berichtet, daß bei der Einweihung des großen Tempels von Tenochtitlán im Jahre 1487 von einem Team Opfervollstreckern, das Tag und Nacht vier Tage lang arbeitete, ein Zug Gefangener geopfert worden war, der sich in Viererreihe über eine Länge von über drei

Kilometern erstreckte. Ausgehend von etwa zwei Minuten, die pro Opfer erforderlich sind, hat der Historiker und Demograph Sherburne Cook geschätzt, daß bei diesem einen Opferfest etwa 14 100 Menschen geopfert worden sein müssen. Man könnte das Ausmaß dieser Rituale für übertrieben angegeben halten, wären nicht Bernal Díaz und Andrés de Tápia auf den Plazas der aztekischen Städte auf systematisch aufgereihte und daher leicht zu zählende Ansammlungen menschlicher Schädel gestoßen. Díaz schreibt, daß auf der Plaza von Xocotlan »Haufen von Menschenschädeln so regelmäßig angeordnet waren, daß man sie zählen konnte, und ich schätzte sie auf mehr als einhunderttausend. Ich wiederhole noch einmal, es lagen dort mehr als einhunderttausend von ihnen.«

Über das große Schädelgerüst im Zentrum von Tenochtitlán schreibt de Tápia:

»Die Pfähle standen weniger als ein Vara voneinander entfernt [ca. ein Meter] und waren von oben bis unten dicht mit Querhölzern besetzt, und auf jedem Querholz steckten, die Schläfen durchbohrt, fünf Schädel; und der Autor und ein gewisser Gonzalo de Umbría zählten von Pfahl zu Pfahl die Querhölzer und multiplizierten sie mit fünf Schädeln pro Querholz, wie ich gesagt habe, und wir ermittelten 136 000 Schädel.«

Aber das war noch nicht alles. De Tápia beschreibt auch zwei hohe Türme, die ganz aus Schädeln bestanden und von Kalk zusammengehalten wurden, und in denen sich eine unzählbare Menge Schädel und Kieferknochen befunden habe.

Herkömmliche Erklärungen des riesigen Ausmaßes dieses Schlachtens zeichnen die Azteken als ein Volk, das von der Idee besessen gewesen sei, seine Götter müßten Blut trinken, und das daher fromm ergeben Kriege geführt habe, um seine heilige Pflicht zu erfüllen. Jacques Soustelle schreibt in diesem Sinne: »Woher sonst hätte man mehr Opfer beziehen können? Denn sie waren unabdingbar, um die Götter mit ihrer Nahrung zu versorgen . . . Wo konnte man mehr wertvolles Blut bekommen, ohne daß die Sonne und das ganze Gerüst des Universums zum Untergang verurteilt waren? Es war unabdingbar, ständig im Kriegszustand zu bleiben . . . Krieg war keineswegs bloß ein politisches Instrument; er war in allererster Linie ein religiöser Ritus, ein heiliger Krieg.«

Aber heilige Kriege zwischen Staaten gibt es im Dutzend billiger. Die Juden, die Christen, die Moslems, die Hindus, die Griechen, die Ägypter, die Römer – sie alle sind in den Krieg gezogen, um ihren Göttern zu gefallen oder Gottes Willen auszuführen. Nur die Azteken hielten es für geheiligt, in den Krieg zu ziehen, um Menschenopfer in riesiger Zahl zu beschaffen. Und während alle die anderen archaischen und weniger archaischen Staaten sich in Gemetzeln und Massenschlächtereien ergingen, tat keiner von ihnen dies unter dem Vorwand, die himmlischen Herrscher hätten einen unstillbaren Durst auf Menschenblut. (Wie wir sehen werden, ist es kein Zufall, daß die Götter vieler Staaten der Alten Welt Met oder Nektar tranken, Ambrosia aßen oder sich überhaupt keine Gedanken darüber machten, woher ihre nächste Mahlzeit kommen würde.) Die Azteken waren dermaßen darauf aus, Gefangene für ihre Opferungen heimzubringen, daß sie häufig darauf verzichteten, einen militärischen Vorteil auszunutzen, weil sie fürchteten, sie könnten zu viele feindliche Truppen töten, ehe die Bedingungen für eine Kapitulation ausgehandelt waren. Diese Taktik kam sie in den Auseinandersetzungen mit Cortés' Leuten teuer zu stehen, die aus aztekischer Sicht völlig unsinnig darauf abzielten, alles zu töten, was ihnen vor Augen kam.

Sherburne Cook war der erste moderne Anthropologe, der von dem Versuch, das Rätsel der aztekischen Opferungen auf gefühlsmäßiger Ebene zu lösen, abgegangen ist: »Wie mächtig er auch sein mag, kein religiöser Drang kann sich entgegen fundamentalem ökonomischem Widerstand über eine nennenswerte Zeitspanne behaupten.« Cook mutmaßte, die aztekischen Kriege und Opferhandlungen seien Teil eines Systems zur Regulierung des Bevölkerungswachstums. Er errechnete, daß die Auswirkungen von Kampftoten und religiösen Opfern zusammengenommen die jährliche Sterblichkeitsrate um 25 Prozent gehoben haben. Da »die Bevölkerung im Verhältnis zu den Subsistenzmitteln ihr Maximum erreichte, . . . dürften Krieg und Opfer sehr wirksame Mittel gewesen sein, einen unangemessenen Anstieg der Bevölkerungszahl zu verhindern«. Diese Theorie bedeutete einen Fortschritt gegenüber ihren Vorläufern, weist aber doch eindeutig einen zentralen Mangel auf: Durch Kriegführung und Menschenopfer hätten die Azteken die Bevölkerung des Tals von Mexiko nicht kontrollieren können. Da fast alle Kampftoten und Geopferten Männer waren, bezieht sich der Anstieg der Sterblichkeitsrate um 25 Prozent ausschließlich auf Männer, und er hätte durch einen Anstieg der Geburtenrate um 25 Prozent leicht ausgeglichen werden können. Wenn die Azteken systematisch darauf abgezielt hätten, die Rate des Bevölkerungswachstums zu senken, so hätten sie sich darauf konzentriert, statt erwachsener Männer Jungfrauen zu opfern. Und mehr noch, wenn der Zweck der Opferungen Bevölkerungskontrolle gewesen sein sollte, weshalb haben dann die Azteken nicht einfach ihre Feinde auf dem Schlachtfeld getötet, wie es die Heere von großen Reichen in anderen Teilen der Welt immer für sinnvoll erachtet haben? Cooks Erklärung bekommt die Besonderheit der mittelamerikanischen Praxis nicht in den Griff: nämlich deutlich zu machen, weshalb die Schlachtung auf der Spitze einer Pyramide statt auf dem Schlachtfeld vollzogen werden mußte.

Herkömmliche Beschreibungen des aztekischen Opferrituals enden damit, daß der Leichnam des Opfers die Pyramidenstufen hinunterrollt. Von dem Bild eines immer noch schlagenden Herzens in der erhobenen Hand eines Priesters geblendet, kann man leicht vergessen zu fragen, was mit dem Körper geschah, sobald er am Ende der Stufen angekommen war. Michael Harner von der New School ist dieser Frage mit mehr Scharfsinn und Nachdruck nachgegangen als alle seine Vorgänger. Im Rest dieses Kapitels werde ich stark auf seine Arbeit zurückgreifen, denn ihm allein gebührt das Verdienst, das Rätsel der aztekischen Opfer gelöst zu haben.

Wie Harner ausführt, gibt es eigentlich gar kein Rätsel hinsichtlich dessen, was mit den Leichen geschah, da sämtliche Augenzeugenberichte im wesentlichen Punkt übereinstimmen. Jeder, der weiß, wie die Tupinamba, die Huronen und andere Banden- und Dorfgesellschaften sich ihrer Ritualopfer entledigten, sollte in der Lage sein, zu dem gleichen Schluß zu gelangen: Die Leichen wurden verspeist. Bernardino de Sahagúns Beschreibung läßt kaum Zweifel offen:

»Sie aber [die die Sklaven zu schlachten hatten] hatten sich die Gesichter gefärbt und erwarteten sie. Sie hatten sich fertig gemacht, hatten ihre Priesterjacken angezogen und die Apanecayotl-Federkrone mit dem faltigen Papiergehänge aufgesetzt.

Überdies hatten sie sich mit Ocker, der Götterocker genannt

wird, den Mund rot gefärbt, bereit, den Sklaven zu töten, ihm die Brust aufzuschneiden mit ihm, dem ›vorn fressenden‹, wohlgeschärften Steinmesser, das in ihren Händen den Todgeweihten traf.

Den packten sie nun zu viert und zerrten ihn über den Opferstein, den sie aufgestellt hatten. Schnell nun schnitt er ihm die Brust auf, nahm das Herz heraus, legte das Herz in eine Holzschale, und sie ließen das Herz ausbluten.

Darauf ließ er die Gefangenen [die Steilstufen] hinunterrollen, nur seinen Leib [nicht das Herz] ließ er hinunterrollen, warf ihn hinab, daß er hart aufschlug, als er auf der untersten, Apetlac genannten Terrasse zu liegen kam.

Er aber, der den Gefangenen gemacht hatte, nahm dessen Leiche weg; nur er nahm sie weg. – Niemand eignete sich eines anderen Gefangenen an. Auch kam es nicht vor, daß er selbst je eines anderen Gefangenen wegnahm; er nahm ihn also weg und brachte ihn gleich in seinen Hof . . .

Jene also kamen herab; und als der Sklaven-Opferer, der herabstieg, unten angelangt war, trugen ihm seine Diener die Leichen der Opfersklaven in seinen Hof. Er selbst ging alsbald nach Hause, und als er heimgekommen war, richtete er gleich die Leichen der Opfersklaven her und kochte sie.

Gesondert davon kochte er Maiskörner, und auf sie, die er den Leuten gab, legte er nur ein ganz klein wenig [Menschenfleisch]. Kein Chilipfeffer kam daran, Salz allein tat er als Würze dazu. Alle seine Blutsverwandten aßen das. So ging das wirklich vor sich in alter Zeit, so schlachteten sie Sklaven zum Panquetzalitzli-Fest.«

De Sahagún trifft die gleichen Feststellungen an mehreren Stellen:

»Nachdem sie sie geschlachtet und ihre Herzen herausgerissen und das Blut in einem Kürbisgefäß aufgefangen hatten, das der Besitzer des geschlachteten Mannes selbst erhielt, begannen sie den Körper die Pyramidenstufen hinunterzurollen.

Wenn sie am Grund angekommen waren, schnitten sie ihnen die Köpfe ab und spießten sie auf einen Stab, und sie trugen die Körper zu den Häusern, die sie *calpulli* nannten, wo sie sie zerteilten, um sie zu essen.

. . . und sie nahmen ihnen die Herzen heraus und schlugen ihnen die Köpfe ab. Und später teilten sie den gesamten Körper unter sich auf und aßen ihn ...«

Díego Durán gibt uns eine ähnliche Darstellung:

»Sobald das Herz herausgewunden war, wurde es der Sonne dargeboten und Blut in Richtung der Sonnengottheit gesprenkelt. Zur Nachahmung des Sonnenuntergangs im Westen wurde die Leiche die Stufen der Pyramiden hinuntergerollt. Nach dem Opfer zelebrierten die Krieger ein großes Fest mit viel Tanz, Zeremonien und Kannibalismus.«

Diese Beschreibungen klären eine ganze Anzahl Fragen zum Kriegführungs-Opferungs-Kannibalismus-Komplex der Azteken. Harner vermerkt, jeder Gefangene habe einen Besitzer gehabt, wahrscheinlich den Offizier, der die Soldaten befehligte, die den Gefangenen gemacht hatten. Nachdem der Gefangene in Tenochtitlán angekommen war, wurde er auf den Besitzungen seines Eigentümers untergebracht. Wir wissen kaum etwas darüber, wie lange er dort gehalten oder wie er behandelt wurde; wir dürfen aber annehmen, daß er genügend Tortillas zu essen bekam, so daß er nicht an Gewicht verlor. Es erscheint auch wahrscheinlich, daß mächtige militärische Befehlshaber sich mehrere Dutzend Gefangene hielten, die sie für besondere Festtage oder wichtige Familienereignisse wie Geburten, Todesfälle oder Eheschließungen mästeten. Wenn der Zeitpunkt der Opferung nahte, sind die Gefangenen vielleicht zur Belehrung und Belustigung der Familie des Besitzers und der Nachbarn gefoltert worden. Am Tage der Opferung begleiteten der Besitzer und seine Soldaten zweifellos den Gefangenen zum Fuß der Pyramide, um die Vorgänge in Gesellschaft anderer Würdenträger, deren Gefangene am gleichen Tage geopfert wurden, zu beobachten. Nachdem das Herz herausgenommen war, wurde der Leichnam weniger die Stufen hinuntergerollt, als vielmehr von Umstehenden gestoßen, da die Stufen nicht steil genug waren, daß der Körper die gesamte Strecke von der Spitze der Pyramide bis zu ihrem Fuß gerollt wäre, ohne zwischendurch liegenzubleiben. Die alten Männer, die de Sahagún als Quaquacuiltin bezeichnet, erhoben Anspruch auf den Leichnam und trugen ihn zu den Besitzungen des Eigentümers zurück, wo sie ihn aufschnitten und die Glieder für das Kochen vorbereiteten; das bevorzugte Gericht war ein Eintopf, der mit Pfeffer und

Tomaten gewürzt wurde. De Sahagún merkt an, man habe »Kürbis-blüten« ins Fleisch gesteckt. Das Blut des Opfers wurde laut Saha-gún von den Priestern in einem Kürbisgefäß aufgefangen und dem Besitzer ausgehändigt. Wir wissen, daß das Herz in eine Kohlen-pfanne gelegt und zusammen mit Kopal-Räucherwerk verbrannt wurde; allerdings ist unklar, ob es völlig zu Asche verbrannt wurde. Auch ist nicht ganz geklärt, was mit dem Rumpf und seinen Organen sowie mit dem Kopf und mit dem Gehirn geschah. Letztlich landete der Schädel auf einem der Schaugerüste, wie sie Andrés de Tápia und Bernal Díaz beschrieben haben. Da aber die meisten Kanniba-len Hirn sehr schätzen, können wir annehmen, daß es – vielleicht von den Priestern oder von Zuschauern – herausgelöst wurde, ehe der Schädel auf das Schaugerüst gesteckt wurde. Laut Díaz wurde der Rumpf den fleischfressenden Säugetieren, Vögeln und Schlangen vorgeworfen, die im königlichen Zoo gehalten wurden; ich mutmaße allerdings, daß die Zoowärter – de Tápia schreibt, sie seien sehr zahl-reich gewesen – zuvor den Großteil des Fleisches abgelöst haben.

Ich bin dem weiteren Schicksal des Körpers des Opfers nach-gegangen, um zu belegen, daß der Kannibalismus der Azteken sich nicht auf ein beiläufiges Kosten zeremonieller Leckerbissen be-schränkt. Alle eßbaren Teile wurden in einer Weise verwertet, die dem Konsum des Fleisches domestizierter Tiere gleichkommt. Es er-scheint durch und durch legitim, die aztekischen Priester als rituelle Schlächter in einem staatlich getragenen System zu bezeichnen, das auf die Produktion und Umverteilung beträchtlicher Mengen tieri-schen Eiweißes in Form von Menschenfleisch abzielte. Natürlich oblagen den Priestern auch andere Pflichten, aber keine hatte stärkere praktische Bedeutung als ihre Schlächterei.

Die Bedingungen, die zum Aufstieg des Kannibalenkönigreiches der Azteken führten, verdienen sorgfältige Untersuchung. Andern-orts hat der Aufstieg von Staaten und Reichen zum Verfall früherer Muster von Menschenopfern und Kannibalismus geführt. Und im Gegensatz zu den Aztekengöttern haben die Götter der Alten Welt den Verzehr von Menschenfleisch mit Tabu belegt. Weshalb haben allein in Mittelamerika die Götter den Kannibalismus gefördert? Wie Harner ausweist, müssen wir die Antwort sowohl in den spezifi-schen Erschöpfungen des mittelamerikanischen Ökosystems unter dem Druck von Jahrhunderten der Intensivierung und des Bevölkerungswachstums als auch in den Kosten/Nutzen der Verwendung von Menschenfleisch als Quelle tierischen Proteins suchen, wo billigere Möglichkeiten zur Verfügung standen.

Wie ich bereits früher sagte, herrschte in Mittelamerika gegen Ende der letzten Eiszeit hinsichtlich tierischer Ressourcen eine weit stärkere Umwelterschöpfung als in jeder anderen Region. Das stetige Bevölkerungswachstum und die Produktionsintensivierung unter der Zwangseinwirkung der klassischen Hochlandreiche eliminierte praktisch tierisches Fleisch aus der Kost der einfachen Leute. Die herrschende Klasse und die ihr assoziierten Schichten fuhren natürlich fort, Delikatessen wie Hunde, Truthähne, Enten, Wild, Kaninchen und Fisch zu verzehren. Aber trotz der Erweiterung der *chinampas* blieb dem gemeinen Volk, wie Harner feststellt, häufig nichts weiter übrig, als sich von Algen zu ernähren, die es von der Oberfläche des Texcoco-Sees abfischte. Zwar konnten Getreide und Bohnen in genügender Menge die Versorgung mit allen wesentlichen Aminosäuren sicherstellen, doch während des gesamten fünfzehnten Jahrhunderts wiederkehrende Produktionskrisen brachten es mit sich, daß die Proteinrationen häufig auf ein Niveau absanken, auf dem sich biologisch ein heftiges Verlangen nach Fleisch einstellt. Überdies waren Fette aller Art Jahre hindurch knapp.

Konnte die Umverteilung des Fleisches von Ritualopfern den Eiweiß- und Fettanteil in der Kost des aztekischen Volkes spürbar steigern? Wenn die Bevölkerung des Tals von Mexiko zwei Millionen Menschen betrug und die Zahl der zur Umverteilung jährlich zur Verfügung stehenden Gefangenen sich nur auf 15 000 belief, lautet die Antwort nein. Aber so ist die Frage nicht richtig gestellt. Der springende Punkt dürfte nicht sein, wieviel diese kannibalischen Umverteilungen zur Gesundheit und körperlichen Widerstandskraft des Durchschnitts-Azteken beigetragen haben, sondern inwieweit die Kosten/Nutzen der politischen Herrschaft sich infolge der Belohnung ausgewählter Gruppen in kritischen Phasen mit Menschenfleisch zum Positiven verschoben. Wenn ein gelegentlicher Finger oder Zeh alles gewesen wäre, was der einzelne erwarten konnte, hätte das System sicherlich nicht funktioniert. Aber wenn das Fleisch in konzentrierten Rationen dem Adel, dem Militär und den ihnen assoziierten Gruppen zugute kam, und wenn die Verteilung zeitlich so organisiert war, daß Defizite im agrarischen Zyklus ausgeglichen wurden, konnte der Nutzen für Moctezuma und die herrschende Klasse durchaus groß genug sein, um den politischen Zusammenbruch abzuwenden. Wenn diese Analyse zutrifft, müssen wir ihre umgekehrten Implikationen untersuchen: namentlich daß die Verfügbarkeit domestizierter Tierarten eine wichtige Rolle bei der Verhinderung von Kannibalismus und der Entwicklung von Religionen der Liebe und Gnade in den Staaten und Reichen der Alten Welt gespielt hat. Das Christentum, so könnte sich herausstellen, war mehr ein Geschenk des Lamms in der Krippe als des Kindes, das in ihr geboren wurde.

10. Kapitel

Das Lamm der Gnade

Hoffentlich ist bis jetzt nicht der Eindruck entstanden, die Opferung und der Verzehr von Kriegsgefangenen sei eine besondere Eigenheit der amerikanischen Indianer gewesen. Noch vor fünfzig oder hundert Jahren war die Opferung von Kriegsgefangenen und die Umverteilung ihres Fleisches eine verbreitete Praxis in Hunderten vorstaatlicher Gesellschaften im Afrika südlich der Sahara, in Südostasien, Malaysia, Indonesien und Ozeanien. Ich habe allerdings Grund zu der Annahme, daß der Verzehr von Menschenfleisch nie ein bedeutender Aspekt der Umverteilungsfeste in den Kulturen gewesen ist, die dem Aufstieg von Staaten in Mesopotamien, Ägypten, Indien, China oder Europa unmittelbar voraufgingen.

In all diesen Regionen sind Menschen rituell geopfert worden; nur wurden sie selten verspeist. Maßgebliche römische Quellen – Caesar, Tacitus und Plutarch – versichern, daß die Opferung von Kriegsgefangenen bei den sogenannten »barbarischen« Völkern am Rande der griechisch-römischen Welt gängige Praxis gewesen ist. Die Griechen und Römer des späten klassischen Altertums erachteten jede Art von Menschenopfer als unmoralisch und waren entsetzt, daß ehrbare Soldaten zugunsten der Kulte solch »unzivilisierter« Völker wie der Britannier, Gallier, Kelten und Teutonen ihr Leben lassen sollten. In homerischer Zeit allerdings hatten die Griechen selbst es nicht abgelehnt, einige wenige Gefangene zu töten, um die Götter günstig zu stimmen. Im Trojanischen Krieg zum Beispiel ließ Achilles zwölf gefangene Trojaner auf dem Beerdigungs-Scheiterhaufen seines Waffengefährten Patroklos verbrennen. Und noch in der großen Seeschlacht zwischen den Griechen und den Persern bei Salamis im Jahre 480 v. Chr. befahl Themistokles, der Oberkommandierende der Griechen, die Opferung von drei persischen Gefangenen, um den Sieg sicherzustellen. Auch die Römer hatten einst Menschenopfer vorgenommen. Um 226 v. Chr. wurden zwei Gallier und zwei Griechen bei lebendigem Leibe begraben, um das Eintreffen einer Prophezeiung abzuwenden, derzufolge die Gallier und die Griechen bald die Stadt Rom einnehmen sollten. Ähnliche Vorkommnisse gab es in den Jahren 216 und 104 v. Chr.

Fronterfahrene römische Truppen reagierten entnervt bei ihren ersten Begegnungen mit den Kelten, die unter gräßlichen Gesängen in die Schlacht zogen und splitternackt durch den Schnee gegen die römischen Linien anstürmten. Die Existenz eines keltischen »Kults des abgetrennten Kopfes« im gesamten vorrömischen Europa der Eisenzeit macht deutlich, daß Schwarze und Indianer nicht die einzigen heutigen Amerikaner sind, die von Kopfjägern abstammen. Keltische Krieger packten die frisch abgeschlagenen Köpfe ihrer Feinde auf ihre Streitwagen, schafften sie nach Hause und hängten sie in den Dachsparren auf. In Südfrankreich stellten die Kelten Schädel in Nischen aus, die sie in Steinblöcke gehauen hatten. Schädel zierten auch die keltischen Hügelfestungen und die Toreinfahrten zu Dörfern und Städten. Ob auch einige dieser Schädel von Ritualopfern stammen, ist nicht bekannt. Bekannt ist hingegen, daß Menschenopfer einen wichtigen Bestandteil des keltischen Rituals ausmachten und daß dieses Ritual unter der Leitung der Druiden, der Priesterkaste, ausgeführt wurde. Die Kelten verbrannten mit Vorliebe Menschen, und zu diesem Zweck flochten sie die Gefangenen in lebensgroße Weidenkörbe ein, die sie dann anzündeten. Bei anderen Gelegenheiten wurden die Opfer ausgeweidet oder in den Rücken gestochen, damit die Druiden aus der Verfassung der dampfenden Eingeweide oder aus der Stellung der Glieder, wenn das Opfer aufgehört hatte sich zu winden, die Zukunft vorhersagen konnten.

Herodot berichtet, daß ein anderes barbarisches Kopfjägervolk, die Skythen, die am Unterlauf der Donau und an der Schwarzmeerküste lebten, regelmäßig einen von hundert Gefangenen opferten, die sie auf dem Schlachtfeld machten. Und laut Ignace Gelb von der University of Chicago wurden in der Frühzeit Mesopotamiens ebenfalls Gefangene in den Tempeln geopfert. Eine Keil-Inschrift in Lagasch, nördlich von Ur, aus der Zeit um 2500 v. Chr. nimmt Bezug auf Tausende Feindesleichen, die in großen Haufen gestapelt lagen.

Gelb stellt überdies fest, im frühen China seien »vielfach Kriegsgefangene geopfert worden«.

Wie die biblische Geschichte von Abraham und seinem Sohn Isaak zeigt, hat die Möglichkeit von Menschenopfern auch die alten Israeliten sehr beschäftigt. Abraham hört die Aufforderung Gottes, er solle seinen Sohn opfern, und Isaak wird erst im letzten Moment durch einen freundlichen Engel gerettet. Und im Ersten Buch der Könige, Kapitel 16, Vers 34, heißt es:»In seinen Tagen baute Hiël aus Bet-El Jericho wieder auf. Um den Preis seines Erstgeborenen Abiram legte er die Fundamente, und um den Preis seines jüngsten Sohnes Segub setzte er die Tore ein, wie es der Herr durch Josua, den Sohn Nuns, vorausgesagt hatte.«

Auch frühe brahmanische Schriften beweisen ein latentes Interesse an Menschenopfern. Die Göttin des Todes, Kali, weist eine verblüffende Ähnlichkeit mit den blutdürstigen Gottheiten der Azteken auf. Im *Kalika Purana*, dem Heiligen Buch der Kali, wird sie als eine scheußliche Figur beschrieben, die mit einer Kette aus Menschenschädeln geschmückt und mit Menschenblut beschmiert ist; ferner hält sie einen Schädel in der einen und ein Schwert in der anderen Hand. Es werden überdies eingehende Instruktionen darüber gegeben, in welcher Weise Menschenopfer zu töten sind:

»Nachdem er das Opfer vor die Göttin gelegt hat, soll der Anbeter ihr Verehrung bezeigen, indem er ihr Blumen, Sandelpaste und Rinde darbringt und häufig das für die Opferung vorgesehene *mantra* wiederholt. Dann, indem er nach Osten blickt, soll er rückwärts schauen und dies *mantra* wiederholen: ›O Mann, durch mein günstiges Geschick bist du als Opfer erschienen; daher grüße ich dich . . . Ich werde dich heute schlachten, und schlachten als Opfer ist kein Mord.‹ Derart über das menschengebildete Opfer meditierend, soll eine Blume auf seinen Kopf geschleudert werden unter dem *mantra*: ›Om, Aim, Hriuh, Sriuh‹. Dann soll in Gedanken an die eigenen Wünsche und an die Göttin gewandt Wasser auf das Opfer gesprenkelt werden. Danach soll das Schwert geweiht werden mit dem *mantra*: ›O Schwert, du seist die Zunge von Chandika‹. . . Das Schwert, das somit geweiht ist, soll unter Wiederholung des *mantra*: ›Am hum phat‹ erhoben und das hervorragende Opfer mit ihm geschlachtet werden.«

Die vielleicht beständigste Form von Menschenopfern, die in den frühen Staaten und Reichen der Alten Welt festzustellen ist, war die Schlachtung von Ehefrauen, Dienern und Leibwächtern beim Begräbnis von Königen und Kaisern. Die Skythen zum Beispiel töteten alle Köche, Diener und Kammerherren des alten Königs. Die besten Pferde des Königs wurden ebenso getötet wie junge Männer, die sie im Leben nach dem Tode reiten sollten. Hinweise, die auf die Opferung von Hofbeamten schließen lassen, sind auch in frühen ägyptischen Grabstätten bei Abydos und in den sumerischen Königsgräbern in Ur gefunden worden. Die Opferung von Hofbeamten hatte eine Doppelfunktion. Ein König mußte seinen Hof nach dem Tode mit sich nehmen, damit er weiter Verhältnisse genießen konnte, wie er sie aus dem Leben gewohnt war. Doch in einem sehr viel irdischeren Sinn diente der obligatorische Mord an den Ehefrauen, Dienern und Leibwächtern eines Souveräns dazu, um sicherzustellen, daß sein engster Anhang sein Leben ebenso wertschätzte wie das eigene und sich daher nicht gegen seine Herrschaft verschwor oder die geringste Bedrohung seiner Sicherheit duldete. Die Chinesen im letzten Abschnitt des zweiten vorchristlichen Jahrtausends haben wohl die umfangreichsten Opferungen von Königsgefolge durchgeführt. Bei jedem königlichen Begräbnis wurden Tausende von Menschen ins Jenseits befördert. Diese Praxis wurde ebenso wie die Opferung von Kriegsgefangenen während der Chou-Zeit (1023–257 v. Chr.) verboten. Während der Ch'in-Dynastie traten tönerne Nachbildungen an die Stelle wirklicher Menschen und Tiere. Beim Tod von Ch'in Shih Huang Ti, dem ersten Herrscher eines geeinten Chinas, im Jahre 210 v. Chr. wurden in der Nähe des Grabes des Kaisers in einer unterirdischen Halle von der Größe eines Fußballfeldes sechstausend lebensgroße, realistische Keramikstatuen von Soldaten und Pferden beerdigt.

Bei dieser kurzen Übersicht über rituelle Menschenopfer in den Kernregionen der Staatenbildung in der Alten Welt fällt ins Auge, daß es keinerlei engen Zusammenhang zwischen der Opferung von Menschen und dem Verzehr von Menschenfleisch gegeben hat. Nirgendwo weisen Spuren auf ein System hin, in dem die Umverteilung von Menschenfleisch ein nennenswertes Betätigungsfeld des Staates oder seiner militärischen oder kirchlichen Verzweigungen dargestellt hätte. Pausanius von Lydien berichtete zwar, daß die Gallier unter dem Befehl von Combutis und Orestorios die gesamte männliche Bevölkerung von Callieas getötet und dann deren Blut getrunken und Fleisch gegessen hätten; ähnliche Beschuldigungen wurden später auch gegen die Tataren und Mongolen erhoben, doch wirken all diese Berichte eher wie die Geschichten über Kriegsgreuel denn wie ethnographische Beschreibungen von kannibalischen Kulten in der Art der Azteken. Berichte über Kannibalismus in Ägypten, Indien und China stehen entweder mit Rezepturen exotischer Gerichte für die abgestumpften Gaumen der Oberklasse oder mit Hungersnöten in Zusammenhang, bei denen die Armen sich gegenseitig verspeisten, um am Leben zu bleiben. Im nachrömischen Europa schließlich wurde Kannibalismus dann als derart schlimmes Verbrechen erachtet, daß nur Werwölfe, Hexen, Vampire und Juden seiner für fähig gehalten wurden.

Von Europa bis China war es tierisches und nicht menschliches Fleisch, das zu den Altären gebracht, rituell geopfert, zerlegt, umverteilt und bei Gemeinschaftsfesten verspeist wurde. Die altnordische Sage von Hakon dem Guten zum Beispiel enthält eine eindeutige Beschreibung der Rolle, die Tieropfer bei den von keltischen und teutonischen Königen und Prinzen durchgeführten Umverteilungen gespielt haben:

»Wenn geopfert werden sollte, war es alter Brauch, daß alle Leibeigenen zu der Stelle kamen, an der der Tempel stand, und alles mitbrachten, was sie brauchten, so lange die Opferfestlichkeiten dauerten. Zu diesem Fest brachten alle Männer Bier mit. Alle Arten Rinder, auch Pferde, wurden geschlachtet . . . und das Fleisch wurde für die Anwesenden saftig gekocht. Das Feuer befand sich in der Mitte des Tempelbodens, und darüber hingen die Kessel. Die vollen Becher wurden über das Feuer gereicht, und der das Fest veranstaltete und Häuptling war, segnete all die vollen Becher und das Fleisch des Opfers.«

Großzügigkeit und Gemeinschaftlichkeit sind die hervorstechenden Merkmale dieser Riten, wie sich auch an alten Balladen zeigt, die den Gastgeber als »freigebigen Mann« charakterisieren.

Von Tacitus erfahren wir, es sei »Sitte, daß jeder Stammesangehörige dem Häuptling Geschenke entweder in Form von Rindern oder

Teilen seiner Ernte macht« und daß »Rinder in der Tat die am höchsten geschätzten, die einzigen Reichtümer des Volks sind«. Stuart Piggott weist darauf hin, daß die altirische Legende vom »Rinderraub von Cooley« mit einer Szene beginnt, in der Alill, der Häuptling von Cruachan, und Medb, seine Frau, sich mit ihrem Reichtum brüsten, der von eisernen Kesseln über Goldornamente, Kleidung, Schafherden, Pferde, Schweineherden bis schließlich zum Inbegriff von Wohlhabenheit, nämlich Rindern, reicht. Bei den frühen Bewohnern Irlands ebenso wie bei den Germanen, den homerischen Griechen und den ersten Römern waren Rinder der wichtigste Maßstab des Wohlstands, woraus zu schließen ist, daß sie auch bei den Umverteilungsfesten, auf denen die Organisation dieser Häuptlingschaften und Anfangsformen von Staat beruhten, die wichtigste Rolle spielten.

Auch bei den Griechen und Römern der Antike spielten Tieropfer bei religiösen Festlichkeiten eine hervorragende Rolle, und verschiedene Tempel waren auf Tiere spezialisiert, die für ihre Gottheiten von Belang waren. Ziegen zum Beispiel galten als angemessene Gabe für Bacchus, den Gott des Weins, was möglicherweise darauf zurückzuführen ist, daß sie eine Bedrohung für die Weingärten darstellten. Einige griechische Städte behandelten ihre Stiere in der gleichen Weise, in der die menschlichen Verkörperer von Göttern bei den Azteken behandelt wurden – sie wurden mit Girlanden geschmückt und das ganze Jahr vor ihrer Hinrichtung bestens gefüttert.

Wie jeder Leser des Alten Testaments weiß, stellten Tieropfer auch eine der Lieblingsbeschäftigungen der alten Israeliten dar. Das dritte Buch Mose legt genaue Bestimmungen fest, wo, wann und wie Tiere zu opfern sind. Das vierte Buch Mose (7, 87–88) beschreibt eingehend, was alles bei der zwölftägigen Einweihung der ersten Stiftshütte an Tieren geopfert worden ist: Die Summe der Tiere betrug »insgesamt zwölf Rinder, und zwar Stiere, für das Brandopfer, zwölf Widder, zwölf einjährige Lämmer und die dazugehörenden Speiseopfer, ferner zwölf Ziegenböcke für das Sündopfer, außerdem im ganzen vierundzwanzig Rinder, und zwar Stiere, sechzig Widder, sechzig Böcke und sechzig einjährige Lämmer für das Heilsopfer. Das war die Spende für die Weihe des Altars, nachdem man ihn gesalbt hatte.« Als die Israeliten sich von Hirten-Häuptlingschaften zur

Staatlichkeit weiterentwickelten, nahm auch der Umfang der Umverteilungsfeste zu. Bei der Einweihung von Salomos Tempel in Jerusalem wurden 22 000 Rinder und 120 000 Schafe geschlachtet. Das wichtigste Opfer der Israeliten war das des Lamms zum Passahfest. Während der Knechtschaft in Ägypten opferten die Israeliten ein Lamm, strichen sein Blut auf die Türpfosten und Oberschwellen ihrer Häuser, brieten es dann und aßen es mit bitteren Kräutern und ungesäuertem Brot. In jener Nacht erschlug der Herr alle Erstgeborenen in den unbezeichneten Häusern und überzeugte so den Pharao, daß es an der Zeit sei, die Israeliten außer Landes zu lassen.

Die Leviten, die eine Priesterkaste ähnlich den Druiden bildeten, hatten das Monopol über die Schlachtung von Tieren zu Nahrungszwecken. Das Fleisch mußte durch ihre Hände gehen – buchstäblich, denn sie überwachten oder führten die Schlachtung von Tieren und die Umverteilung des Tierfleisches aus, wobei sie den größten Teil an den Eigentümer und seine Gäste zurückgaben und ausgewählte Stücke für sich und Jahwe behielten.

W. Robertson Smith hat schon vor langem in seinem bedeutenden Buch *Religion of the Semites* darauf hingewiesen, daß im alten Israel jede Schlachtung von Tieren eine Opferhandlung darstellte: »Die Leute konnten nie Rind oder Hammelfleisch essen, es sei denn als religiösen Akt.« Anthropologen, die heutige Hirtenvölker in Ostafrika untersucht haben, sind auf eine in etwa ähnliche Situation gestoßen. Ostafrikanische Hirtenvölker leben im allgemeinen nicht von dem Fleisch ihrer Herden, sondern von deren Milch und Blut. Bei den Pakot, die Harold Schneider untersucht hat, dürfen Herdentiere »nur bei rituellen oder zeremoniellen Anlässen« geschlachtet werden. Die Zahl der pro Anlaß geschlachteten Tiere und die Zahl der Anlässe selbst richtet sich nach der Zahl der verfügbaren Tiere. Etwas so Kostbares wie ein junger Stier steht zu hoch im Wert, als daß man es nicht zum Bestandteil einer Zeremonie machte. Amerikaner, die für besonders geschätzte Gäste Steaks auf dem Barbecue grillen, haben mit den Pakot und den Rindfleisch liebenden Völkern früherer Epochen viel gemein. (Nebenbei bemerkt hat das Wort »barbecue« einen interessanten etymologischen Hintergrund. Es stammt von dem caribe-Wort barbricot ab. Die Caribe – von ihnen stammt auch der Begriff »Kannibalismus« – benutzten das barbricot, einen Grill aus frischen, grünen Holzstücken, um ihre kannibalischen Feste vorzubereiten.)

Doch zurück zu den Israeliten. Es steht außer Zweifel, daß in früher Zeit Tiere in erster Linie geopfert wurden, um bei Umverteilungsfesten, die die Sippenoberhäupter und Häuptlinge in ihrer Funktion als »große Fürsorger« ausrichteten, verspeist zu werden. »Freigebige Großzügigkeit« war für die alten Israeliten ebenso wichtig wie für die Teutonen: »Bereits zur Zeit Samuels finden wir religiöse Feste von Sippen oder Städten. . . . Gesetz des Festes war freigebige Großzügigkeit; kein Opfer war vollständig ohne Gäste; und im Kreise der Bekannten eines Mannes wurden freigebig Portionen an arm und reich ausgeteilt.«

Zur Zeit Christi hatte das Schlachtmonopol der Leviten bereits den Charakter einer mit Geld zu entlohnenden Dienstleistung angenommen. Die Gläubigen brachten ihre Tiere zu den Tempelpriestern, die zu festgesetzten Stückpreisen die Schlachtung vornahmen. Passah-Pilger reisten große Entfernungen, um im Tempel von Jerusalem ihre Lämmer schlachten zu lassen. Die berüchtigten Wechsler im Tempel, deren Tische Jesus umstürzte, stellten sicher, daß die Zahlung in der Währung des Reiches erfolgte. Das jüdische Rabbinat gab die Praxis der Tieropfer nach dem Fall Jerusalems im Jahre 72 n. Chr. auf – allerdings nicht ganz, denn noch heute bestehen orthodoxe Juden darauf, Tiere nur durch Kehleaufschlitzen unter der Aufsicht von geistlichen Fachleuten schlachten zu lassen.

Da die Kreuzigung Jesu im Zusammenhang mit der Begehung des Passah-Festes erfolgte, wurde sein Tod prompt zu den Vorstellungen und dem Symbolismus sowohl von Tier- als auch von Menschenopfer in Beziehung gesetzt. Johannes der Täufer hatte den kommenden Messias »das Lamm Gottes« genannt. Unterdessen bewahrten die Christen eine Erinnerung an die ursprüngliche Umverteilungsfunktion der Tieropfer in ihrem »Abendmahl« genannten Ritual. Jesus brach das Passah-Brot und schenkte den Passah-Wein aus und verteilte Brot und Wein an seine Jünger. »Dies ist mein Leib«, sagte er über das Brot. »Und dies ist mein Blut«, sagte er über den Wein. Im römisch-katholischen Sakrament des Abendmahls werden diese Umverteilungshandlungen als Ritual wiederholt. Der Priester ißt das Brot in Form einer Oblate und trinkt den Wein, während die Gemeindemitglieder nur die Oblate essen. Dementsprechend heißt diese Oblate »Hostie«, was von dem lateinischen Wort hostis herstammt und »Opfer« heißt.

Protestanten und Katholiken haben viel Blut und Tinte über der Frage vergossen, ob der Wein und die Oblate tatsächlich in die leibliche Substanz von Christi Blut und Körper »transsubstantiiert« werden. Doch die Theologen und Historiker haben allgemein bis heute die wirkliche evolutionäre Bedeutung der christlichen »Messe« nicht begriffen. Durch Spiritualisierung des Verzehrs des Osterlamms und durch Reduzierung seiner Substanz auf eine nährwertlose Oblate hat das Christentum sich vor langer Zeit von der Verpflichtung entbunden, diejenigen, die zum Fest kamen, nicht mit leerem Magen heimgehen zu lassen. Es hat eine Weile gedauert, bis es dahin kam. Während der ersten beiden Jahrhunderte des Christentums legten die Abendmahlsgäste ihre Mittel zusammen und hielten in der Tat ein gemeinsames Mahl ab, das unter dem Namen Agape oder Liebesmahl bekannt ist. Nachdem das Christentum zur offiziellen Religion des Römischen Reiches avanciert war, gelangte die Kirche zu dem Eindruck, sie werde als Armenküche benutzt, und im Jahre 363 wurde auf dem Konzil von Laodicea das Abhalten von Liebesmählern in kirchlichen Gebäuden verboten. Der Punkt, der wirkliche Beachtung verdient, ist der, daß der Nährwert des Abendmahls praktisch gleich Null ist, gleichgültig, ob nun eine Transsubstantiation stattfindet oder nicht. Anthropologen des neunzehnten Jahrhunderts sahen in der Entwicklungslinie, die vom Menschenopfer über das Tieropfer zur Oblate und dem Wein des Abendmahlssakraments führte, eine Bestätigung der Doktrin vom moralischen Fortschritt und der Aufklärung. Ich kann ihren Optimismus nicht teilen. Ehe wir dem Christentum für seine Transzendierung des Tieropfers gratulieren, sollten wir festhalten, daß die realen Eiweißvorräte von einer rasch wachsenden Bevölkerung ebenfalls »transzendiert«, das heißt überschritten worden sind. Das Ende der Tieropfer hat eigentlich das Ende der kirchlichen Umverteilungsfeste signalisiert.

Das Christentum war nur eine von mehreren Religionen, die für Großzügigkeit nach dem Tode optierten, als Großzügigkeit im Leben nicht mehr zweckmäßig oder notwendig erschien. Ich glaube, es schmälert nicht die Taten der Gnade und Güte, die im Namen solcher Religionen begangen worden sind, wenn man darauf hinweist, daß es für die Herrscher Indiens, Roms und des Islam erheblich bequemer war, sich selbst vor Göttern zu demütigen, für die der Himmel wichtiger war als die Erde und ein früheres oder zukünftiges Leben wichtiger als das irdische. Als die imperialen Systeme der Alten Welt immer größer wurden, verzehrten und erschöpften sie Ressourcen in kontinentalem Ausmaß. Als der Erdball sich mit Millionen und Abermillionen abgerissener, schwitzender Arbeitstiere gefüllt hatte, konnten die »großen Fürsorger« nicht mehr die »freigebige Großzügigkeit« der Barbarenhäuptlinge von ehedem praktizieren. Unter dem Christentum, Islam und Buddhismus mauserten sie sich zu »großen Gläubigen« und bauten Kathedralen, Moscheen und Tempel, in denen es überhaupt nichts mehr zu essen gab.

Aber kehren wir zurück zu der Zeit, als immer noch genügend Tiere vorhanden waren, so daß die Kost eines jeden Menschen gelegentlich Fleisch enthalten konnte. Die Perser, die wedischen Brahmanen, die Chinesen und die Japaner haben alle zu irgendeiner Zeit einmal rituell domestizierte Tiere geopfert. In der Tat wäre es schwierig, in einem Gürtel rund um Eurasien und Nordafrika auch nur eine einzige Gesellschaft zu finden, in der die Opferung domestizierter Tiere nicht Bestandteil staatlich unterstützter Kulte gewesen wäre. Für diese Umverteilungsopfer wurde auf den gesamten Katalog der pflanzenfressenden und wiederkäuenden Arten zurückgegriffen, obwohl auch einige Regionen Präferenzen entwickelten, die von besonderen ökologischen Erwägungen bestimmt wurden. Nordafrika und Arabien zum Beispiel waren für Kamelopfer bekannt; bei den zentralasiatischen Hirtenvölkern wurden Pferde geopfert; und im gesamten Mittelmeergebiet bevorzugte man Stiere. Gleichzeitig wurde, wenn überhaupt, Kannibalismus in dem gleichen riesigen Gürtel von Spanien bis Japan allgemein nur in sehr geringem Umfang praktiziert. Die eurasischen Staatsreligionen verboten den Verzehr von Menschenfleisch, und obwohl diese Vorschrift nicht hinreichte, um in durch Belagerungen oder Mißernten bedingten Hungerzeiten sporadische Ausbrüche von Kannibalismus zu verhindern, standen derartige Ausrutscher in keinerlei Zusammenhang mit der kirchlichen Politik und wurden von den herrschenden Klassen eher unterdrückt als gefördert.

Vieles von dem, was ich bislang gesagt habe, ist schon von anderen Autoren behandelt worden. Ich bin gewiß nicht der erste, der den Zusammenhang zwischen der Knappheit an domestizierten Tieren in Mittelamerika und der besonderen Intensität der Menschenopferkulte bei den Azteken aufgedeckt hat. Doch erst nachdem Michael Harner den Umfang der Menschenopfer bei den Azteken zu der Erschöpfung der Proteinressourcen in Beziehung gesetzt hatte, war es möglich, eine wissenschaftlich fundierte Theorie der divergenten Entwicklungsverläufe der Religionen in den frühen Staaten der Alten und der Neuen Welt zu formulieren. Andere hatten vorher Überlegungen angestellt, es sei der Mangel an zur Opferung »geeigneten« Tieren gewesen, der die Mittelamerikaner auf ihren gräßlichen Pfad gebracht habe. Angeblich verfügte die Alte Welt über einen Katalog an Tieren, deren Verhalten für Opferriten »geeignet« war. Daher sei es nicht erforderlich gewesen, Kriegsgefangene für solche Zwecke zu verwenden, und man habe anstelle von Menschenopfern Tieropfer betrieben. Reay Tannahill – um einen neuerlichen Verfechter dieser Auffassung anzuführen – bemerkt scharfsinnig, daß das eingeborene amerikanische Pferd ausgerottet gewesen sei, daß Karibu und Bison im weit im Süden gelegenen Mexiko nicht heimisch und anderes Wild knapp gewesen sei. Aber auf die Frage, weshalb nicht Hund und Truthahn – »die einzigen domestizierten Tiere« – anstelle von Menschen verwandt worden sind, lautet ihre Antwort: »Diese Tiere waren zu niedrig, um der Götter würdig zu sein.«

Ich halte diese Erklärung für ebenso mangelhaft wie die, die von den Azteken selbst für ihren Verzehr von Kriegsgefangenen gegeben wurde. Was dem Denken oder der Einbildung von Leuten nach für die Götter zu niedrig oder nichtswürdig ist, kann nicht zur Erklärung ihrer Glaubensauffassungen und Praktiken dienen. Wollte man ihre Glaubensauffassungen in dieser Weise herleiten, so hieße dies, letztlich alles gesellschaftliche Leben damit zu erklären, was Menschen willkürlich denken oder sich einbilden – eine Strategie, die jede intelligente Fragestellung zunichte macht, da sie immer auf den gleichen, nutzlosen Refrain hinausläuft: Menschen denken oder bilden sich ein, was sie denken beziehungsweise sich einbilden. Warum sollten Hunde und Truthähne für ungeeignet gehalten werden, um erhabenen übernatürlichen Appetit zu stillen? Die Angehörigen mancher

Kulturen können sich durchaus gut vorstellen, daß die Götter sich von Ambrosia oder gar nichts ernähren. Und gewiß hätte ein Volk, das in der Lage war, sich vorzustellen, wie das Gesicht von Tlaloc aussah, sich auch vorstellen können, daß seine Götter leidenschaftlich gern Truthahninnereien oder Hundeherzen verspeisen. Es waren die Azteken, nicht ihre Götter, die es nicht für lohnend hielten, die schlagenden Herzen von Truthähnen und Hunden herauszureißen. Und der Grund, weshalb sie dies meinten, hatte nichts mit der angeborenen Würde von Hunden und Truthähnen oder, sei es auch, domestizierten Enten zu tun. Vielmehr hatte es mit den Kosten zu tun, die es verursacht, diesen Tierarten große Mengen Fleisch abzugewinnen. Die Schwierigkeit mit Hunden als Fleischquelle ist nicht ihre Nichtswürdigkeit, sondern der Umstand, daß sie am besten gedeihen, wenn man sie mit Fleisch ernährt. Und die Schwierigkeit mit Truthähnen und anderem Geflügel liegt darin, daß sie am besten gedeihen, wenn man sie mit Getreide füttert. In beiden Fällen ist es erheblich effizienter, das Fleisch beziehungsweise Getreide sofort zu verzehren, statt es erst ein weiteres Glied in der Nahrungskette passieren zu lassen. Auf der anderen Seite liegt der enorme Vorteil der domestizierten Tierarten der Alten Welt darin, daß sie Pflanzenfresser und Wiederkäuer sind und am besten gedeihen, wenn sie mit Gras, Stoppeln, Blättern und anderer pflanzlicher Nahrung gefüttert werden, die der Mensch nicht verdauen kann. Infolge der Ausrottungen während des Pleistozäns fehlten den Azteken solche Tierarten. Und dieser Mangel zusammen mit den Extrakosten, die die Verwendung von Fleischfressern und Vögeln als Lieferanten tierischen Proteins mit sich bringt, hat das Gleichgewicht zugunsten des Kannibalismus verlagert. Selbstverständlich ist auch das aus Kriegsgefangenen gewonnene Fleisch kostspielig – es ist ein teures Unterfangen, bewaffnete Männer zu fangen. Aber wenn einer Gesellschaft andere Quellen tierischen Proteins fehlen, kann der Nutzen des Kannibalismus diese Kosten überwiegen. Wenn andererseits eine Gesellschaft bereits über Pferde, Schafe, Ziegen, Kamele, Rinder und Schweine als Nahrungsquelle verfügt, können die Kosten des Kannibalismus seinen Nutzen überwiegen.

Zweifellos würde meine Schilderung eher Begeisterung wecken, wenn ich auf den Kosten/Nutzen-Ansatz zur Erklärung des Kannibalismus verzichten und zu der alten Theorie vom moralischen Fortschritt zurückkehren könnte. Wohl die meisten von uns würden lieber glauben, die Azteken seien schlicht deshalb Kannibalen geblieben, weil ihre Moralvorstellungen primitiven Impulsen verhaftet geblieben seien, wohingegen die Staaten der Alten Welt Menschenfleisch tabuisiert hätten, weil ihre Moral in der großen Vorwärts-und-Aufwärts-Bewegung der Zivilisation gestiegen sei. Ich fürchte allerdings, die Vorliebe für diesen Denkansatz erwächst aus provinziellen, wenn nicht gar scheinheiligen Fehlauffassungen. Weder das Verbot des Kannibalismus noch der Verzicht auf Menschenopfer in der Alten Welt hatten die geringste Auswirkung auf das Ausmaß und die Rate, mit der die Staaten und Reiche der Alten Welt die Einwohner ihrer jeweiligen Nachbarn umbrachten. Wie jedermann weiß, hat der Umfang der Kriegführung von prähistorischen Zeiten bis heute stetig zugenommen, und gerade jene Staaten, in denen das Christentum die tragende Religion gewesen ist, haben durch bewaffnete Konflikte Rekordzahlen an Todesfällen verursacht. Haufen von Leichen, die man auf dem Schlachtfeld verwesen läßt, sind nicht weniger tot als Leichen, die für ein Fest zerlegt werden. Wir Heutigen haben kaum das Recht, auf die Azteken herabzublicken. In unserem Atomzeitalter überlebt die Welt nur, weil jede Seite überzeugt ist, die moralischen Standards der Gegenseite seien niedrig genug, um in der Erwiderung auf einen ersten Schlag die Vernichtung Hunderter Millionen Menschen zuzulassen. Dank der radioaktiven Strahlung würden die Überlebenden nicht einmal in der Lage sein, die Toten zu begraben, geschweige denn sie zu verspeisen.

Ich sehe zwei Möglichkeiten, die Kosten/Nutzen des Kannibalismus in den Frühphasen von Staatsbildung zu addieren. Zunächst ist es denkbar, die feindlichen Soldaten als Nahrungsproduzenten zu benutzen, statt sie zu Nahrung zu verarbeiten. Ignace Gelb weist in seiner Erörterung der Staatsentfaltung in Mesopotamien darauf hin, daß anfangs die Männer entweder auf dem Schlachtfeld oder in Opferriten getötet wurden, während nur gefangene Frauen und Kinder in das Arbeitsvolk eingegliedert wurden. Dies impliziert, daß »es relativ leicht war, über fremde Frauen und Kinder Kontrolle auszuüben« und daß »der Staatsapparat immer noch nicht stark genug war, um die Massen widerspenstiger männlicher Gefangener zu beherrschen«. Als die Macht des Staatsapparats aber wuchs, wurden männliche Kriegsgefangene »markiert oder mit Brandzeichen versehen, mit Seilen angebunden oder in Halsfesseln gehalten« und später »freigelassen und angesiedelt oder für besondere Zwecke der Krone benutzt, etwa als Leibwächter des Königs, als Söldner oder bewegliche Truppe... Der Wandel im Status der Kriegsgefangenen stellt den Hauptfaktor bei der Schaffung der – nach den einheimischen verelendeten Klassen – zweitwichtigsten Quelle produktiver Arbeitskraft in Mesopotamien dar.«

Gelb hebt den Umstand hervor, daß Kriegsgefangene in Mesopotamien, Indien und China nicht als Sklaven eingesetzt, sondern von ihren heimischen Äckern deportiert und als mehr oder weniger freie Bauern im ganzen Königreich angesiedelt wurden. Im Sinne einer Kosten/Nutzen-Kalkulation war es für diese frühen Staatssysteme in der Alten Welt eindeutig vorteilhaft, ihre domestizierten Tiere als Milch- und Fleischlieferanten und ihre Gefangenen als landwirtschaftliche Arbeitskräfte und Kanonenfutter zu benutzen. Dieser Anpassung lag der Umstand zugrunde, daß das Vorhandensein domestizierter Tiere es ermöglichte, die produktive und Fortpflanzungsbasis dieser frühen Staaten und Reiche der Alten Welt weit über den Stand hinaus zu erweitern und zu intensivieren, bis zu dem die Azteken gehen konnten, ohne erhebliche Einschränkungen ihres Lebensstandards hinnehmen zu müssen. (Allerdings sollte es nicht lange dauern, bis auch die Staaten der Alten Welt den Preis für ihre Intensivierungssünden zahlen mußten.)

Der zweite Bereich, der bei der Einschätzung der Kosten/Nutzen-Relation des Kannibalismus berücksichtigt werden muß, ist mehr politischer als wirtschaftlicher Natur, obwohl auch er sich letztlich auf die Frage reduziert, wie sich der Lebensstandard angesichts des Bevölkerungswachstums, der Produktionsintensivierung und der Umwelterschöpfung aufrechterhalten läßt. Wie ich gezeigt habe, haben sich Staaten durch die Vergrößerung und Verbreiterung der für wirtschaftliche Umverteilungen und die Führung externer Kriege verantwortlichen Führungsschichten aus den Banden- und Dorfgesellschaften heraus entwickelt. Die frühesten Könige kultivierten ihr Image des »großen Fürsorgers«, das »große Männer« immer und überall dazu benutzt haben, um ihre Vorrangstellung zu rechtfertigen: »Seine großzügige Hand streute die Gewinne seines Schwerts über das Land.« Fortgesetzte Großzügigkeit angesichts raschen Bevölkerungswachstums und Umwelterschöpfungen allerdings erforderte beständige Expansion in neue Gebiete und die fortschreitende Vereinnahmung weiterer bäuerlicher Produzentenmassen. Nicht nur hätte das Verspeisen von Kriegsgefangenen unter den ökologischen Bedingungen, wie sie die frühen Staaten der Alten Welt kennzeichneten, eine riesige Verschwendung von menschlicher Arbeitskraft dargestellt, sondern es wäre überdies für jeden Staat mit imperialen Ambitionen die schlechteste mögliche Strategie gewesen. Der Aufbau eines Reiches wird nicht durch das Versprechen erleichtert, daß diejenigen, die sich dem »großen Fürsorger« unterwerfen, aufgegessen werden. Vielmehr lautet das Grundprinzip aller erfolgreichen imperialen Expansion, daß diejenigen, die sich dem »großen Fürsorger« unterwerfen, nicht aufgegessen werden – weder im wörtlichen noch im übertragenen Sinne –, sondern daß sie tatsächlich am Leben erhalten werden und ihre Kost sich bessert. Kannibalismus und Imperium passen nicht zusammen. Im Verlauf der gesamten Geschichte haben sich die Menschen immer wieder einreden lassen, für ihr eigenes Wohlergehen seien enorme Ungleichheiten in der Verteilung der Reichtümer notwendig. Aber eines ist noch keinem »großen Fürsorger« gelungen: Noch keiner hat die Leute zu überzeugen vermocht, daß es im Prinzip auf das gleiche hinausläuft, ob man selber ißt oder ob man gegessen wird. Mit anderen Worten, für ein Kannibalen-Königreich optieren heißt für ständigen Krieg mit den Nachbarn und für ein von Revolten geplagtes Reich optieren, in dem die Menschen buchstäblich so behandelt werden, als taugten sie zu nichts anderem als zu Suppenfleisch. Eine solche Wahl ergab nur für solch einen Staat einen Sinn, der – wie der der Azteken – seine Umwelt bereits dermaßen erschöpft hatte, daß er die imperiale Phase der Politik gar nicht mehr erreichen konnte.

Ich sollte auch darauf hinweisen, daß es eine innere Entsprechung zur Politik der Gnade gegenüber Kriegsgefangenen gegeben hat. Das Wachstum des Reiches förderte das Image der Herrscher als göttliche Wesen, die die Frommen und Guten vor übermäßiger Ausbeutung durch andere Angehörige der herrschenden Klasse schützen. Regierungen von Reichen mußten genau abwägen, daß sie ihre

Untertanen nicht zu stark und nicht zu schwach besteuerten. Wenn der Kaiser oder Herrscher die Macht seiner lokalen Statthalter, die Bauern zu besteuern, nicht beschränkte, wurden die Leute aufsässig, die Kosten der Aufrechterhaltung von Ruhe und Ordnung wucherten, und der Bestand des Reiches wurde gefährdet. So ergab sich naturwüchsig aus dem auf kontinentale Dimensionen bezogenen Image des »großen Fürsorgers«, daß aus dem Herrscher ein großer Spender von Gerechtigkeit und Gnade sowie ein göttlicher Beschützer der Guten und Frommen wurde. Hierin liegt der Ursprung der universalistischen Religionen der Liebe und Gnade in der Alten Welt. Im frühesten bekannten Gesetzeskodex, der aus der Zeit um 1700 v. Chr. stammt, erhob Hammurabi den Schutz der Schwachen gegen die Starken zu einem der Grundprinzipien der babylonischen Reichsherrschaft. Hammurabi bezeichnete sich selbst als größten der »großen Fürsorger«: als »Hirten«, »Spender üppiger Reichtümer«, »Bringer überquellenden Wohlstands«, »Bereitsteller reichlichen Wassers für sein Volk«, »Geber üppigen Überflusses, . . . der das Ackerland erweitert« . . . »die Kornkammern mit Korn füllt« . . . »großzügiger Geber heiliger Feste« . . . »Spender der Wasser des Überflusses« . . . »der die Fundamente der Wohnstätten fest gebaut hat und sie mit Überfluß und guten Dingen versorgt«. Dann erklärte er sich selbst als göttlich: »der Sonnengott von Babylon, der das Licht über dem Land aufgehen läßt«. Und schließlich erklärte er sich noch zum großen Beschützer:»Vernichter der Bösen und Sündhaften, so daß die Starken nicht die Schwachen bedrücken«.

Das gleiche imperiale Kalkül macht auch den Kern der als Konfuzianismus bekannten politischen Religion aus. Die frühen chinesischen Könige hielten sich bei Hof eine Art Braintrust, von dem sie sich sachkundigen Rat einholten, wie sie reich und mächtig bleiben konnten, ohne vom Thron gejagt zu werden. Die berühmtesten dieser Berater waren Konfuzius und Mencius oder Meng-tse, die beide nie müde wurden, ihren königlichen Majestäten einzuhämmern, das beste Rezept für eine lange und gedeihliche Herrschaft bestehe darin, darauf zu sehen, daß das gemeine Volk gut ernährt sei und nicht zu stark besteuert werde. Mencius war der wagemutigere von beiden; er ging sogar so weit, zu sagen, daß der Souverän relativ unbedeutend sei. Nur der Herrscher, der gut zu seinem Volk sei, habe Chancen zu überdauern:

»Das Volk ist das wichtigste Element in einer Nation, das Land und das Getreide sind die nächstwichtigen. Der Herrscher ist das am wenigsten wichtige. Die Bauernschaft für sich gewinnen heißt daher Herrscher werden. Wenn Eure Majestät in der Tat eine wohltätige Herrschaft über das Volk ausübt, mit Strafen und Bußen sparsam umgeht und die Steuern und Abgaben erträglich hält und so dafür sorgt, daß die Felder tief gepflügt und sorgsam gejätet werden . . ., dann wird Eure Majestät ein Volk haben, das mit Stöcken ausgestattet werden kann, die es vorbereitet hat, um den starken Harnischen und starken Waffen der Truppen von Ch'in und Ch'u entgegenzutreten. . . . Die Herrscher dieser beiden Staaten rauben ihrem Volk die Zeit, so daß es nicht seine Felder pflügen und jäten kann. . . . Diese Herrscher treiben, wie es geschehen ist, ihr Volk in Fallgruben oder ertränken es. Wer wird sich in einem solchen Fall Euer Majestät in den Weg stellen? In Übereinstimmung damit steht das Sprichwort: ›Die Wohltätigen haben keine Feinde‹, und ich bitte Euer Majestät, nicht zu bezweifeln, was ich sage.«

Von diesen pragmatischen Lehren war es bis zur Entfaltung einer voll entwickelten Religion der Liebe, Mildtätigkeit und Geheiligtheit des menschlichen Lebens kein weiter Weg mehr. Bereits in Mencius' Philosophie ist »Mildtätigkeit und Nächstenliebe das den Menschen hervorhebende Merkmal«.

Diese Abwägung von Kosten und Nutzen eines staatlich geförderten Kannibalismus erklärt meiner Ansicht nach, weshalb Menschenopfer und Kannibalismus in den Religionen der frühen Alte-Welt-Staaten nie eine nennenswerte Rolle gespielt haben. Darüber hinaus mag hierin, wie Michael Harner vermutet hat, auch erstmals eine stimmige Antwort auf die Frage liegen, weshalb die politische Entwicklung entlang der Pazifik-Küste und im Hochland von Südamerika, die im Inka-Reich kulminierte, nach mesopotamischem und chinesischem und nicht nach aztekischem Muster verlief. In seiner Blüte umfaßte das Inka-Reich ein Gebiet, das sich von Nordchile bis Südkolumbien erstreckte und in dem ungefähr sechs Millionen Menschen lebten. Dieses Riesenreich hatte anders als das Mittelamerika der Azteken eine politische Gesamtstruktur aus Dörfern, Bezirken und Provinzen. Beamte, die der Oberste Inka einsetzte, trugen die Verantwortung für Ruhe und Ordnung sowie für die Aufrechterhaltung eines hohen Produktionsniveaus. Die Anbauflächen der Dörfer waren in drei Teile unterteilt, von deren größtem die Bauern ihren Lebensunterhalt bestritten; die Ernten des zweiten und dritten Teils wurden an kirchliche und politische Beamte abgegeben, denen die Verwaltung der Provinzkornspeicher oblag. Diese Kornspeicher dienten dem üblichen Umverteilungsprinzip. Sie wurden benutzt, um das jährliche Auf und Ab der Ernten auszugleichen, sowie um regionale Krisen zu beheben. In Dürrezeiten wurde ihr Inhalt rasch über ein Netz von Staatsstraßen und Hängebrücken in die bedürftigen Provinzen geschafft. In der politischen Philosophie der Inkas lebte wie in der Hammurabis und Konfuzius' das Moment freigebigen »Großmannstums« fort. Feindliche Staaten wurden veranlaßt, sich der Inka-Herrschaft zu unterwerfen, um in den Genuß eines höheren Lebensstandards zu gelangen. Besiegte Truppen wurden wie im frühen Mesopotamien in anderen Teilen des Reiches neu angesiedelt und voll in das bäuerliche Arbeitskräftepotential integriert, und feindliche Führer wurden in die Hauptstadt Cuzco gebracht und in der politischen Religion der Inkas unterwiesen. Die Inka-Armee zog nicht unter dem Banner: »Wir werden euch auffressen« gegen ihre Feinde los. Wie im frühen China und Mesopotamien opferten auch die Inka-Priester gelegentlich Menschen – zum Ruhme des Schöpfers Viracocha und des Sonnengottes Inte –, aber diese Opfer stellten keinen integralen Bestandteil des Kriegssystems dar. Nur ein oder zwei Soldaten einer besiegten Provinz wurden für diese Opfer ausgewählt. Es hat überdies den Anschein, daß diese Opfer in erster Linie Jungen und Mädchen gewesen sind, die für diese Gelegenheit mit Speisen, Trank und besonderen Privilegien vorbereitet wurden. Und wichtiger noch, nichts spricht dafür, daß die Opfer zerlegt und verspeist worden wären.

Den Inka-Priestern oblag die Umverteilung von Fleisch, und es wurden täglich Opfer vorgenommen. Aber die Hohepriester in Cuzco praktizierten ihre Künste an Lamas, während bei rangniedrigeren Schreinen Meerschweinchen bevorzugt wurden. Beide Tierarten standen den Azteken nicht zur Verfügung. Im Kontext dieser Erörterungen ist das Lama das wichtigste Opfertier, da es der Familie der Kamele angehört und seine natürliche Nahrung aus Hochland-gräsern besteht, die sich für menschlichen Verzehr nicht eignen. Jüngste Ausgrabungen von J. und E. Pires-Ferreira und Peter Kau-licke von der Universität von San Marcos in Peru haben den Ursprung der Lama-Domestizierung auf Jäger zurückgeführt, die gegen Ende der letzten Eiszeit ins Puna von Junin gekommen sind. Die Domestizierung wurde erst in der Zeit zwischen 2500 und 1750 v. Chr. abgeschlossen – spät nach Maßstäben der Alten Welt, aber früh genug, daß sie bereits ganz am Anfang des Staatsbildungsprozesses in Südamerika eine Rolle spielen konnte.

Die Lamas und Meerschweinchen der Inkas waren ihrem Wesen nach nicht verachtungswürdiger oder niedriger als die Hunde und Truthähne der Azteken; sie waren schlicht bessere Fleischlieferan-ten. Lamas ermöglichten es den Inkas, die Opferung von Menschen aufzugeben, weil sie es ihnen ermöglichten, damit aufzuhören, Men-schen zu verzehren. Die Lehre, die sich daraus ergibt, ist einfach: Das Fleisch der Wiederkäuer zügelte den Appetit der Götter und ließ die »großen Fürsorger« milde und gnädig werden.

11. Kapitel

Verbotenes Fleisch

Ich habe weiter oben gezeigt, daß die Domestizierung von Tieren sozusagen als eine Naturschutzbewegung begann, die durch die Vernichtung der pleistozänen Megafauna ausgelöst wurde. Aber was da als Bemühung begann, um Dorfbevölkerungen Fleischrationen zu garantieren, endete in dem üblichen Paradoxon, dem wir immer wieder begegnen, wenn eine Produktionsweise intensiviert wird, um Fortpflanzungsdruck zu lindern. Schafe, Ziegen, Schweine, Rinder und andere Arten von Haustieren konnten ursprünglich in erster Linie wegen ihres Fleisches domestiziert werden, da in früher neolithischer Zeit die Dörfer von reichen Reserven an Wald und Weidegründen umgeben waren, die für den Anbau von Weizen, Gerste und anderen für den unmittelbaren menschlichen Verzehr bestimmten Nahrungspflanzen nicht gebraucht wurden. Doch als die Dichte der menschlichen Bevölkerung in Reaktion auf die expansionistische politische Ökonomie der frühen Staaten und Reiche erheblich zunahm, wurde die pro Kopf für Tierhaltung verfügbare Fläche an Wald und unbeackertem Grasland kleiner. Überall dort, wo eine Bevölkerung von Bauern, die domestizierte Tiere besaß, rasch wuchs, mußte die Wahl getroffen werden, ob man nun mehr Nahrungspflanzen anbauen oder mehr Tiere züchten wollte. Frühe Staaten und Reiche gaben dabei unweigerlich dem Anbau von mehr Nahrungspflanzen den Vorzug, da der Kalorien-Nettoertrag pro menschlicher Kalorie, die für Pflanzenproduktion verausgabt wird, durchschnittlich zehnmal so groß ist wie der Kalorien-Nettoertrag aus Tierproduktion. Mit anderen Worten, es ist energetisch wesentlich effizienter, wenn die Menschen selbst Nahrungspflanzen verzehren, als wenn sie die Nahrungskette verlängern, indem sie zwischen die Pflanzen und den Menschen noch Tiere einschieben. Getreidepflanzen wandeln etwa 0,4 Prozent von jeder photosynthetisch aktiven Einheit Sonnenlicht in für menschlichen Verzehr geeignete Materie um. Verfüttert man Getreide an Rinder, so erhält man einen Fleischertrag, der nur fünf Prozent dieses Prozentsatzes enthält, also 0,02 Prozent der ursprünglichen Einheit Sonnenlicht. Die Entscheidung, die für Pflanzenanbau verwendeten Flächen auf Kosten der als Weideland genutzten Flächen auszudehnen, ist also Ausdruck einer Strategie, die auf die Aufzucht und die Ernährung von Menschen statt auf die von Tieren abzielt.

Aber domestizierte Tierarten haben auch noch hinsichtlich anderer Produkte und Dienstleistungen einen Wert. Sie allein ihres Fleisches wegen aufzuziehen und zu schlachten, heißt ihren Wert als Zugmaschinen, Textilfaser-Produzenten und Lieferanten von Düngemitteln vernichten. Da sich einige domestizierte Arten auch dazu bringen lassen, in Form von Milch und Milchprodukten einen ständig wiederkehrenden Ertrag an tierischem Eiweiß abzuwerfen, ist leicht einzusehen, weshalb domestizierte Tiere mit stetig abnehmender Häufigkeit als Fleischquelle benutzt wurden: Lebendig waren sie mehr wert als tot. Daher verschwand Fleisch nach und nach aus der täglichen Kost des gemeinen Volkes in den frühen Staaten und Reichen, die nach Tausenden Jahren des »Fortschritts« so weit gekommen waren, daß ihr durchschnittlicher Pro-Kopf-Verzehr an tierischem Eiweiß fast ebenso niedrig geworden war wie der der Einwohner von Tenochtitlán. In einem riesigen Gebiet der Alten Welt, das sich mit den ehemaligen Zonen der größten Getreide- und Fleischproduktion deckt, wurde tierisches Fleisch bald zu einem Luxus, dessen Genuß sich zunehmend auf Gelegenheiten rituellen Opfers und kirchlicher Umverteilungen reduzierte. Schließlich wurde der Verzehr von Fleisch der aufwendigen Tierarten generell mit Verbot belegt, und in den Regionen, die unter den schlimmsten Erschöpfungen zu leiden hatten, kam jedwedes Fleisch in den Ruch, rituell unrein zu sein. Es dauerte nicht lange, bis erstmals in der Geschichte kirchliche Doktrinen aufkamen, die darauf abzielten, die Auffassung zu verbreiten, der Verzehr von Pflanzen sei gottgefälliger als der von Fleisch.

Die Abnahme des Pro-Kopf-Verzehrs an tierischem Fleisch bezeichnete zugleich auch einen Niedergang des Ernährungsstandards. Da dies heutigen Verfechtern einer vegetarischen Ernährungsweise, die Fleischverzehr für eine schädliche Angewohnheit halten, vielleicht nicht einsichtig erscheinen mag, möchte ich diesen Punkt klären, ehe ich zu der Frage übergehe, weshalb im frühen Nahen Osten bestimmte Tierarten mit einem Nahrungstabu belegt wurden und andere nicht. Die Vegetarier haben völlig recht mit ihrer Behauptung, daß wir Menschen unseren gesamten Bedarf an Nährstoffen ausschließlich durch Verzehr von Pflanzen decken können. Alle zwanzig Aminosäuren, die Bausteine der Proteine, sind in Pflanzen enthalten. Aber keine Nahrungspflanze enthält alle zwanzig Aminosäuren. Den gesamten Katalog der Aminosäuren kann man aus Nahrungspflanzen nur beziehen, wenn man täglich große Mengen stark magenfüllender, stickstoffhaltiger Nahrung, etwa Bohnen und Nüsse, sowie noch größere Mengen an stärkehaltigem Getreide oder Wurzeln zu sich nimmt. (Bohnen und Nüsse sind an sich schon teure Nahrung.) Der Verzehr von Fleisch ist daher für den Körper ein wesentlich effizienterer Weg, sich alle für die Erhaltung der Gesundheit und körperlichen Leistungsfähigkeit erforderlichen Aminosäuren zu verschaffen. Fleisch liefert die erforderlichen Nährstoffe in höchst konzentrierter Form. Als Eiweißquelle ist es physiologisch besser als Nahrungspflanzen, und dieser Umstand spiegelt sich in der unter vorstaatlichen Dorfvölkern praktisch universell verbreiteten Neigung, bei Umverteilungsfesten Fleisch gegenüber pflanzlicher Nahrung den Vorzug zu geben.

Die erste domestizierte Tierart, die zu aufwendig wurde, um als Fleischlieferant zu dienen, ist wahrscheinlich das Schwein gewesen. Wir wissen aus dem Alten Testament, daß den Israeliten schon früh in ihrer Geschichte das Gebot erteilt wurde, auf den Verzehr von Schweinefleisch zu verzichten. Da das Fleisch von Rindern, Schafen und Ziegen bei den Umverteilungsfesten der alten israelitischen »großen Fürsorger« eine wichtige Rolle spielte, ist das Verbot, auf eine solch hervorragende Quelle von Tierfleisch zurückzugreifen, nur schwer zu verstehen. Überreste von domestizierten Schweinen tauchen an den Fundstellen neolithischer Dörfer in Palästina, Syrien, Irak und Anatolien fast ebenso früh auf wie die von Schafen und Ziegen. Und darüber hinaus wurde das Schwein im Gegensatz zu anderen Haustieren vornehmlich seines Fleisches wegen domestiziert. Schweine kann man nicht melken oder reiten, sie können nicht andere Herdentiere bewachen, keine Pflüge ziehen oder Lasten tragen, und sie können keine Mäuse fangen. Aber als Fleischlieferant ist das Schwein unübertroffen; es ist einer der effizientesten Umsetzer von Kohlehydraten und Fett im gesamten Tierreich. Auf je hundert Pfund gefressenen Futters produziert ein Schwein etwa zwanzig Pfund Fleisch, während ein Rind aus der gleichen Futtermenge nur ungefähr sieben Pfund Fleisch ansetzt. In pro Futterkalorie produzierter Kalorie gemessen, sind Schweine mehr als dreimal so leistungsfähig wie Hühner. (Und Schweinefleisch enthält mehr Kalorien als Rindfleisch.)

Ehe ich zu erklären versuche, weshalb gerade das Schweinefleisch als erstes Gegenstand übernatürlicher Verbote geworden ist, möchte ich ein paar Ausführungen zu den allgemeinen Prinzipien machen, nach denen Tierfleisch mit Tabu belegt wird. Laut Eric Ross, der das Problem der Tiertabus bei den Indianern des Amazonas-Beckens untersucht hat, muß als wichtigster allgemeiner Punkt beachtet werden, daß die ökologische Rolle bestimmter Arten nicht für alle Zeit festgelegt, sondern Teil eines dynamischen Prozesses ist. Kulturen neigen dazu, den Verzehr von Tierfleisch mit übernatürlichen Sanktionen zu belegen, wenn der gemeinschaftliche Nutzen aus einer bestimmten Tierart im Verhältnis zu den durch ihre Verwendung verursachten Kosten abnimmt. Billige und reichlich vorhandene Arten, deren Fleisch verzehrt werden kann, ohne daß Gefahr für den Rest des Nahrungserwerbssystems entsteht, werden selten mit übernatürlichen Vorschriften oder Verboten belegt. Die strengsten Restriktionen entwickeln sich zumeist dann, wenn eine vom Nährwert her günstige Spezies nicht nur in der Produktion teurer wird, sondern ihre fortgesetzte Verwendung die bestehende Subsistenzweise gefährdet. Solch eine Spezies ist das Schwein.

Schweinezucht brachte Kosten mit sich, die für das gesamte Subsistenzsystem in den heißen, semiariden Landstrichen des alten Nahen Ostens eine Bedrohung darstellten. Und diese Bedrohung wuchs stark infolge der Intensivierung, der Umwelterschöpfung und des Bevölkerungswachstums, die mit der Entwicklung ursprünglicher und nachfolgender Staaten in der gesamten Region nach 4000 v. Chr. einhergingen. Das Schwein ist seinem Wesen nach ein Tier des Waldes, der Flußufer und der Sumpfränder. Es ist an hohe Temperaturen und direktes Sonnenlicht physiologisch schlecht angepaßt, da es ohne äußere Feuchtigkeitsquellen seine Körpertemperatur nicht regulieren kann: Es kann nicht schwitzen. In seiner natürlichen Lebensumgebung, dem Wald, frißt das Schwein Knollen und Wurzeln sowie zu Boden gefallene Früchte und Nüsse. Wird es mit Pflanzen gefüttert, die einen hohen Zellulosegehalt haben, verliert es den Vorteil, den es als Umsetzer von Pflanzen in Fleisch und Fett gegenüber wiederkäuenden Arten hat, völlig. Anders als Rinder, Schafe, Ziegen, Esel und Pferde können Schweine Schalen, Stengel oder faserige Blätter nicht verdauen; von Gras gedeihen sie nicht besser als Menschen.

Als das Schwein zum Haustier gemacht wurde, bedeckten ausgedehnte Wälder die hügeligen Flanken des Taurus- und des Sagros-Gebirges und anderer höher gelegener Zonen des Nahen Ostens. Aber seit etwa 7000 v. Chr. verwandelte die Ausbreitung und Intensivierung einer Mischwirtschaft aus Ackerbau und Viehzucht Millionen von Hektar mittelöstlichen Waldes in Grasland. Gleichzeitig verwandelten sich Millionen von Hektar Grasland in Wüste.

Die Intensivierung des Ackerbaus und der Hirtenwirtschaft förderten die Verbreitung von Aridland-Pflanzen auf Kosten einer ehemals üppigen tropischen und halbtropischen Vegetation. Fachleute schätzen, daß die Wälder Anatoliens in der Zeit von 5000 v. Chr. bis heute von 70 Prozent der Gesamtfläche auf magere 13 Prozent geschrumpft sind. Nur ein Viertel des Waldes an der Küste des Kaspischen Meeres ist erhalten geblieben, die Hälfte der Feuchtwälder in den Bergen, ein Sechstel bis ein Fünftel der Eichen- und Libanonzedernwälder des Sagros-Gebirges und ein Zwanzigstel der Zedernwälder der Höhenzüge des Elburs und Chorassan. Am meisten litten die Regionen, in denen sich Hirtenvölker oder ehemalige Hirtenvölker niederließen. Im Lauf seiner Geschichte ist der Nahe Osten immer mehr verwüstet. »Die kahlen Berge und Ausläufer der mittelmeerischen Küstenstreifen, das Anatolische Hochland und der Iran legen Zeugnis ab von Jahrtausenden unkontrollierter Nutzung«, schreibt R. D. Whyte über die heutigen Verhältnisse.

Die alten Israeliten kamen während der frühen bis mittleren Eisenzeit um etwa 1200 v. Chr. nach Palästina und nahmen ein bergiges Gebiet in Besitz, das bis dahin noch nicht kultiviert worden war. Die

Wälder in den Judäischen und Samaritanischen Hügeln wurden in kurzer Zeit geschlagen und in bewässerte Terrassen verwandelt. Die Gebiete, die sich zur Schweinezucht auf der Grundlage natürlicher Nahrung eigneten, wurden stark beschnitten. In zunehmendem Maße mußten die Schweine zusätzlich mit Getreide gefüttert werden, wodurch sie in unmittelbare Nahrungskonkurrenz mit den Menschen traten; darüber hinaus wuchsen ihre Kosten noch weiter, weil ihnen künstliche Schattenstellen und Suhltümpel geschaffen werden mußten. Und doch blieben sie als Quelle von Fleisch und Fett überaus begehrt.

Hirten und seßhafte Bauern, die in Regionen leben, die immer mehr entwaldet werden, könnten geneigt sein, Schweine um eines kurzfristigen Nutzens willen zu halten, aber es wäre extrem kostspielig und den Gegebenheiten unangemessen, sie in großem Umfang zu züchten. Das im Dritten Buch Mose aufgezeichnete Verbot hatte daher den Vorteil der Endgültigkeit: Indem es auch eine Schweinezucht in geringem Umfang für unrein erklärte, half es die schädliche Neigung zu unterdrücken, sie in großem Umfang zu betreiben. Ich möchte darauf hinweisen, daß einige meiner Kollegen diese Erklärung mit der Begründung in Frage gestellt haben, es hätte keines besonderen religiösen Verbots bedurft, wenn die Schweinezucht tatsächlich so schädlich und nachteilig gewesen wäre. »Ein Tabu gegen ein Tier zu fordern, das ökologisch schädlich ist, bedeutet kulturellen Overkill. Weshalb sollte man Schweine verwenden, wenn sie in einem gegebenen Kontext nicht nützlich sind?« Aber hier geht es vielmehr um die Rolle der Schweine in einem sich entfaltenden Produktionssystem. Schweinezucht verbieten hieß den Anbau von Getreide und Baumfrüchten und die Erschließung weniger kostspieliger Quellen tierischen Proteins fördern. Und mehr noch, ebenso wie Individuen hinsichtlich ihrer Gedanken und Gefühle oft ambivalent und unklar sind, so sind auch ganze Bevölkerungen oft ambivalent und unklar in ihrer Haltung gegenüber Intensivierungsprozessen, an denen sie selbst mitwirken. Man denke nur an die Auseinandersetzungen um Ölbohrungen vor den Küsten und die noch laufende Debatte um das Abtreibungsverbot. Es war nicht mehr eine Frage »kulturellen Overkills«, göttliche Gesetze gegen das Schwein zu beschwören, als es »kultureller Overkill« ist, göttliche Gesetze gegen Unzucht oder Bankraub zu beschwören. Als Jahwe Mord und Inzest verbot, sagte er nicht: »Laßt nur ein kleines bißchen Mord sein« oder »Laßt nur ein kleines bißchen Inzest sein«. Weshalb hätte er also sagen sollen: »Ihr sollt vom Schwein nur in kleinen Mengen essen«?

Manche Leute meinen, die ökologische Analyse der Schweinezucht sei überflüssig, einfach weil das Schwein ein außerordentlich unappetitliches Lebewesen ist, das menschliche Exkremente frißt und sich gern im eigenen Kot und Urin suhlt. Dieser Ansatz bekommt allerdings einen Umstand nicht in den Griff: Wenn alle Menschen einen derartigen natürlichen Abscheu gegenüber dem Schwein hegten, wäre es wohl kaum als eines der ersten Tiere domestiziert worden und würde es kaum heute noch in vielen Teilen der Welt gern verzehrt. Tatsächlich suhlen sich Schweine nur dann im eigenen Kot und Urin, wenn ihnen keine anderen äußeren Feuchtigkeitsquellen zur Verfügung stehen, die sie brauchen, um ihren haarlosen Körper, der nicht schwitzen kann, zu kühlen. Außerdem ist das Schwein keineswegs das einzige domestizierte Tier, das, wenn es Gelegenheit dazu hat, menschliche Exkremente frißt; Rinder und Hühner zum Beispiel sind in dieser Hinsicht kaum zurückhaltender.

Auch die Auffassung, das Schwein sei tabuiert worden, weil sich in seinem Fleisch der Erreger der Trichinose festsetzen kann, ist überholt. Neuere epidemiologische Untersuchungen haben ergeben, daß in heißen Klimaten aufgezogene Schweine selten Trichinose übertragen. Auf der anderen Seite sind von Natur aus »reine« Tiere wie Rinder, Schafe und Ziegen die Überträger von Milzbrand, Bruzellose und anderen Krankheiten, die ebenso gefährlich, wenn nicht gar gefährlicher sind als die, die das Schwein überträgt.

Ein anderer Einwand, der gegen die ökologische Erklärung des israelitischen Schweinetabus vorgebracht worden ist, lautet, diese Erklärung versäume zu berücksichtigen, daß auch das Fleisch vieler anderer Lebewesen vom Alten Testament mit Verbot belegt ist. Zwar stimmt es, daß das Schweinetabu nur ein Einzelaspekt aus einem ganzen System von diätetischen Gesetzen ist, aber die Einbeziehung der anderen Tierarten in das Verbot läßt sich ebenfalls nach den allgemeinen Kosten/Nutzen-Prinzipien erklären, die ich weiter oben in diesem Kapitel zusammengefaßt habe. Die Mehrzahl der verbotenen Tiere waren wildlebende Arten, die nur durch Jagd zu erlangen waren. Für ein Volk, dessen Subsistenz von Viehwirtschaft und Getreideanbau abhing, war die Jagd – insbesondere auf Arten, die selten geworden waren oder in der näheren Umgebung nicht vorkamen – im Sinne einer Kosten/Nutzen-Rechnung allerdings ein schlechtes Geschäft.

Beginnen wir mit den vierfüßigen Tieren mit »Pfoten« (3. Mose, Kap. 11, Vers 27). Zwar sind sie nicht nach Arten bezeichnet, doch die »Pfoten«-Tiere müssen sich hauptsächlich aus Fleischfressern wie Wildkatzen, Löwen, Füchsen und Wölfen zusammengesetzt haben. Die Jagd auf solche Tiere zwecks Eiweißgewinns läuft auf eine Fleischproduktion mit geringem Nutzen bei hohen Kosten hinaus. Solche Tiere sind selten, schwer aufzustöbern, schwer zu erlegen und überdies fleischarm.

Das Verbot, Tiere mit Pfoten zu verzehren, hat wahrscheinlich auch den domestizierten Hund und die Hauskatze eingeschlossen. Katzen wurden in Ägypten für die hochspezialisierte Funktion domestiziert, die Nagetiere unter Kontrolle zu halten. Sie außer in Notfällen zu verspeisen, hätte das Leben nicht angenehmer gemacht, und nur Mäuse und Ratten hätten davon profitiert. (Und was den Verzehr von Mäusen und Ratten angeht, so sind Katzen auf diesem Gebiet wesentlich leistungsfähiger als Menschen.) Hunde wurden hauptsächlich zum Hüten der Herden und für die Jagd verwandt. Und um Fleisch zu produzieren, wäre alles außer Knochen, die man an einen Hund verfüttert, als Futter für Rinder oder Ziegen sinnvoller eingesetzt.

Eine weitere Kategorie verbotenen Fleisches im Dritten Buch Mose setzt sich aus Wasserbewohnern zusammen, die keine Flossen oder Schuppen haben. Mutmaßlich sind damit Aale, Wale, Schalentiere, Delphine, Störe, Neunaugen und Welse gemeint. Die meisten dieser Arten dürften natürlich kaum in nennenswerter Zahl am Rande der Halbinsel Sinai oder in den Judäischen Hügeln anzutreffen gewesen sein.

»Vögel« stellen die umfangreichste Gruppe der im einzelnen bezeichneten verbotenen Tiere dar: Adler, Habicht, Fischaar, Geier, Weihe, Rabe, Strauß, Nachteule, Kuckuck, Sperber, Käuzchen, Schwan, Uhu, Rohrdommel, Storch, Reiher, Häher, Wiedehopf, Schwalbe und Fledermaus (wobei letztere unzutreffend als Vogel klassifiziert wird; 3. Mose, 11, 13–20). All diese Arten sind entweder schwer zu erjagen, selten oder nicht nahrhaft; ihr Nährwert entspricht ungefähr dem einer Handvoll Federn.

Über die Kategorie der Insekten steht geschrieben, daß »alles kleine Getier, das Flügel hat und auf vier Füßen geht«, mit Ausnahme der Heuschrecken, Grillen und Grashüpfer (»was oberhalb der Füße noch zwei Schenkel hat, womit es auf Erden hüpft«) verboten sein soll. Diese Ausnahmen sind überaus bedeutsam. Heuschrecken sind große, fleischige Insekten; sie treten in Schwärmen auf und lassen sich leicht einsammeln – insbesondere in Phasen, in denen sie in riesigen Massen auftreten und durch die Schäden, die sie auf Feldern und Weiden verursachen, Hungersnöte heraufbeschwören, bieten sie sich als Nahrung an: Insofern sind sie von gutem Nutzertrag bei geringen Kosten.

Ferner sind Tiere verboten, die »wiederkäuen«, aber keine »gespaltenen Klauen« haben: Kamel, Klippdachs und Hase; und Tiere, die gespaltene Klauen haben, aber nicht wiederkäuen, eine Bestimmung, die einzig auf das Schwein zutrifft.

Der Klippdachs ist ein nicht domestiziertes Tier, das allem Anschein nach in das allgemeine Muster der anderen verbotenen Wildtiere paßt. Zwar ist auch der Hase ein wildlebendes Tier, doch es widerstrebt mir, hinsichtlich seines Wertes unter Kosten/Nutzen-Erwägungen ein Urteil abzugeben. Nach so vielen tausend Jahren ist es schwierig, die Rolle dieser Spezies im lokalen Ökosystem eindeutig zu bestimmen. Ich meine auch nicht nachweisen zu müssen, daß sämtliche verbotenen Wildtiere dem Muster hoher Kosten bei geringem Nutzen entsprechen. Es ist durchaus denkbar, daß ein oder zwei der im Dritten Buch Mose aufgeführten Arten nicht aus ökologischen Gründen verboten worden sind, sondern um mehr oder minder zufälligen Vorurteilen zu genügen oder um irgendeinem undurchsichtigen Grundsatz taxonomischer Symmetrie zu entsprechen, der nur den Priestern und Propheten des alten Israel einsichtig war. Diese Bemerkungen scheinen mir auch auf die Kategorie von Tieren zuzutreffen, »die auf der Erde wimmeln: das Wiesel, die Maus, die Kröte, . . . der Gecko, der Molch, die Eidechse, die Blindschleiche und der Maulwurf«. Einige dieser Arten scheinen sich kaum als Nahrungsquelle für die Israeliten geeignet zu haben, so etwa der Gecko: hinsichtlich der übrigen läßt sich ohne detaillierte Untersuchung ihres ökologischen Status kaum mit Gewißheit etwas sagen.

Obwohl das Kamel als einziges domestiziertes Tier unter den »Wiederkäuern«, die gespaltene Klauen haben, namentlich aufgeführt wird, haben die Rabbiner auch Pferde und Esel immer in diese Kategorie einbezogen. Was diese drei domestizierten Arten tatsächlich gemein haben (keine von ihnen käut wieder), ist, daß es sich bei ihnen um große Tiere mit hohen Kosten und hohem Nutzen handelt, die von den Israeliten wegen ihrer Transport- und Zugleistung gehalten wurden. Weder Kamele noch Pferde wurden in beträchtlicher Zahl gehalten. Das Pferd wurde vornehmlich für den Bedarf der Aristokratie und für militärische Zwecke genutzt, und das Kamel diente für lange Wüstenkarawanen. Keine der beiden Arten hätte nennenswerte Mengen tierischen Eiweißes liefern können, ohne daß sich durch die Schlachtung der Tiere in der Erfüllung ihrer primären Funktion beträchtliche Lücken ergeben hätten. Esel waren die Haupt-Lasttiere der Israeliten, und auch sie hätten nicht ohne erhebliche wirtschaftliche Einbuße zu Nahrungszwecken geschlachtet werden können. Mit anderen Worten, die »Wiederkäuer«, die keine gespaltenen Klauen hatten, waren schlicht und einfach zu wertvoll, um verspeist zu werden.

Ich fasse zusammen: Nichts von dem, was in der im Dritten Buch Mose verzeichneten Liste der verbotenen Tierarten gesagt wird, läuft einer ökologischen Erklärung des Schweinetabus zuwider. Der einzige Sinn, der sich aus dem gesamten Muster herausfiltern läßt, ist anscheinend der, schwierig zu erschließende oder kostenaufwendige Fleischquellen mit Verbot zu belegen.

Die Verwirrung, die die Frage der Tiertabus umgibt, scheint auf eine allzu eingeengte Betrachtung der einzigartigen Geschichte bestimmter Kulturen zurückzuführen zu sein, die von ihren regionalen Gegebenheiten und von allgemeinen Entwicklungsprozessen abstrahiert. Um dies am zur Debatte stehenden Fall zu erläutern, muß gesagt werden, daß das Schweinetabu der alten Israeliten nicht im Rahmen von Wertnormen und Glaubensauffassungen befriedigend erklärt werden kann, die einzig die Israeliten vertraten. Tatsache ist, daß die Israeliten nur eines von vielen nahöstlichen Völkern gewesen sind, die den Verzehr von Schweinefleisch als zunehmend problematisch empfanden.

Das Schweinetabu taucht in der gesamten riesigen Zone des Hirten-Nomadentums der Alten Welt immer wieder auf – von Nordafrika über den Nahen Osten bis nach Zentralasien. Aber in Südostasien, China, Indonesien und Melanesien war und ist das Schwein ebenso wie im heutigen Europa und in der westlichen Hemisphäre eine viel benutzte Quelle von Nahrungseiweißen und -fetten. Die Tatsache, daß das Schwein in den großen Hirten-Zonen und in einigen an diese Zonen angrenzenden Flußtälern mit Verbot belegt worden ist, legt den Schluß nahe, daß biblische Tabus als eine adaptive Reaktion gesehen werden müssen, die für ein weites Gebiet von Wert war in Relation zu einer Abfolge von ökologischen Umschichtungen, die im Zusammenhang mit dem Aufstieg der frühen Staaten und Reiche durch Produktionsintensivierungen und Umwelterschöpfungen herbeigeführt wurden.

Ihren Abscheu vor dem Schwein hatten die alten Israeliten sogar mit ihren Todfeinden, den Ägyptern, gemein. Laut H. Epstein, einem der führenden Fachleute auf dem Gebiet der Geschichte der Tierdomestikation in Afrika, hat das Schwein ausgehend »von einer Position außerordentlichen wirtschaftlichen Gewichts zu Beginn der Jungsteinzeit nach und nach immer mehr an Bedeutung abgenommen, und Zeugnisse aus der dynastischen Periode belegen die Entwicklung eines zunehmenden Vorurteils gegen es.« Während der Zeit der Mittleren Dynastie (um 2000 v. Chr.) begannen die Ägypter, das Schwein mit Set, dem Gott des Bösen, zu identifizieren. Obgleich die Schweinezucht noch bis in nachdynastische Zeiten weiter betrieben wurde, haben die Ägypter ihr Vorurteil gegen Schweinefleisch nie aufgegeben. Die ägyptischen Schweinehirten gehörten einer gesonderten Kaste an. Sie benutzten ihre Herden, um im Rahmen des Pflanzvorgangs Samen in die Flutebene des Nils zu trampeln, und diese nützliche Funktion mag – zusammen mit dem Umstand, daß ständige Feuchtgebiete und Sümpfe im Nil-Delta zur Verfügung standen – unter anderem erklären, daß in Ägypten bis zur Zeit der islamischen Eroberung gelegentlich Schweinefleisch gegessen worden ist. Nichtsdestoweniger waren die Schweinehirten laut Herodot die verachtetste Kaste in Ägypten, und im Gegensatz zu allen anderen war es ihnen verboten, die Tempel zu betreten.

In Mesopotamien scheint die Entwicklung ähnlich verlaufen zu sein. Archäologen haben in den frühesten Siedlungen, die aus dem fünften und vierten Jahrtausend vor Christus stammen, Tonfiguren von domestizierten Schweinen gefunden. Ungefähr dreißig Prozent der in Tell Asmar (2800 bis 2700 v. Chr.) ausgegrabenen Knochen stammen von Schweinen. In den frühesten sumerischen Dynastien gab es spezialisierte Schweinehirten und -metzger. Nach 2400 v. Chr. allerdings wurde Schweinefleisch augenscheinlich tabuiert und nicht mehr gegessen.

Das Verschwinden des Schweins vom mesopotamischen Speisezettel fällt mit schwerer ökologischer Erschöpfung und sinkender Produktivität im unteren Sumer, der Wiege der frühesten nahöstlichen Staaten, zusammen. Anderthalb Jahrtausende lang durchlief die sumerische Landwirtschaft stetig Intensivierungen, darunter der Bau von Bewässerungskanälen, die mit dem schlammträchtigen Wasser des Euphrat und des Tigris gespeist wurden. Der Prozentsatz des Salzes in dem Wasser war unschädlich, wenn das Wasser direkt auf die Bodenoberfläche angewandt wurde. Allerdings hob die ständige Bewässerung der Felder den Grundwasserspiegel. Durch die Kapillarwirkung zog das Wasser das angesammelte Salz an die Oberfläche, wodurch Millionen Hektar für den Weizenanbau unbrauchbar wurden. Daraufhin pflanzte man in Zonen, die weniger Schaden genommen hatten, Gerste an, die gegen Salz resistenter ist als Weizen. Aber Sumer wurde wirtschaftlich immer mehr geschwächt, was schließlich zum Zusammenbruch des letzten Sumerischen Reiches, der Dritten Dynastie von Ur, führte. Um 1700 v. Chr. war Weizen im Süden völlig verschwunden. Danach verlagerte sich das Bevölkerungszentrum nach Norden, als Babylon unter Hammurabi aufzustreben begann. Und selbst dieser große »Spender üppiger Reichtümer« konnte es sich nicht leisten, sein Volk mit Schweinefleisch zu ernähren.

Beim Aufstieg des Islam wurde das alte israelitische Schweinetabu unmittelbar in einen neuen Typus übernatürlich bekräftigter Nahrungsgesetzgebung übernommen. Das Schwein wurde im Koran zu besonderer Schmähung ausersehen, und noch heute sind die Moslems ebenso stark gegen den Verzehr von Schweinefleisch eingenommen wie die orthodoxen Juden. Nebenbei bemerkt enthält der Koran wichtiges Belegmaterial, das die ökologische Kosten/Nutzen-Interpretation von Tiertabus unterstützt. Der Prophet Mohammed behielt das israelitische Schweineverbot bei, befreite aber seine Anhänger ausdrücklich von dem Verbot, Kamelfleisch zu essen. Die arabischen Hirten, Mohammeds früheste Glaubensanhänger, waren Kamel-Nomaden, die echte Wüstenoasen bewohnten und oft genötigt waren, weite Reisen durch ödes Wüstenland zu unternehmen, in dem das Kamel das einzige domestizierte Tier war, das überleben konnte. Wenn auch das Kamel zu wertvoll war, um regelmäßig verspeist werden zu können, so war es doch auch zu wertvoll, um überhaupt nicht gegessen zu werden. Unter Notbedingungen, wie sie mit Feldzügen und Karawanenhandel über weite Entfernungen einhergehen, konnte das Fleisch des Kamels oft den Unterschied zwischen Leben und Tod bedeuten.

An diesem Punkt möchte ich einen Sachverhalt klären, bei dem ich Wert darauf legen muß, daß er nicht fehlinterpretiert wird. Indem ich den Ursprung religiöser Vorstellungen auf die Kosten/Nutzen ökologischer Prozesse zurückführe, beabsichtige ich keineswegs abzustreiten, daß religiöse Vorstellungen ihrerseits einen Einfluß auf Bräuche und Denkweisen nehmen können. Die Autoren des Dritten Buches Mose und des Koran waren Priester und Propheten, die an der Entwicklung kohärenter Systeme religiöser Prinzipien interessiert waren. Nachdem diese Grundsätze einmal formuliert waren, wurden sie durch die Jahrhunderte hindurch Bestandteil der jüdischen und islamischen Kultur und haben unzweifelhaft das Verhalten von Juden und Moslems geprägt, die weit entfernt von ihren nahöstlichen Heimatländern lebten. Nahrungstabus und kulinarische Spezialitäten lassen sich heute noch als Grenzmarkierungen zwischen ethnischen und nationalen Minoritäten ausmachen und bezeichnen unabhängig von jedweder aktiven Selektion für oder gegen ihre Existenz symbolhaft Gruppenidentitäten. Ich meine jedoch, daß solche Glaubensauffassungen und Praktiken sich nicht lange halten würden, wenn sie zu einem krassen Anstieg der Subsistenzkosten führen würden. Um auf Sherburne Cooks Feststellungen über die aztekischen Rituale zurückzukommen: Kein rein religiöser Drang kann auf lange Sicht fundamentalen ökologischen und wirtschaftlichen Gegebenheiten zuwiderlaufen. Ich bezweifle, daß heutige strenggläubige Juden oder Moslems infolge ihres Verzichts auf Schweinefleisch unter Proteinmangel leiden. Wäre dies der Fall, so würden sie, meiner

Ansicht nach, ihre Glaubensauffassungen ändern – wenn nicht sofort, so doch im Laufe von ein oder zwei Generationen. (Millionen von Moslems leiden unter akutem Eiweißmangel, aber niemand hat jemals eine Kausalverbindung zwischen dem Schweinefleischtabu und der Unterentwicklung und der Armut in Pakistan und Ägypten unterstellt.) Ich behaupte nicht, daß die Analyse von ökologischen Kosten und Nutzen die Erklärung jeglicher Glaubensauffassung und Praxis aller Kulturen und Epochen ermöglicht. Viele alternative Glaubensauffassungen und alternative Handlungsmuster weisen hinsichtlich der Hebung oder Senkung des Lebensstandards keine eindeutigen Vor- und Nachteile auf. Mehr noch, ich räume durchaus ein, daß es immer eine Art Rückkopplung zwischen den Bedingungen gibt, die ökologische und wirtschaftliche Kosten und Nutzen einerseits und religiöse Glaubensauffassungen und Praktiken andererseits bestimmen. Aber ich beharre darauf, daß den Belegmaterialien aus Vorgeschichte und Geschichte zufolge der Einfluß, den sie aufeinander ausgeübt haben, bislang von ungleicher Stärke gewesen ist. Allgemein haben Religionen sich gewandelt, um sich den Erfordernissen der Kostensenkung und Nutzenmaximierung im Kampf um die Erhaltung des Lebensstandards anzupassen; Fälle, in denen sich Produktionssysteme gewandelt haben, um sich den Anforderungen gewandelter religiöser Systeme ungeachtet aller Kosten/Nutzen-Erwägungen anzupassen, gibt es entweder gar nicht, oder sie sind sehr selten. Das Bindeglied zwischen der Erschöpfung tierischer Proteinressourcen einerseits und der Praxis von Menschenopfern und Kannibalismus, der Herausbildung von kirchlichen und Umverteilungsfesten und der Tabuisierung des Fleisches bestimmter Tiere andererseits demonstriert die unmißverständliche kausale Priorität der materiellen Kosten und Nutzen über die spirituellen Glaubensauffassungen – was nicht notwendig für alle Zeit gültig sein muß, zumindest aber mit fast völliger Gewißheit für die zur Debatte stehenden Fälle.

Ein weiteres Bindeglied in dieser Kette bleibt noch zu untersuchen: Wie es nämlich dazu gekommen ist, daß in Indien das jungsteinzeitliche Versprechen von Fleisch für alle schließlich in der Hindu-Vorschrift kulminierte, es solle für niemanden Fleisch geben.

12. Kapitel

Der Ursprung der Heiligen Kuh

In Indien nehmen heute nur die Unberührbaren ohne Hemmungen Rind- und Hammelfleisch zu sich. Orthodoxe Hindus der höheren Kasten beschränken sich auf vegetabilische Kost und Milchprodukte. Fleisch zu essen wird generell abgelehnt; am schlimmsten aber ist es, Rindfleisch zu essen. Hindus höherer Kasten kämen sich dabei ungefähr so vor wie ein Amerikaner, der den Lieblingshund seiner Kinder verspeiste. Und doch gab es eine Zeit, in der die Inder Fleisch, ganz besonders Rindfleisch, so lecker fanden wie heute die Nordamerikaner Steak und Hamburger.

Im Neolithikum basierte das dörfliche Leben in Indien auf der Produktion von Haustieren und Getreide. Ganz wie die Bewohner des Nahen Ostens züchteten diese ersten Inder Rinder, Schafe und Ziegen und bauten Weizen, Hirse und Gerste an. Um 2500 v. Chr., als nach und nach die ersten großen Siedlungen an den Ufern des Indus und seiner Nebenflüsse entstanden, konnte von Vegetariertum noch lange keine Rede sein. Zwischen den Ruinen der ältesten Städte – Harappa und Mohendscho Daro – fanden sich halbverbrannte Knochen von Rindern, Schafen und Ziegen in den Küchenabfällen. In denselben Städten gruben Archäologen die Knochen von Schweinen, Wasserbüffeln, Hühnern, Elefanten und Kamelen aus.

Die Städte Harappa und Mohendscho Daro, berühmt für ihre Bauten aus gebrannten Ziegeln und ihre weitläufigen Gärten und Bäder, scheinen um 2000 v. Chr. verlassen worden zu sein, zum Teil wohl infolge ökologischer Katastrophen wie der Änderung der Flußläufe, von denen die Bewässerung der Felder abhing. Ohne nennenswerten Widerstand wurden sie eine leichte Beute der aus Persien und Afghanistan einfallenden »barbarischen Stämme«. Diese Eindringlinge, als Arier bekannt, waren lose verbündete, halbnomadische

Viehzüchter und Bauern, die erst im Pandschab siedelten und später in die Ganges-Ebene einsickerten. Sie lebten in einer späten Bronzezeit, sprachen Wedisch, aus dem sich das Sanskrit entwickelt hat, und führten ein ganz ähnliches Leben wie die vorhomerischen Griechen, die Germanen und die Kelten im Schatten jener Zentren, die in Europa und Südwestasien die ersten Staaten hervorgebracht haben. Als Harappa und Mohendscho Daro zugrunde gingen, übernahmen die Neuankömmlinge das beste Land, rodeten die Wälder, bauten dauerhafte Dörfer und gründeten eine Reihe von kleinen Königtümern, in denen sie sich als Herrscher über die einheimischen Bewohner dieses Gebietes etablierten.

Unsere Informationen darüber, was die Arier aßen, stammen hauptsächlich aus den heiligen Schriften, die in der zweiten Hälfte des ersten vorchristlichen Jahrtausends in Wedisch und Sanskrit verfaßt wurden. Diese Literatur zeigt, daß sie während der frühen wedischen Periode – bis 1000 v. Chr. – tierisches Fleisch, einschließlich Rindfleisch, regelmäßig und mit beträchtlichem Appetit zu sich nahmen. Archäologische Forschungen in Hastinapur lassen ebenfalls vermuten, daß die ersten Bewohner der Ganges-Ebene neben anderen Tieren auch Rinder, Büffel und Schafe aßen. Om Prakash faßt die Situation in der frühen wedischen Periode in seiner zuverlässigen Studie »Essen und Trinken im alten Indien« wie folgt zusammen:

»Das Feuer wird als Verschlinger von Ochsen und unfruchtbaren Kühen bezeichnet. Das rituelle Fleischopfer schloß den Verzehr durch die Priester wohl mit ein. Ziegen werden dem Feuer geopfert, um den Vorfahren dargebracht zu werden. Auch unfruchtbare Kühe wurden zu den Hochzeitsfeierlichkeiten getötet, offensichtlich zum Essen. . . . Ein Schlachthaus wird erwähnt. Das Fleisch von Pferden, Widdern, unfruchtbaren Kühen und Büffeln wurde gekocht. Vermutlich wurde das Fleisch von Vögeln ebenfalls gegessen.«

In der späteren wedischen Periode war es üblich, »einen großen Ochsen oder eine große Ziege zu schlachten, um einen Ehrengast zu bewirten. Manchmal wurden Kühe auch geschlachtet, wenn sie Fehlgeburten hatten oder unfruchtbar waren. Atithigva sagt auch, daß Kühe für Gäste geschlachtet wurden. Viele Tiere – Kühe, Schafe, Ziegen und Pferde – wurden des weiteren bei Opferhandlungen getötet, und das Fleisch dieser Opfertiere wurde von den Festteilnehmern gegessen.«

Die späteren wedischen und frühen Hindu-Texte enthalten viele Ungereimtheiten in bezug auf den Verzehr von Rindfleisch. Neben zahlreichen Beschreibungen, nach denen Rinder für Opfer benötigt werden, gibt es Passagen, die sagen, Kühe dürften niemals geschlachtet werden und der Verzehr von Rindfleisch müßte generell aufgegeben werden. Manche Autoritäten – zum Beispiel A. N. Bose – behaupten, diese Widersprüche ließen sich am besten durch die Hypothesen erklären, daß orthodoxe Hindu-Gelehrte die Passagen gegen das Rindfleischessen und das Kuhschlachten erst später hinzugefügt hätten. Bose meint, »Rindfleisch war das am häufigsten verzehrte Fleisch« im ganzen ersten Jahrtausend vor Christus. Eine weniger kontroverse Lösung der Widersprüche in den heiligen Texten liegt vielleicht darin, daß sie allmähliche Einstellungsänderungen über eine lange Zeit hin wiedergeben, in der mehr und mehr Menschen anfingen, den Verzehr von Haustieren – insbesondere von Kühen und Ochsen – für abscheulich zu halten.

Mit absoluter Klarheit geht aus alledem hervor, daß die spätwedischen-frühhinduistischen Königtümer des Ganges-Tales eine Priesterkaste kannten, die den Leviten bei den alten Israeliten und den Druiden bei den Kelten entsprach. Ihre Mitglieder wurden Brahmanen genannt. Die Pflichten der Brahmanen sind in den Sanskrit-Quellen beschrieben, die als *Brahmanas* und *Sutras* bekannt sind. Es kann kein Zweifel daran bestehen, daß das rituelle Leben im frühen Brahmanismus wie bei den Druiden und Leviten (und den ältesten religiösen Spezialisten jedes Häuptlingstums und Kleinstaates zwischen Spanien und Japan) in der Opferung von Tieren wurzelte. Wie ihre Kollegen überall auf der Welt, hatten die frühen Brahmanen das alleinige Recht auf die Durchführung jener Rituale, ohne die das Fleisch von Tieren nicht genossen werden durfte. Brahmanen waren, wie aus den *Sutras* hervorgeht, die einzigen, die Tiere opfern durften.

Die *Sutras* weisen darauf hin, daß Tiere nicht getötet werden durften, es sei denn als Opfer für die Götter oder als Zeichen außerordentlicher Gastfreundschaft, und daß »Geschenke machen und Geschenke in Empfang nehmen« zu den besonderen Pflichten der

Brahmanen gehörte. Ihre Vorschriften gleichen präzise den Regeln für den Verzehr von Fleisch, die charakteristisch für alle Gesellschaften sind, in denen große Gemeinschaftsfeiern und Tieropfer ein und dasselbe waren. Die »Gäste«, die durch frühwedische Gastfreundschaft geehrt wurden, waren nicht einfach eine Handvoll Freunde, die zum Essen hereinschneiten, sondern ganze Dörfer und Distrikte. Aus den *Sutras* geht, mit anderen Worten, hervor, daß die Brahmanen ursprünglich eine Kaste von Priestern waren, welche die Entscheidungen über die rituellen Aspekte der großen Gastmähler trafen, die von freigebigen arischen Häuptlingen und Kriegsherren veranstaltet wurden.

Nach 600 v. Chr. wurde es für die Brahmanen und ihre säkularen Oberherren immer schwieriger, das allgemeine Verlangen nach Fleisch zu befriedigen. Wie den Priestern und Herrschern im Nahen Osten und anderswo war es ihnen unmöglich, die hohen Raten von Tierschlachtungen und reichlichen Fleischverteilungen aufrechtzuerhalten, ohne auf die Tiere zurückzugreifen, die man zum Pflügen und Bestellen der Felder brauchte. So wurde schließlich Fleischessen zum Privileg einer ausgewählten Gruppe von Brahmanen und anderen Ariern, die hohen Kasten angehörten. Den einfachen Bauern, die weder Steuern erheben noch anderer Leute Tiere konfiszieren konnten, blieb keine andere Wahl, als ihre eigenen Haustiere für Zugdienste, Milch- und Dungproduktion aufzusparen. So wurden die Brahmanen allmählich Teil einer fleischessenden Elite, deren Monopol auf das Privileg, Tiere für große Gastmähler zu schlachten, sich in ein Monopol auf das Privileg verwandelt hatte, sie zu essen. Lange nachdem die gewöhnlichen Leute in Nordindien zwangsläufig zu Vegetariern geworden waren, ernährten sich die Hindus höherer Kasten fröhlich weiter von Rindfleisch und anderen Fleischsorten – Hindus, die später die rigorosesten Verfechter einer fleischlosen Kost wurden.

Ich gründe meine Argumentation über diesen sich vergrößernden Abstand zwischen einer verweichlichten, fleischessenden Aristokratie und einer ausgeplünderten, vegetarisch lebenden Landbevölkerung zum Teil auf die Tatsache, daß gegen Mitte des ersten vorchristlichen Jahrtausends eine Anzahl neuer Religionen die Legitimität der Brahmanenkaste und ihrer Opferrituale anzuzweifeln begannen. Die bekanntesten dieser reformerischen Religionen sind der Buddhismus und der Dschinismus (die Dschaina-Lehre). Im sechsten Jahrhundert vor Christus von charismatischen, heiligen Männern gegründet, durchbrachen sowohl Buddhismus als auch Dschinismus die Kastenunterschiede, schafften das erbliche Priestertum ab, erklärten Armut zur Voraussetzung für Erleuchtung und vertraten die Auffassung, Verbindung mit dem Göttlichen sei eher durch Meditation als durch die Opferung von Tieren zu erreichen. Mit ihrer Verurteilung von Gewalt, Krieg und Grausamkeit und ihrem Mitleid für menschliches Leiden nahmen diese beiden religiösen Bewegungen Schlüsselelemente des Christentums vorweg.

Für die Buddhisten war alles Leben heilig, ob es nun in höheren oder niederen Formen existent war. Für die Anhänger der Dschaina-Lehre war nicht nur alles Leben heilig, es manifestierte sich in einer einzigen, alle Wesen beseelenden Lebenskraft: Es gab keine höheren und niederen Formen. In jedem Fall waren Priester, die Tiere opferten, nicht besser als Mörder. Buddhisten erlaubten den Verzehr von Fleisch, vorausgesetzt, der Esser hatte nicht selbst an der Schlachtung des Tieres teilgenommen. Die Dschainas hingegen verurteilten das Töten von Tieren grundsätzlich und bestanden auf einer rein vegetarischen Ernährung. Die Mitglieder einiger Dschaina-Sekten hielten es sogar für erforderlich, Straßenkehrer anzustellen, die den Weg vor ihren Füßen säuberten, um zu vermeiden, daß womöglich das Leben einer einzigen Ameise ausgelöscht werden könnte.

Wie ich bereits erwähnt habe, fiel das Ende des Tieropfers zusammen mit dem Entstehen universaler Hochreligionen. Während die einstigen »großen Verteiler« immer unfähiger wurden, ihr Ansehen durch öffentliche Demonstration verschwenderischer Freigebigkeit zu stärken, wurde das Volk ermutigt, die »Umverteilung« in einem Leben nach dem Tode oder in einer neuen Daseinsphase zu erwarten. Ich habe auch gezeigt, daß das Image des Herrschers als großen Beschützers der Schwachen gegen die Starken aufkam als Ergebnis praktischer Durchsetzungskraft in den Perioden staatlicher Expansion. Der Buddhismus war deshalb, genau wie das Christentum, vorzüglich geeignet, als Staatsreligion angenommen zu werden. Er dematerialisierte die Verpflichtungen des Herrschers und verpflichtete zugleich den Adel, Mitleid mit den Armen zu zeigen. Das erklärt, denke ich, warum der Buddhismus unter Aschoka, einem der mächtigsten Herrscher in der Geschichte Indiens, zur offiziellen Religion wurde. Aschoka, Enkel des Gründers der nordindischen Maurya-Dynastie, trat im Jahre 257 v. Chr. zum Buddhismus über. Er und seine Nachkommen begannen sofort, das erste und in seiner Größe nie wieder erreichte indische Reich zu gründen – ein wackliges Reich, das sich von Afghanistan bis Ceylon erstreckte. Aschoka war so vermutlich der erste Herrscher der Geschichte, der sich darangemacht hat, die Welt im Namen einer universalen Friedensreligion zu erobern.

Inzwischen war der Hinduismus von Grund auf beeinflußt von den neuen Religionen, und er fing an, einige der Reformen zu übernehmen, die seinen buddhistischen Rivalen politisch erfolgreich gemacht hatten. Bei dieser Gelegenheit wurde die weitverbreitete Ablehnung des Tieropfers im Hinduismus in der Lehre des *ahimsa* ausgedrückt – Gewaltlosigkeit aufgrund der Heiligkeit des Lebens. Doch dieser Umschwung kam nicht über Nacht und führte auch nicht in eine einzige Richtung. Nach dem Zusammenbruch der Maurya-Dynastie im Jahre 184 v. Chr. belebte sich der Brahmanismus von neuem, und das Fleischessen gelangte unter der Elite noch einmal zur Blüte. Noch 350 n. Chr. wurde, Prakash zufolge, »Fleisch verschiedener Tiere« den Brahmanen zu den Sraddhas serviert, den großen Gemeinschaftsfeiern zur Erinnerung an die Toten. »Das Kurma Purana geht so weit, zu sagen, daß einer, der beim Sraddha kein Fleisch ißt, immer von neuem als Tier wiedergeboren wird.«

Niemand kann genau sagen, wann Kühe und Ochsen besondere Objekte der Verehrung bei den Brahmanen und anderen Hindus hoher Kastenzugehörigkeit wurden. Es ist unmöglich, genaue Daten für die Änderungen im Hindu-Ritual anzugeben, weil Hinduismus nicht eine einzelne, organisierte Religion ist, sondern eine unermeßliche Zahl von lose zusammenhängenden Vereinigungen, geschart um unabhängige Tempel, Schreine, Gottheiten und Kasten, jede mit ihren eigenen doktrinären und rituellen Besonderheiten. Ein Fachmann, S. K. Maitz, behauptet, die Kuh sei schon um 350 v. Chr. zum heiligsten aller Tiere geworden, doch sein Beleg ist ein einziger Vers in einem epischen Gedicht, der einen bestimmten König und seine Königin beschreibt als »Kühe anbetend mit Sandelholzcreme und

Kränzen«. Daneben gibt es die Inschrift des Königs Chandragupta II., datiert auf das Jahr 465 n. Chr., die das Töten einer Kuh gleichsetzt mit dem Töten eines Brahmanen. Aber vielleicht stiftet der moderne Hindu-Standpunkt Verwirrung. Die Gupta-Herrscher erließen königliche Dekrete, um zu verhindern, daß einfache Leute Tiere schlachteten und sie verzehrten. Hindu-Königtümer machten viel Aufhebens um Pferde, Elefanten und Kühe. Sie bekränzten ihre Tiere, badeten sie, legten ihre Ställe mit Teppichen aus und ließen sie in geschützten Gehegen frei herumlaufen. Es wird wohl erst nach 700 n. Chr. und der islamischen Eroberung Indiens gewesen sein, daß der Komplex rund um die Heilige Kuh seine bekannte heutige Form erhalten hat. Die Anhänger des Islam hatten kein schlechtes Gewissen, was das Fleischessen anging. Daher dürfte unter den Moguln, den islamischen Herrschern über Indien, der Schutz der Kühe zu einem politischen Symbol für den Widerstand der Hindus gegen die fleischessenden moslemischen Eindringlinge geworden sein. Jedenfalls betrachten die Brahmanen – jahrhundertelang Opferer und Verzehrer tierischen Fleisches – es jetzt allmählich als ihre heilige Pflicht, das Schlachten oder Essen aller Haustiere zu verhindern, ganz besonders aber von Kühen und Ochsen.

Soviel ich weiß, hat niemand bisher eine rationale Erklärung dafür anbieten können, warum Indien, anders als der Nahe Osten oder China, zum Zentrum einer Religion wurde, die den Verzehr von Rindfleisch verbot und die Kuh als das Symbol des Lebens verehrte. Wir wollen sehen, ob die allgemeinen Prinzipien bezüglich der Errichtung von Tier-Tabus, die ich im vorigen Kapitel erwähnt habe, hier anzuwenden sind. Altindische Glaubensvorstellungen und Praktiken ähnelten anfangs denen in Europa, im übrigen Asien und in Nordafrika. Wie schon gesagt, erfolgte der allgemeine Umschwung von sakralen Schlachtfesten zur Tabuisierung der einst reichlich zur Verfügung stehenden Tiere, als der Ackerbau intensiviert wurde, weil die vorhandenen Nahrungsgrundlagen sich erschöpften, während die Bevölkerungsdichte immer mehr anstieg. Doch diese Umstände erklären nicht die besondere Betonung, die in Indien auf Rinder und Vegetariertum gelegt wird, oder die besonderen religiösen Komplexe, die in anderen Regionen mit Tieren verbunden sind.

Beginnen wir im Ganges-Tal, wo das Bevölkerungswachstum

offenbar viel rascher anstieg als im Nahen Osten oder an einem beliebigen anderen Ort der Alten Welt. Während der wedischen Zeit war die Bevölkerung spärlich und auf kleine Dörfer verteilt. Noch um 1000 v. Chr. war die Bevölkerungsdichte gering genug, um jeder Familie die Haltung vieler Tiere zu erlauben (die wedischen Texte erwähnen, daß vierundzwanzig Ochsen vor einen einzigen Pflug gespannt wurden), und wie in Europa vor der Römerzeit betrachtete man Vieh als die wichtigste Art von Reichtum. Weniger als 700 Jahre später war das Ganges-Tal zur vermutlich volkreichsten Region der Welt geworden. Schätzungen von Kingsley Davis und anderen weisen Indien eine Bevölkerung von 50 bis 100 Millionen im Jahre 300 v. Chr. zu. Mindestens die Hälfte davon muß im Ganges-Tal gelebt haben.

Wir wissen, daß die Ganges-Ebene während der frühen wedischen Periode noch mit jungfräulichen Wäldern bedeckt war. Um 300 v. Chr. herum war kaum noch ein Baum vorhanden. Während künstliche Bewässerung für viele Bauern-Familien eine sichere Basis schuf, erhielten Millionen andere entweder ungenügend oder gar kein Wasser. Wegen der Schwankungen des Monsunregens war es immer riskant, sich von Niederschlägen allein abhängig zu machen. Die Abholzung der Wälder verstärkte ohne Zweifel die Dürregefahr. Sie verstärkte auch die Heftigkeit der Fluten, die der Heilige Strom Ganges mit sich führte, wenn der Monsun zuviel Regen auf einmal auf die Ausläufer des Himalaya herunterprasseln ließ. Noch heute gefährden Dürreperioden, die in Indien zwei oder drei aufeinanderfolgende Regenzeiten andauern können, das Leben von Millionen Menschen, die zur Bewässerung ihrer Felder auf Regen angewiesen sind. Aus dem *Mahabharata,* einem epischen Gedicht, das irgendwann zwischen 300 v. Chr. und 300 n. Chr. geschrieben wurde, wissen wir von einer Dürre, die zwölf Jahre anhielt. Das Gedicht schildert, wie Seen, Brunnen und Quellen austrockneten und wie Ackerbau und Viehzucht aufgegeben werden mußten. Märkte und Läden blieben leer. Die Opferung von Tieren kam zum Stillstand, ja sogar die Pfosten verschwanden, an die man die Tiere anzubinden pflegte. Es gab keine Feste mehr. Überall konnte man Knochenhaufen sehen und die Schreie der gequälten Kreatur hören. Das Volk verließ die Städte. Gehöfte wurden aufgegeben und verbrannt. Die Leute flohen einander. Sie hatten Angst voreinander. Andachtsstätten wurden verwüstet. Alte Leute wurden aus ihren Häusern vertrieben. Rinder, Ziegen, Schafe und Büffel verwandelten sich in wilde Tiere, die sich gegenseitig angriffen. Sogar die Brahmanen starben schutzlos. Gräser und Pflanzen welkten dahin. Die Erde sah aus wie ein Krematorium, und »in dieser schrecklichen Zeit, als Recht und Ordnung aufgehoben waren, begannen die Menschen einander zu essen«.

In dem Maße, in dem die Bevölkerung wuchs, wurden die Höfe allmählich kleiner, und nur die wichtigsten Haustiere durften das Land mit den Menschen teilen. Rinder waren die eine Spezies, die nicht ausgerottet werden durfte. Sie zogen den Pflug, von dem der ganze Regenzeitfeldbau abhing. Mindestens zwei Ochsen mußte eine Familie halten, dazu eine Kuh, die für Nachwuchs sorgte, wenn die Ochsen verbraucht waren. Rinder wurden so zum Brennpunkt des religiösen Tabus, Fleisch zu essen. Als die allein verbleibenden Haustiere waren sie zugleich potentiell die einzige verbleibende Fleischquelle. Sie zu schlachten, stellte jedoch eine Bedrohung der ganzen Art der Nahrungsgewinnung dar. Und so wurde Rindfleisch tabuisiert aus dem gleichen Grunde, aus dem Schweinefleisch im Nahen Osten tabuisiert war: um die Versuchung auszuschalten.

Die jeweiligen Verbote von Rind- und Schweinefleisch spiegeln jedenfalls die verschiedenen ökologischen Rollen der beiden Tierarten wider. Das Schwein wurde verabscheut, die Kuh vergöttlicht. Warum das so war, scheint klar angesichts dessen, was ich über die Wichtigkeit von Rindern im landwirtschaftlichen Produktionsablauf gesagt habe. Als es zu teuer wurde, Schweinefleisch zu erzeugen, erklärte man das ganze Tier für unnütz – schlimmer als unnütz –, weil es nur zum Essen gut gewesen war. Aber als es zu teuer wurde, Rinder als Fleischlieferanten aufzuziehen, verminderte sich ihr Wert als Zugtier keineswegs. So mußten sie eher geschützt als abgeschafft werden, und der beste Weg, sie zu schützen, lag darin, nicht nur den Genuß ihres Fleisches zu verbieten, sondern ihre Schlachtung zu untersagen. Die alten Israeliten hatten das Problem, die Verschwendung von Getreide zur Erzeugung von Schweinefleisch zu verhindern. Die Lösung hieß, die Aufzucht von Schweinen zu stoppen. Aber die alten Hindus konnten nicht aufhören, Rinder zu züchten, weil sie die Ochsen brauchten, um ihr Land zu pflügen. Ihr Hauptproblem war nicht, wie sie aufhören könnten, eine bestimmte Spezies aufzuziehen, sondern wie sie aufhören könnten, deren Fleisch zu essen, wenn sie Hunger bekamen.

Die Verwandlung von Rindfleisch in verbotenes Fleisch hatte ihren Ursprung im täglichen Leben des einzelnen Bauern. Sie war nicht die Erfindung eines übernatürlichen Kulturheroen und auch nicht das Produkt eines kollektiven sozialen Verstandes, der über der Kosten-Nutzen-Rechnung einer alternativen Nahrungsbeschaffungspolitik brütete. Kulturheroen drücken bloß die vorgegebenen Gefühle ihres Zeitalters aus, und kollektiven Verstand gibt es nicht. Die Tabuisierung von Rindfleisch war das Ergebnis der persönlichen Entscheidung von Millionen und Abermillionen einzelner Bauern. Einige von ihnen konnten eher als andere der Versuchung widerstehen, ihren Tierbestand zu schlachten, weil sie fest daran glaubten, daß das Leben einer Kuh oder eines Ochsen eine heilige Sache sei. Diejenigen, die solchem Glauben anhingen, hatten größere Chancen, ihre Höfe zu erhalten und an ihre Kinder weiterzugeben, als die, die anders dachten. Wie so viele Anpassungen in Kultur und Natur kann auch die »Grundlinie« der religiösen Vorschriften für den Verbrauch von tierischem Fleisch nicht unter dem verkürzten Kosten/Nutzen-Gesichtspunkt gesehen werden. Es ist vielmehr der langfristige Gesichtspunkt, der zählt – das Verhalten in eher unnormalen als normalen landwirtschaftlichen Produktionszyklen. Unter der periodischen Bedrohung durch Dürrezeiten, die vom Ausfall des Monsunregens verursacht wurden, ließ sich die Liebe des einzelnen Bauern zu seinen Rindern direkt auf seine Achtung vor menschlichem Leben übertragen, nicht symbolisch, sondern in der Praxis: Rinder mußten wie Menschen behandelt werden, weil Menschen, die Rinder aßen, nur einen Schritt davon entfernt waren, einander zu essen. An dem Tag, an dem Regenzeitbauern der Versuchung erliegen, ihre Rinder zu schlachten, besiegeln sie ihren Ruin. Sie können nie wieder pflügen, auch wenn endlich Regen fällt. Sie müssen ihre Höfe verkaufen und in die Stadt ziehen. Nur wer lieber verhungern würde, als einen Ochsen oder eine Kuh zu essen, kann eine Saison mit spärlichen Regenfällen überleben. Dieser menschlichen Hartnäckigkeit kommt die phantastische Ausdauer und Widerstandsfähigkeit der indischen Zebu-Rasse entgegen. Wie Kamele speichern indische Rinder

Energiereserven in ihren Höckern, halten wochenlang ohne Nahrung und Wasser durch und leben wieder auf, sobald man ihnen die geringste Nahrung zukommen läßt. Wenn andere Rassen längst von Entkräftung, Hunger und Durst dahingerafft sind, ziehen Zebu-Rinder noch immer Pflüge, bringen Kälber zur Welt und geben Milch. Im Gegensatz zu europäischen Rinderrassen wurden Zebus nicht im Hinblick auf Stärke, Fleischbeschaffenheit oder Milchertrag gezüchtet, sondern weitgehend nach ihrer Fähigkeit, schwere Trockenzeiten und Dürrekatastrophen zu überstehen.

Und das führt uns zu der Frage, warum nicht der Ochse, sondern die Kuh zum höchst verehrten Tier geworden ist. Das Fleisch beider Geschlechter ist gleichermaßen tabu, doch im Ritual und in der Kunst betont der Hinduismus die Heiligkeit von Kühen weit mehr als die von männlichen Rindern. Nur die Praxis spricht gegen die Theorie. Bullen übertreffen in der Ganges-Ebene die Kühe zahlenmäßig im Verhältnis zwei zu eins – eine Geschlechterverteilung, die nur als Folge systematischer Auslese zuungunsten weiblicher Kälber durch bewußte Vernachlässigung und indirekten »Rindermord« zu erklären ist (der Behandlung weiblicher Neugeborener beim Menschen durchaus vergleichbar). Dieses einseitige Denken beweist, daß Ochsen als Zugtiere für das Pflügen der Felder für wertvoller gehalten werden als Kühe. Trotz all des Aufhebens, das man um die Heilige Mutter Kuh macht, behandelt man unter normalen Umständen die Ochsen viel besser. Sie werden in Ställen gehalten und gefüttert. Man gibt ihnen zusätzlich Getreide und Ölkuchen, um sie stark und gesund zu machen. Kühe dagegen werden im alltäglichen Leben auf dem Lande so behandelt, wie die Indianer ihre Hunde behandelt haben oder europäische Bauern ihre Schweine. Sie sind Müllschlucker des Dorfes. Sie werden nicht in Ställen gehalten und mit eigens angebautem Futter ernährt. Statt dessen läßt man sie frei herumlaufen und aufsammeln, was sie an Bröckchen und Abfall finden. Wenn sie das Dorf saubergeleckt haben, dürfen sie sich in der Umgebung auf die Suche nach ein paar Grashälmchen machen, die ihnen beim letzten Ausflug entgangen sind oder die mittlerweile zwischen den Eisenbahnschwellen gewachsen sein mögen. Weil Kühe als Müllschlucker behandelt werden, tauchen sie leicht einmal an Orten auf, wo sie eigentlich nicht hingehören, zum Beispiel in den Rinnsteinen vielbefahrener Durchgangsstraßen oder am Rande der Rollbahnen auf Flugplätzen und geben so Anlaß zu der törichten Behauptung, Indien sei überlaufen von Millionen »unnützer« Rinder.

Wenn die Kuh eher als der Ochse das Symbol von *ahimsa* ist, der Heiligkeit des Lebens, dann liegt es vielleicht daran, daß sie eher als der Ochse in Gefahr schwebt, für »unnütz« gehalten zu werden. In Hungerzeiten braucht die Kuh rituellen Schutz nötiger als die Zugochsen. Denn vom Gesichtspunkt der Aufrechterhaltung und Kontinuität des landwirtschaftlichen Produktionsablaufs ist die Kuh tatsächlich wertvoller als das männliche Zugtier. Obwohl sie nicht so stark ist wie ein Ochse, kann sie notfalls an seiner Stelle den Pflug ziehen, und sie kann eines Tages Ersatz für Tiere schaffen, die dem Hunger und Durst erlegen sind. In Dürrezeiten muß deshalb die Kuh genau so gut, wenn nicht besser, als der Ochse behandelt werden, und das ist wahrscheinlich der Grund, warum sie zum Hauptobjekt ritueller Verehrung wurde. Mahatma Gandhi wußte, wovon er sprach, als er sagte, Hindus beteten die Kuh nicht nur an, weil »sie Milch gab, sondern weil sie Landwirtschaft möglich machte«.

Warum Rindfleisch in Indien zu verbotenem Fleisch wurde, kann man nicht ganz erklären, ohne zugleich zu begründen, warum es in den anderen frühen Zentren der Staatenbildung nicht tabu wurde. Sicher waren indische Bauern abhängiger vom unregelmäßigen Monsunregen als Bauern in anderen Gebieten. Das mag es dringlicher gemacht haben, Kühe und Ochsen in Hungerzeiten zu schützen. In Ägypten und Mesopotamien, wo Rinder verehrt und ihr Opfer in späten dynastischen Zeiten verboten wurde, aß man weiterhin Rindfleisch. Aber sowohl Ägypten als auch Mesopotamien waren, anders als Indien, überwiegend von künstlicher Bewässerung abhängig; es gab dort niemals viele Bauern, die auf dürreresistente Rinder angewiesen waren, um durch die Trockenzeit zu kommen.

China bietet ein noch schwierigeres Problem. Obwohl auch die Chinesen von Ochsen gezogene Pflüge benutzten, entwickelten sie niemals einen Kuh-Verehrungs-Komplex. Im Gegenteil, weibliche Rinder sind in China lange Zeit ziemlich gering geachtet worden. Das spiegelt sich in der chinesischen Küche wider. Während in Nordindien die traditionelle Küche vor allem auf Milch oder Milchprodukten basiert und das meistverwendete Kochfett reine Butter oder

Büffelbutter ist, erfordern chinesische Rezepte niemals Milch, Sahne oder Käse, und ihr Grundfett ist Schweineschmalz oder Pflanzenöl. Die meisten erwachsenen Chinesen haben eine starke Abneigung gegen Milch (wenn auch Eiscreme in den letzten Jahren zu wachsender Beliebtheit gelangt ist). Warum mögen die Inder Milch und die Chinesen nicht? Eine Erklärung für die chinesische Aversion gegen Milch wäre, daß sie dagegen physiologisch »allergisch« sind. Erwachsene Chinesen, die Milch in Mengen trinken, bekommen im allgemeinen schwere Koliken und Durchfall. Die Ursache ist nicht wirklich eine Allergie, sondern eine erbliche Unzulänglichkeit des Organismus, das Enzym Laktase zu bilden. Dieses Enzym muß vorhanden sein, wenn der Körper Laktose vertragen soll, den in Milch dominierenden Zucker. Zwischen 70 und 100 Prozent der erwachsenen Chinesen leiden unter Laktase-Mangel. Problematisch an dieser Erklärung ist nur, daß auch viele Inder – je nach Region zwischen 24 und 100 Prozent – den gleichen Mangel aufweisen. Und so ist das bei den meisten Völkern mit Ausnahme der Europäer und ihrer amerikanischen Abkömmlinge. Im übrigen können all die unerfreulichen Folgen des Laktase-Mangels leicht vermieden werden, wenn man Milch in kleinen Mengen trinkt oder sie in einer ihrer gesäuerten oder fermentierten Formen wie Joghurt oder Käse zu sich nimmt, in denen die Laktose in weniger komplexe Zuckerbestandteile aufgespalten ist. Mit anderen Worten: Laktase-Mangel stellt nur eine Barriere gegen das Trinken großer Milchmengen im amerikanischen Stil dar. Er kann nicht die Abneigung gegen Butter, saure Sahne, Käse und Joghurt erklären – die alle auf dem chinesischen Küchenzettel auffallenderweise fehlen.

Was noch aussteht im Vergleich zwischen chinesischen und indischen Ökosystemen, ist das offensichtliche Fehlen der Kuh als Haustier in China. John Lasson Bucks gründliche Bestandsaufnahme vorkommunistischer chinesischer Landwirtschaft hat gezeigt, daß es in Nordchina im Durchschnitt 0,5 Ochsen, aber weniger als 0,005 Kühe pro Bauernhof gab. Das bedeutet, daß bei Rindern mehr als tausend männliche auf hundert weibliche Tiere kommen, im Gegensatz zu einem Geschlechterverhältnis von 210:100 bis 150:100 in der zentralen Ganges-Ebene und 130:100 im ganzen restlichen Indien. Dies zeigt, daß die Kuh de facto keine andere Rolle in der nordchinesischen ländlichen Hauswirtschaft gespielt hat, als männliche Kälber zu gebären, was zumindest einen Aspekt der chinesischen Abneigung gegen Milch erklärt: es gab keine Kühe in den typischen nordchinesischen Dörfern. Keine Kühe – keine Milch; keine Milch – keine Gelegenheit, Geschmack an Milchprodukten zu entwickeln.

Das Bild, das wir uns von der Haustier-Szene in China machen können, ist von beachtlicher regionaler Vielfalt in der Verwendung großer Zug- und Packtiere gekennzeichnet. In den zentralen nördlichen und nordöstlichen Provinzen war die Summe aller Pferde, Esel und Maultiere fast so hoch wie die Zahl der Rinder. Das kontrastiert mit den Staaten Uttar Pradesh, Bihar und West-Bengalen im Ganges-Tal, wo Pferde, Esel und Maultiere nur in unbedeutender Anzahl vorkommen.

Der größte Unterschied zwischen chinesischer und indischer Haustierhaltung liegt jedoch in der großen Zahl von Schweinen in China und ihrem fast völligen Fehlen in den meisten Teilen der Ganges-Ebene. Buck schätzt, daß im Durchschnitt jeder Bauernhof des nördlichen China zweiundfünfzig Schweine besaß. Ein Mitglied einer kürzlich nach China entsandten Delegation, G. F. Sprague vom Department of Agronomy der Universität von Illinois, schätzt, daß China im Jahre 1972 zwischen 250 und 260 Millionen Schweine produziert hat. Das ist mehr als viermal soviel wie in den Vereinigten Staaten, »einem Land, das für extensive Schweineproduktion bekannt ist«. Wenn die Chinesen diese Tiere in der Art aufgezogen hätten, wie es in den Vereinigten Staaten üblich ist, dann müßte ihre Zucht, schreibt Sprague, »eine ernste Bedrohung der verfügbaren Nahrungsreserven des Landes darstellen«. Doch es gibt wenig Ähnlichkeit zwischen den Produktionsmethoden beider Länder. Schweinezucht in den Vereinigten Staaten basiert auf der Versorgung der Tiere mit Mais, Sojamehl, Vitaminen, Mineralstoffen und Antibiotika. In China werden Schweine mehr nebenbei in den einzelnen Haushalten aufgezogen und – wie die Kühe in Indien – »von Abfällen ernährt, die für menschlichen Gebrauch nicht mehr geeignet sind; von Gemüseresten, die für Menschen ungenießbar sind, zermahlenen und fermentierten Reishüllen, dem Kraut der Süßkartoffeln und den Ranken der Sojabohnen, von Wasserhyazinthen und so weiter«. Genauso wie Inder ihre Kühe des Dungs wegen schätzen, so werden in

China die Schweine »fast so sehr wegen ihres Dungs als wegen ihres Fleisches« geschätzt. Mit anderen Worten, das Schwein ist und war der wichtigste Müllschlucker für die chinesischen Dorfbewohner. Es versorgte sie mit ihrem Grundbedarf an Fett und Proteinen und mit dringend benötigtem Dünger, so wie die Kuh es bei den Indern zu tun pflegte. Doch da gab es einen großen Unterschied: Da das Schwein nicht gemolken werden kann, muß es gegessen werden, wenn es als Lieferant von Fett und Proteinen dienen soll. Das heißt, solange das Schwein die Rolle des Müllschluckers ausfüllte, hätten die Chinesen nie eine Religion wie den Islam angenommen, der ausgerechnet den Genuß von Schweinefleisch verbietet.

Aber warum hielten die Chinesen das Schwein als Müllschlucker und die Inder die Kuh? Es müssen verschiedene Faktoren gewesen sein, die da eine Rolle gespielt haben. Zunächst einmal ist die Ganges-Ebene zur Schweinezucht weniger geeignet als das Tal des Gelben Flusses. Die starke Frühjahrshitze und die häufigen Trockenheiten, an die sich die Rasse der Zebu-Rinder angepaßt hat, sind ein Risikofaktor für die Aufzucht feuchtigkeitsliebender Schweine. In Uttar Pradesh, Indiens größtem nahrungsproduzierenden Staat, fallen 88 Prozent aller Niederschläge in vier Monaten, während die täglichen hohen Durchschnittstemperaturen im Mai und Juni gut und gern an die 40 Grad Celsius erreichen. Nordchina dagegen hat kühle Frühjahre, mäßige Sommer und keine ausgesprochene Trockenzeit.

Ein anderer wichtiger Faktor ist die jeweils verfügbare Fläche von Grasland, auf dem Zugtiere aufgezogen werden können. Im Gegensatz zu Indien verfügt China über weite Gebiete, die geeignet sind, Zugtiere weiden zu lassen, die aber nicht für den Anbau von Nahrungspflanzen genutzt werden können. In China werden nur elf Prozent allen Landes bebaut, während Indien fast 50 Prozent Anbaufläche aufweist. Buck zufolge umfaßt die nördliche Sommerweizen-Region von China »beträchtliches öffentliches Weideland, wo Mangel an Regen und zerklüftete Oberflächenbeschaffenheit die Kultivation schwierig machen«. Im Kontrast dazu sind weniger als zwei Prozent der gesamten Anbaufläche der zentralen Ganges-Ebene dauernd Weide oder Grasland. So mußte in Indien die Aufzucht der lebenswichtigen Zugtiere in Zonen stattfinden, die bereits von Menschen dicht bevölkert waren – Zonen, die kein Land enthielten, das nicht hätte gepflügt werden können und daher ausschließlich als Weideland geeignet gewesen wäre. Die Zugtiere mußten deshalb vorwiegend mit Abfallprodukten wie denen gefüttert werden, die für die dörflichen Müllschlucker zur Verfügung standen. Zugtiere und Müllschlucker mußten also ein und dieselbe Spezies sein. Und Rinder mußten es sein, weil weder Pferde noch Esel noch Maultiere in der trockenen Bruthitze des Monsunklimas vernünftig arbeiten konnten, während Wasserbüffel für Bauern nutzlos waren, denen die Bewässerung fehlte.

Vielleicht läßt sich die Behandlung von Tieren in Indien im Gegensatz zu China am besten als die Abfolge verschiedener Phasen eines einzigen, großen, zusammenhängenden Prozesses der Intensivierung begreifen. Weder China noch Indien konnten es sich leisten, große Tierherden vorwiegend für Ernährungszwecke zu halten. Das mußte schon an der immensen Dichte der menschlichen Bevölkerung scheitern, die durch Kaloriendefizite infolge von Tierhaltung auf Ackerland ernstlich gefährdet worden wäre. Im vorkommunistischen China lebte die Landbevölkerung von einer Kost, deren Kalorienwert zu 97,7 Prozent von pflanzlicher Nahrung und nur zu 2,3 Prozent von tierischen Produkten stammte, vor allem von Schweinefleisch. Die vorzugsweise als Zugtiere benutzten Arten wurden im ländlichen China selten gegessen, jedenfalls nicht häufiger als in Indien. Warum also war Rindfleisch dann nicht durch ein religiöses Tabu verboten?

Tatsächlich gab es in einigen Regionen ein solches Tabu. Kein Geringerer als Mao Tse-tung machte die folgenden Beobachtungen, als er in Hunan war: »Zugochsen sind ein Schatz für die Landbevölkerung. Da es praktisch eine religiöse Überzeugung ist, daß diejenigen, die in diesem Leben Rinder schlachten, im nächsten Leben selber zu Rindern werden, dürfen Ochsen nie getötet werden. Bevor sie an die Macht kam, hatte die Landbevölkerung keine Handhabe, das Schlachten von Rindern zu stoppen, als das religiöse Tabu.«

Und T. H. Shen schreibt: »Das Schlachten von Rindern um des Fleischgenusses willen verstößt gegen chinesische Tradition. Nur in der Nähe der großen Städte werden überhaupt Rinder zur Fleischgewinnung geschlachtet, und dann handelt es sich um Tiere, die auf den Bauernhöfen nicht mehr gebraucht werden.«

Zwar haben sowohl China als auch Indien unter den Folgen von Jahrtausenden von Intensivierung gelitten, doch in Indien scheint der Prozeß ins größere Extrem getrieben worden zu sein. Chinesische Landwirtschaft ist ertragreicher als die indische, vor allem weil es größere Gebiete gibt, die mit künstlicher Bewässerung kultiviert werden – 40 Prozent allen Ackerlandes gegenüber 23 Prozent in Indien. Die Durchschnittserträge auf einem Hektar Reisanbaufläche sind deshalb in China doppelt so hoch wie in Indien. Bei der in China gewährleisteten Lebensfähigkeit von Schwein, Esel, Maultier und Pferd, verstärkt durch topographische und klimatische Faktoren der landwirtschaftlichen Produktion, erreichte die Intensivierung nicht solche Grade, daß sie ein totales Schlachtverbot notwendig gemacht hätte. Statt ihre Zugtiere zu melken, schlachteten die Chinesen ihre Schweine. Sie stellten sich auf etwas weniger tierisches Protein in Form von Fleisch ein, als sie in Form von Milch bekommen hätten – wenn sie die Kuh anstelle des Schweines in der ökologischen Nische der Müllbeseitigung gebraucht hätten.

Hindus und Angehörige westlicher Kulturen gleichermaßen sehen in den indischen Tabus gegen das Fleischessen einen Triumph der Moral über den Appetit. Das ist eine gefährliche Fehlinterpretation kultureller Prozesse. Hindu-Vegetariertum war ein Sieg nicht des Geistes über die Materie, sondern reproduktiver über produktive Kräfte. Derselbe Entwicklungsprozeß, der im Westen die Verbreitung von Religionen förderte, die das Ideal der Armut propagierten, führte auch zur Abschaffung des Tieropfers und der großen archaischen Umverteilungsfeste. Das Verbot, Fleisch von Haustieren wie Schwein, Pferd und Esel zu essen, wies Indien unausweichlich in die Richtung von Religionen, die den Genuß allen tierischen Fleisches verboten. Das geschah nicht, weil die Religiosität Indiens die anderer Regionen übertroffen hätte; vielmehr wurden in Indien die Intensivierung der landwirtschaftlichen Produktion, die Ausschöpfung der natürlichen Reserven und der Anstieg der Bevölkerungsdichte weiter – und über die Grenzen des Wachstums hinaus – getrieben als irgendwo sonst in der präindustriellen Welt, ausgenommen das Tal von Mexiko.

13. Kapitel

Die »Wasser«-Falle

In den 4000 Jahren zwischen der Entstehung der ersten Staaten und dem Beginn der christlichen Ära stieg die Weltbevölkerung von etwa 87 Millionen auf 225 Millionen. Fast vier Fünftel dieser neuen Gesamtzahl lebte unter der Herrschaft der Römer, der chinesischen Han-Dynastie und der indischen Gupta-Reiche. Der Anstieg der Gesamtzahl verschleiert die Tatsache, daß die Bevölkerungsdichte in den zentralen Gebieten während dieser 4000-Jahr-Periode nicht unkontrolliert weiter zunahm. Die demographische Geschichte der frühen Reiche unterstützt nicht die anfechtbare Behauptung von Malthus, menschliches Bevölkerungswachstum sei ein stets vorhandener historischer Trend. Gleichbleibende Bevölkerungen waren aber sowohl in den alten Reichen als auch während der paläolithischen Ära die Regel. Es gab einfach eine Grenze, wie viele Menschen und Tiere in den großen Stromtälern von Ägypten, Mesopotamien, Indien und China Platz fanden. War erst einmal die Stufe des funktionalen Vegetariertums erreicht, so blieb die Bevölkerungsdichte konstant oder nahm sogar ab. Freilich, außerhalb der zentralen Gebiete stieg die Bevölkerung weiter an, als sich größere Reiche und weitere von ihnen abhängige Staaten entwickelten. Doch nach und nach scheinen die Zentralgebiete ihre ökologischen Wachstumsgrenzen erreicht zu haben.

Nach Kingsley Davis war die Bevölkerung von Indien insgesamt um 300 v. Chr. auf ihre Höchstzahl gestiegen; sie überschritt diese Grenze bis zum 18. Jahrhundert nicht mehr. Karl Butzer schätzt, daß sich in Ägypten die Bevölkerung des Niltales zwischen 4000 und 2500 v. Chr. vervierfachte, also auf dem Höhepunkt der Periode, die in der ägyptischen Geschichte als Altes Reich bekannt ist. Danach blieb sie über tausend Jahre lang ziemlich konstant. Um 1250 v. Chr. stieg sie auf einen neuen Gipfelpunkt, der aber nur 1,6mal höher lag als die im Alten Reich erklommene Marke, und unmittelbar vor Beginn der griechisch-römischen Periode fiel sie wieder zurück auf den Stand des Alten Reiches. Unter römischer Herrschaft erreichte sie wieder einen Gipfel, der etwas mehr als doppelt so hoch lag wie der des Alten Reiches, doch gegen Ende des römischen Reiches um 500 n. Chr. war sie schon wieder unter den Stand der Zeit vor 3000 Jahren gesunken. Unsere besten Informationen stammen aus China, wo Volkszählungsdaten aus einer Zeitspanne von über 2000 Jahren zu Rate gezogen werden können. Die zuverlässige Studie von Hans Bielenstein zeigt, daß sich in der Zeit von 2 bis 742 n. Chr. Chinas Gesamtbevölkerung um die 50-Millionen-Grenze einpendelte bei einem Maximum von 58 Millionen und einem Minimum von 48 Millionen. Es gab allerdings beachtliche Abstiege im ursprünglichen Zentralgebiet der Han-Dynastie. Die große Ebene des Gelben Flusses zum Beispiel hatte im Jahre 2 n. Chr. eine Bevölkerung von 35 Millionen. Diese Zahl sank im Jahre 140 n. Chr. auf 25 Millionen, stieg im Jahre 609 auf 31 Millionen und sank 742 wieder auf 23 Millionen. Wenn man die Zuwachsraten nicht berücksichtigt, zu denen es durch die Eroberung neuer Territorien kam, blieb Chinas Bevölkerungswachstum für nahezu zwei Jahrtausende fast gleich null. (Nach 1450 erlaubte es die Einführung neuer Reissorten, von Süßkartoffeln und Zuckermais der chinesischen Landwirtschaft, viel dichtere Bevölkerungen als in früheren Perioden zu unterhalten.)

Jahrhunderte bewegte sich der Lebensstandard in China, Nordindien, Mesopotamien und Ägypten immer leicht über oder unter dem, was man als Schwelle der Verelendung bezeichnen könnte. Wenn die Bevölkerungsdichte in einer bestimmten Region zu sehr anstieg, sank der Lebensstandard unter die Elendsschwelle. Das führte zu Kriegen, Hungersnöten und Bevölkerungsabnahme. Bei geringerer Bevölkerungsdichte stieg der Lebensstandard wieder auf einen Punkt leicht über dem langfristigen Mittelwert.

Westliche Beobachter haben immer über die statische oder »stationäre« Natur dieser alten dynastischen Systeme gestaunt. Pharaonen und Kaiser kamen und gingen von einer Dekade zur anderen, Dynastien stiegen auf und stürzten, das Leben der Kulis und Fellachen aber ging weiter wie immer, gerade einen Fingerbreit über dem Existenzminimum. Die alten Reiche waren übervölkerte Gebiete, vollgestopft mit analphabetischen Kleinbauern, die von früh bis spät ackerten und doch nur ihren kargen Lebensunterhalt verdienten, der aus fast proteinloser vegetarischer Kost bestand. Sie waren kaum besser dran als ihre Ochsen und nicht weniger als diese den Kommandos höherer Wesen unterworfen, die wußten, wie man schriftliche Überlieferungen bewahrt, und die allein das Recht hatten, Waffen des Krieges und der Unterdrückung herzustellen und zu gebrauchen. Daß Gesellschaften, die so magere Entlohnung boten, Tausende von Jahren bestanden – länger als irgendein anderes Staatssystem in der Weltgeschichte –, steht als erschreckendes Mahnmal dafür, daß es nichts der menschlichen Natur Angeborenes gibt, das materiellen und moralischen Fortschritt sicherstellen könnte.

Jedes alte Reich entwickelte sein nur ihm eigenes Muster des sozialen Lebens. Von der Küche bis zu den Kunststilen stellte jedes eine Welt für sich dar. Und doch besaßen das alte China, Indien, Mesopotamien und Ägypten bei all ihren kulturellen Unterschieden fundamental ähnliche Systeme der politischen Ökonomie. Jedes hatte eine hoch zentralisierte Klasse von Bürokraten und erblichen despotischen Herren, die göttliche Mandate beanspruchten oder als Verkörperungen der Götter betrachtet wurden. Ausgezeichnete, von der Regierung unterhaltene Straßennetze, Ströme und Kanäle verbanden jeden kleinen Weiler und jedes Dorf mit den Provinz- und den nationalen Verwaltungszentren. Jedes Dorf hatte mindestens eine wichtige Person, die als Bindeglied zwischen dem Dorf und der zentralen Verwaltung diente. Die Fäden der politischen Gewalt liefen nur in eine Richtung: von oben nach unten. Während die Kleinbauern manchmal, wie in China, ihr eigenes Land besaßen, tendierte die Bürokratie dahin, Privateigentum als ein Geschenk des Staates zu betrachten. Die Prioritäten der Produktion wurden von der staatlichen Steuerpolitik bestimmt und von regelmäßigen Aufrufen an die Männer und Frauen in den Dörfern, an staatlich verordneten Bauprojekten mitzuarbeiten. Der »Staat war mächtiger als die Gesellschaft«. Sein Recht, Steuern einzuziehen, Güter zu konfiszieren und Arbeit anzuordnen, war ziemlich unbegrenzt. Er führte von Dorf zu Dorf systematische Zählungen durch, um das verfügbare Arbeitspotential und Steueraufkommen zu schätzen und festzulegen. Er beschäftigte ameisengleiche Armeen von Arbeitern, wo immer die

Herren des Reiches dazu aufriefen, Gräber, Pyramiden, Befestigungsanlagen und Paläste zu bauen, deren Ausmaße selbst nach modernem industriellen Standard gewaltig sind. In Ägypten war die zeitweilige Beschäftigung von 100 000 diensttauglichen Männern nötig, um die monumentalen Bauten des Alten Reiches auszuführen; ein Arbeitsheer von 84 000 Männern, das achtzig Tage pro Jahr beschäftigt wurde, brauchte zwanzig Jahre, um die große Cheops-Pyramide zu errichten. In China erforderte der Bau der Großen Mauer eine Million Arbeiter gleichzeitig; eine weitere Million baute am Großen Kanal, und während der Regierungszeit von Kaiser Yang (604–617 n. Chr.) wurden jeden Monat über zwei Millionen zum Bau der östlichen Hauptstadt der Schih-Dynastie und zur Arbeit am Herrscherpalast abkommandiert.

Trotz der Entwicklung von Philosophien und Religionen, die Gerechtigkeit und Gnade predigten, mußten sich die Herrscher über diese weitläufigen Reiche häufig auf Einschüchterung, Gewalt und nackten Terror stützen, um Recht und Ordnung aufrechtzuerhalten. Von den Untertanen wurde totale Unterwerfung verlangt; höchstes Symbol war die Verpflichtung, sich in Gegenwart des Machthabers zu Boden zu werfen und im Staub zu kriechen. In China war dem niederen Volk der »Kotau« vorgeschrieben – die Geste, sich hinzuwerfen, den Boden mit der Stirn zu berühren und den Staub zu küssen. Im hinduistischen Indien umfaßten die gemeinen Leute die Füße ihrer Herren. Im Ägypten der Pharaonen krochen die Untertanen auf dem Bauch. All diese alten Reiche kannten gnadenlose Systeme, aufsässige Personen aufzustöbern und zu bestrafen. Spione hielten die Herrscher auf dem laufenden über mögliche Störenfriede. Die Bestrafungen reichten von Schlägen bis zum Tod durch die Folter. In Ägypten schlugen die Steuereinzieher widerspenstige Bauern und warfen sie, an Händen und Füßen gebunden, in die Bewässerungsgräben. Die Aufseher aller Staatsprojekte trugen Keulen und Peitschen. Im alten Indien verurteilten die Beamten ungehorsame Untergebene zu achtzehn verschiedenen Arten von Strafen – Schläge auf die Fußsohlen, Aufhängen an den Füßen und Anbrennen der Fingerspitzen waren darunter. Für leichte Vergehen befahlen sie jeweils eine neue Strafe an achtzehn aufeinanderfolgenden Tagen; für schwere Verbrechen verurteilten sie den Missetäter, alle achtzehn

Strafen am gleichen Tag zu empfangen. In China bestrafte der Kaiser diejenigen, die unvorsichtige Meinungen äußerten, indem er sie in einem dunklen Verlies kastrieren ließ. All diese alten Reiche hatten noch einen anderen Zug gemeinsam: Jedes war, was der große, wegweisende Historiker Karl Wittfogel eine »Bewässerungskultur« genannt hat. Jedes entwickelte sich inmitten trockener oder halbtrokkener Ebenen und Täler, die von großen Strömen durchflossen wurden. Mit Hilfe von Dämmen, Kanälen, Wehren und Wasserrohren zweigten Regierungsbeauftragte Wasser aus diesen Strömen ab und leiteten es zu den Feldern der Kleinbauern. Wasser stellte den wichtigsten Produktionsfaktor dar. Wenn es in regelmäßigen und ausreichenden Mengen zugeführt wurde, waren hohe Ernteerträge, die den Arbeitseinsatz lohnten, das Ergebnis.

Unter modernen Wissenschaftlern hat Wittfogel das meiste dafür getan, die Beziehung zwischen wasserwirtschaftlicher Produktion und dem Entstehen von dauerhaftem, auf der Verwaltung von Ackerland beruhendem Despotismus zu klären. Meine eigenen Ansichten zu dieser Beziehung verdanken denen von Wittfogel sehr viel, stimmen aber nicht genau mit seinen Formulierungen überein. Ich bin der Meinung, daß präindustrielle wasserwirtschaftliche Agrikultur häufig zur Entwicklung von extrem despotischen Bürokratien geführt hat, weil die Expansion und Intensivierung solcher Landwirtschaft – selber eine Konsequenz von reproduktiven Zwängen – allein abhängig war von massiven Bauprojekten. Diese konnten aber mangels Maschinen nur von ameisengleichen Armeen von Arbeitern ausgeführt werden. Je breiter ein Strom, desto größer waren die Möglichkeiten der Nahrungsproduktion in dem Gebiet, durch das er floß. Doch je breiter ein Strom, desto größer auch die Probleme, sich seine Kraft nutzbar zu machen. Einerseits unternahm der Staat den Bau eines ausgedehnten Netzes von Verteiler- und Spender-Kanälen, Gräben und Schleusentoren, um sicherzustellen, daß es zur rechten Zeit genügend Wasser gab. Andererseits unternahm der Staat den Bau von Dämmen, Uferbefestigungen und Entwässerungsgräben, um die zerstörerischen Folgen von zuviel Wasser auf einmal zu vermeiden. Die Skala der in Frage kommenden Aktivitäten bedeutete tatsächlich, das Gesicht der Erde zu verändern: Berge zu versetzen, Flußufer neu zu begrenzen, ganze Flußbetten neu auszugraben. Das

Rekrutieren, Koordinieren, Anleiten, Verpflegen und Unterbringen der Arbeiterbrigaden, die für diese monumentalen Unternehmen gebraucht wurden, konnte nur von Kadern ausgeführt werden, die, ein paar mächtigen Führern gehorsam, einen einzigen Generalplan verfolgten. Und je verzweigter das Netz der Bewässerungskanäle und Schleusen wurde, desto stärker wuchs die allumfassende Produktivität des Systems, desto größer wurde die Bereitschaft der Landverwalter, sich einer immens mächtigen Person an der Spitze unterzuordnen.

Die besondere Fähigkeit der Bewässerungskulturen zur Restauration – den häufigen dynastischen Stürzen und immer wiederkehrenden Eroberungen durch barbarische Eindringlinge zum Trotz – läßt sich aus dem Zusammenspiel zwischen ihren politischen Strukturen und ihrer grundlegenden ökologischen Anpassung herleiten. Obwohl die Konzentration absoluter Macht im höchsten Herrscher und seiner Familie bedeutete, daß alle Fäden politischer Gewalt nur in eine Richtung liefen, gab die schiere Größe und Komplexität des Staatsapparates hohen Beamten und niederen Bürokraten die Gelegenheit, ihre eigenen Ambitionen auf Kosten des ihnen untergeordneten Volkes zu befriedigen. Mochte ein weiser Herrscher auch noch so viel Wert auf Mäßigkeit und Gerechtigkeit legen, die Bürokratie tendierte dahin, sich selbst auf Kosten der kleinen Leute zu bereichern. Die Korruption breitete sich mit der Gesetzmäßigkeit geometrischer Reihen aus, abhängig nur von der Zahl der Jahre, die eine Dynastie an der Macht blieb. Bald wurden die öffentlichen Arbeiten vernachlässigt, die Deiche begannen schadhaft zu werden, die Kanäle füllten sich mit Schlamm, und die Produktion ließ nach. Reine Inkompetenz, menschliche Fehleinschätzungen und Naturkatastrophen verstärkten die zerstörerischen Kräfte der Natur. Deswegen konnte eine herrschende Dynastie immer wieder zu der Einsicht kommen, es sei nicht länger tragbar, die Massen der Kleinbauern zu beschützen und zu versorgen. Von Streitigkeiten zerrissen, wurde sie angreifbar für die Barbaren außerhalb der Grenzen, für die Armeen benachbarter Reiche oder die eigenen rebellierenden Volksmassen. Dann mußte die Dynastie zusammenbrechen. Das geschah wieder und wieder in der Geschichte Ägyptens, Mesopotamiens, Indiens und Chinas. Aber die neuen Führer – ob interne oder externe Gegner – hatten nur eine Wahl, wenn sie den Reichtum des Reiches genießen wollten: die Deiche zu reparieren, die Kanäle zu säubern, die Uferbefestigungen wiederaufzubauen und die wasserwirtschaftliche Basis der Produktion wiederherzustellen. Dann konnte ein neuer Zyklus beginnen. Die Produktion konnte wachsen, die verarmte Landbevölkerung ihre Rate von Kindesmord und Abtreibung herabsetzen und die Bevölkerungsdichte wieder ansteigen. Doch mit steigender Dichte mußte die Produktivität wieder abnehmen, und korrupte Beamte wurden zwangsläufig immer unbescheidener in ihrem Versuch, ihre eigenen Taschen zu füllen. Wenn schließlich die Landbevölkerung in die Armut zurücksank, brach der Kampf um dynastische Herrschaft von neuem aus.

Wie Wittfogel betont, wurde der Kern der wasserwirtschaftlichen Theorie bereits von Karl Marx in einer Reihe von Werken vorweggenommen, die entweder das Mißfallen von Lenin und Stalin erregten oder von ihnen ignoriert wurden. Marx kennzeichnete die besondere politische Ökonomie von Indien und China als, wie er es nannte, »asiatische Produktionsweise«. Er schrieb, es hätte in Asien allgemein, seit unvordenklichen Zeiten, nur drei Ministerien gegeben: das Finanzministerium, zuständig für die Ausplünderung des Inneren, das Kriegsministerium, zuständig für die Ausplünderung des Äußeren, und schließlich das Ministerium für öffentliche Arbeit. In Ägypten und Indien, Mesopotamien, Persien etc. seien Vorteile aus einem hochqualifizierten Bewässerungssystem gezogen worden. Diese erste Notwendigkeit einer ökonomischen und gemeinsamen Nutzung des Wassers hatte die Einmischung der zentralisierenden Kräfte der Regierung notwendig gemacht, weil dort im Orient die Zivilisation zu niedrig und die territoriale Ausdehnung zu weit gewesen sei, um freiwilligen Vereinigungen eine Chance zu geben.

Ein Grund dafür, daß dieser Teil von Marx' Schema der Welt-Evolution unter Lenin und Stalin in schlechten Ruf kam, ist die Auffassung, daß Staatskommunismus oder die »Diktatur des Proletariats« in Wirklichkeit nichts weiter sei als eine neue und höher entwickelte Form von Verwaltungs-Despotismus, nur eben auf einer industriellen statt auf einer landwirtschaftlichen Basis. Ein anderer Grund ist, daß für Marx die asiatischen Gesellschaften »stagnierend« oder »stationär« waren und er keinen Ansatz zu ihrer weiteren Evolution durch rein interne Prozesse sah. Das stimmte mit anderen Aspekten der Marxschen Theorien nicht überein, denn er meinte, die Widersprüche in einer Gesellschaft gäben den Anstoß zum Klassenkampf, und Klassenkampf sei der Schlüssel zum Verständnis der gesamten Geschichte. Bewässerungskulturen kannten jede Menge Widersprüche und Klassenkampf, doch sie scheinen bemerkenswert resistent gegenüber jedem grundlegenden Wandel gewesen zu sein.

Einige Kritiker der wasserwirtschaftlichen Theorie führen an, daß die bürokratischen Züge der alten Reiche sich schon abgezeichnet hätten, bevor die Bewässerungskanäle und Projekte der Flutkontrolle eine Größenordnung erreichten, in der sie auf große Zahlen von Arbeitern und auf zentralisierte Kontrolle angewiesen waren. Robert McC. Adams von der Universität von Chicago argumentiert zum Beispiel, daß im frühen dynastischen Mesopotamien »Bewässerung insgesamt auf einer schmalen Basis betrieben wurde, die kaum Änderungen des natürlichen Wassersystems und den Bau von nur schmalen Seitenkanälen erforderlich machte« und daß deshalb »nichts dafür spricht, daß die Entstehung dynastischer Autorität in Südmesopotamien verbunden war mit den administrativen Erfordernissen eines größeren Kanalsystems«. Demgegenüber möchte ich betonen, daß Wittfogels Theorie nicht den Ursprung des Staates zu erklären vorgibt, sondern den Ursprung der höchst despotischen und ausdauernden Natur bestimmter Arten von staatlichen Herrschaftssystemen. Adams leugnet nicht, daß während der Blütezeit der mesopotamischen Reiche der Bau und die Verwaltung riesiger Bewässerungsprojekte eine permanente Vorzugsbeschäftigung hoch zentralisierter und auf Landwirtschaft spezialisierter Kader war. Die dynastische Geschichte von Mesopotamien bestätigt in vollem Umfang Wittfogels Grundüberzeugung, daß in dem Maße, in dem der Umfang und die Komplexität der Bewässerungsprojekte anstieg, auch der »Einfluß der Zentralgewalt der Regierung« wuchs.

Karl Butzer hat jüngst die Anwendbarkeit von Wittfogels Theorie auf die wasserwirtschaftlichen und verwaltungstechnischen Zustände im alten Ägypten zurückgewiesen. Wie Adams behauptet Butzer, daß die dynastische Phase schon erreicht worden sei, bevor es irgendein nennenswertes Engagement für Bewässerungssysteme gegeben habe. Aber er scheint darin weiter zu gehen, daß er darauf besteht,

»Wettstreit um Wasser« sei »nie ein Diskussionspunkt außer auf lokaler Ebene« gewesen, es gäbe »kein Anzeichen für einen zentralisierten bürokratischen Apparat, der dazu gedient haben könnte, Bewässerung auf nationaler, regionaler oder lokaler Ebene zu regeln«, und er schließt damit, »ökologische Probleme« seien »auf lokaler Ebene behandelt worden«.

Daß Ägyptens Bewässerungssystem in dynastischen Zeiten stets dezentralisiert gewesen sei, führt Butzer auf die Tatsache zurück, daß die Nilebene in eine Reihe von natürlichen Becken zerfällt, die ständig aufgefüllt werden, wenn der Strom steigt und die Ufer des eigentlichen Flußbettes überflutet. Bevor in den sechziger Jahren der Assuan-Staudamm über die volle Breite des Flußbettes und der Nilebene errichtet wurde, gab es keine Möglichkeit für stromaufwärts gelegene Distrikte, den weiter stromabwärts gelegenen das Wasser abzuschneiden, wie es in Mesopotamien der Fall war. Bauten zur Wasserregulierung wurden nach Butzer nur in geringem Umfang ausgeführt und bestanden hauptsächlich in Versuchen, die bereits vorhandenen natürlichen Ufer und Dämme zu verstärken und zu verlängern, die jedes Flutbecken vom Strom und die Becken voneinander separierten.

Butzers Kritik an Wittfogels Theorie wird durch viele der Daten widerlegt, die Butzer selber anführt. Es scheint, daß er nicht ganz verstanden hat, was Wittfogel sagt. Zum Beispiel zeigt das Kopfstück eines Szepters des Skorpion-Königs einen prädynastischen Herrscher des Jahres 3100 v. Chr., der einen Damm einweiht oder den Baubeginn eines Kanals zeremoniell einleitet. Butzer nimmt dieses und andere Beispiele als Anzeichen dafür, daß »künstliche Bewässerung – absichtliche Überflutung und Entwässerung mit Hilfe von Schleusentoren eingeschlossen – ebenso von der ersten Dynastie eingeführt wurde wie die Maßnahme, Wasser mit Hilfe von Längs- und Querdeichen aufzuhalten«. Er gibt auch zu, daß die Zentralregierung sich mit Beginn des mittleren Reiches (2000 v. Chr.) in großen Bewässerungsprojekten engagierte, die darauf abzielten, den Wasserstand des Fayum-Sees zu regulieren und weite Teile der Delta-Region trockenzulegen. Allerdings betrachtet er diese monumentalen Unternehmungen als Ausnahmen und daher als nicht signifikant für ein Verständnis dynastischer politischer Organisation. Darüber hinaus beschreibt er, trotz seiner Behauptung, daß lokale Beamte die Verteilung von Wasser regulieren und anordnen konnten, eine Reihe bewundernswerter technischer Maßnahmen:

»Umgestaltung der natürlichen Ufer in höhere und stärkere Deiche; Vergrößern und Ausbaggern von natürlich abzweigenden Überlaufkanälen; Abblocken von natürlichen Sammel- oder Entwässerungskanälen durch Erddämme und Schleusentore; Unterteilung des Flutbeckens durch Dämme in handliche, teils für spezielle Zwecke vorgesehene Einheiten; Kontrolle von Wasserzufluß und -stau in den Einzelbecken durch zeitweilige Einschnitte in Dämme und Deiche oder durch ein Netzwerk von kurzen Kanälen und gemauerten Toren.«

Butzer meint, daß diese Operationen häufig den »Masseneinsatz der ganzen diensttauglichen ländlichen Bevölkerung einer Staubecken-Einheit« erforderten, aber vermutlich von nur einer Einheit zur Zeit. Dieser Schluß ist deutlich falsch, da jede »Staubecken-Einheit« mindestens zwei Nachbarn hatte – einen stromaufwärts und einen stromabwärts. Wurde es versäumt, die Deiche zwischen den Becken und die Rückstaukanäle instandzuhalten, so wurde bei Hochwasser möglicherweise das stromabwärts gelegene Becken unkontrolliert überflutet. Wenn das Hochwasser des Nils höher war als gewöhnlich, mußte ein Leck in einem stromaufwärts gelegenen Damm nicht nur die unmittelbare Umgebung gefährden, sondern genauso die nächste Niederung, da der unkontrollierte Druck leicht die Deiche zwischen den Becken wegschwemmen konnte. Die Notwendigkeit, verschiedene Becken zu einer Funktionseinheit zu koordinieren, war gleich groß, wenn das jährliche Hochwasser ausblieb. Was den oberen Becken abgezapft wurde, verminderte die Wassermenge, die für die weiter stromabwärts lebenden Bauern übrigblieb. Butzer selbst zeichnet ein beeindruckendes Bild von »Hungersnöten . . . Armut . . . Massenbegräbnissen . . . verwesenden Leichnamen . . . Selbstmord . . . Kannibalismus . . . Anarchie . . . Massenumsiedlungen . . . Bürgerkrieg . . . Massenplünderung . . . umherziehenden Banden von Marodeuren . . . und Ausrauben von Friedhöfen«, das ein Ausbleiben der jährlichen Flut zur Folge hatte. Auch wenn es Situationen gab, in denen die Spitzenwerte so hoch oder so niedrig lagen, daß keine Macht der Erde etwas dran ändern konnte – eine Regierung, die 100 000

Männer einsetzen konnte, um künstliche Berge aus Steinblöcken mitten in der Wüste aufzutürmen, schreckte ganz gewiß nicht vor dem Versuch zurück, den Effekt von zu viel oder zu wenig Wasser unter Ausnahmebedingungen auszugleichen.

Wie in so vielen anderen natürlichen und kulturellen Prozessen, die langfristig ablaufen, bestimmten Notfälle oder extreme Bedingungen eher als normale die politische Anpassung an die Bewässerungswirtschaft. Man brauchte weder in China noch in Ägypten eine Zentralregierung, solange die wichtigsten Bewässerungs- und Flut-Kontroll-Einrichtungen gut funktionierten und der Feldbau florierte. Aber wenn die großen Dämme und Uferbefestigungen der Hauptströme durch Fluten oder Erdbeben bedroht waren, konnte nur eine zentrale Verwaltung Materialreserven und Arbeitspotential in hinreichendem Umfang aufbringen. Während der Han-Periode beispielsweise war die große Ebene des Gelben Flusses in den Shan-Si- und Ho-Nan-Provinzen am dichtesten bevölkert. Periodisch trat der Gelbe Fluß über seine Ufer und überflutete weite Gebiete der Ebene. Um diese Katastrophen zu verhindern, überwachte die Zentralregierung den Bau von Deichen und Uferbefestigungen. Das hatte zur Folge, daß die Menge des so kanalisierten Wassers zunahm und der Wasserspiegel während der Flutzeiten höher anstieg, was den Schaden vergrößerte, wenn der Fluß trotzdem einmal seine Eindämmung durchbrach. Im Jahre 132 v. Chr. zerstörte der Strom die Deiche, überflutete sechzehn Distrikte und bildete einen ganz neuen Seitenarm aus. Mehrere zehn Millionen Bauern waren betroffen. Der Deichbruch blieb 23 Jahre lang offen, bis Kaiser Wu-Ti selber die Szene besuchte und persönlich die Reparatur überwachte. Im Jahr 2 n. Chr. ereignete sich ein anderer Deichbruch in der Nähe derselben Stelle, doch nun änderte der ganze Strom seinen Lauf und fand einen neuen Weg ins Meer – hundert Meilen von seiner alten Mündung entfernt. Die Reparaturarbeiten wurden wieder hinausgezögert, diesmal für mehrere Jahrzehnte.

Diese Tatsachen berechtigen zu zwei Schlüssen. Erstens war keine Anstrengung auf Dorf-, Kreis- oder selbst Provinz-Ebene für ein solches Unternehmen ausreichend, sonst hätten nicht so viele Jahre zwischen Deichbruch und Reparatur gelegen. Und zweitens besaß tatsächlich derjenige, der den Strom zu kontrollieren vermochte, alle Machtmittel, über Leben und Wohlergehen riesiger Volksmassen zu entscheiden.

Meiner Meinung nach bestätigt der heutige Stand der archäologischen Wissenschaft insgesamt den Zusammenhang von Wasserwirtschaft und Despotismus. Als die Theorie zuerst formuliert wurde, war fast nichts über die Bedingungen bekannt, die zum Entstehen der Staaten und Reiche der Neuen Welt geführt hatten, die Ackerland zentral verwalteten. Wittfogel regte den ersten Versuch von Archäologen in den späten dreißiger Jahren an, die Bedeutung künstlicher Bewässerung während der formativen Phasen indianischer Staaten in Südamerika aufzudecken. Neue Arbeiten von Archäologen der Universitäten Columbia und Harvard unterstützen diese Ansicht. Das Wachstum von Städten, Staaten und monumentaler Architektur in den vorkolumbischen Kulturen des Hochlands und der Küstenregion von Peru hing eng zusammen mit dem Fortschritt in Umfang und Komplexität ihrer Bewässerungssysteme. Ausgrabungen, die in Mittelamerika von William Sanders und Richard MacNeish durchgeführt wurden, haben ebenfalls die Wichtigkeit künstlicher Bewässerung bestätigen können. Wie ich in einem früheren Kapitel gezeigt habe, war der Bewässerungs-Feldbau die wesentliche Subsistenzbasis für Teotihuacán und das Kannibalenreich der Azteken.

Nach Wittfogel legt die wasserwirtschaftliche Theorie verhängnisvolle Folgerungen für unsere eigene Zeit nahe. Wenn er auch den Ursprung des auf Landverwaltung beruhenden Despotismus auf spezifische ökologische Bedingungen zurückführt, betont er doch zugleich, daß er infolge von Eroberungen weit über seine semiariden Entstehungszentren hinaus verbreitet wurde. Er weist beispielsweise darauf hin, daß die Mongolen diese auf Landverwaltung beruhende Form von Despotismus in der Folge der mongolischen Eroberung von Zentralasien und Osteuropa von China nach Rußland verpflanzt haben. Im zaristischen Rußland zog sich das gleiche System von »orientalischem Despotismus« bis ins zwanzigste Jahrhundert hin. Die bolschewistische Revolution und Lenins »Diktatur des Proletariats« waren in Wittfogels Sicht nicht vorübergehende Schritte auf dem Weg zur Wiederherstellung der Freiheiten, welche die Menschen vor der Entstehung des Staates genossen hatten; sie führten eher zur Restauration der Zentralgewalt der Regierung und zu einem Anwachsen zaristischer Tyrannei durch die Entwicklung industrieller Mittel der Ausbeutung und Kontrolle. Was China angeht, so sieht Wittfogel die dortige kommunistische Revolution als Wiederherstellung des alten imperialen Systems, als die Gründung einer weiteren Dynastie nach einem weiteren Zusammenbruch und einer kurzen Unterbrechung unter fremder Kontrolle. Aufgrund der weiterhin agrarisch und wasserwirtschaftlich ausgerichteten Struktur des modernen China scheint mir diese Analyse im Fall von China viel besser zu passen als im Fall von Rußland, wo heute eine industrielle Produktionsweise vorherrscht. In jedem Fall scheint Wittfogel die Art von Analyse kurzgeschlossen zu haben, die nötig ist, wenn wir die wahre Natur der Bedrohung unserer Freiheit heutzutage richtig einschätzen wollen. Ich glaube nicht, daß wir von despotischen Traditionen bedroht sind, die sich verselbständigt haben und die von einer Produktionsweise auf die andere oder von einem Ökosystem auf das andere übertragen werden. Was Wittfogels Theorie mir nahelegt, ist folgendes: Wenn bestimmte Arten von Produktionssystemen auf Staatsebene verstärkt werden, können despotische Formen der Regierung entstehen, die imstande sind, den menschlichen Willen und die menschliche Intelligenz für Tausende von Jahren lahmzulegen. Dies schließt ferner ein, daß der für eine bewußte Wahl wirksame Augenblick vielleicht nur während der Übergangszeit von einer Produktionsweise zur anderen anfällt. Nachdem eine Gesellschaft sich für eine bestimmte technologische und ökologische Strategie zur Lösung des Problems nachlassender Effizienz entschieden hat, ist es vielleicht auf lange Zeit nicht mehr möglich, irgend etwas gegen die Konsequenzen einer unklugen Wahl zu tun.

14. Kapitel

Der Ursprung des Kapitalismus

Die wasserwirtschaftliche Theorie liefert nicht nur eine Erklärung für die bemerkenswerten Übereinstimmungen zwischen den sozialen Institutionen in Ägypten, Mesopotamien, Indien, China und dem peruanischen Inkareich. Sie verspricht auch einen Zugang zu der Frage, warum der Kapitalismus und warum die parlamentarische Form der Demokratie sich in Europa haben entwickeln können, bevor sie in irgendeinem anderen Teil der Erde in Erscheinung traten. Nördlich der Alpen, wo kein Nil fließt, kein Indus und kein Gelber Fluß, wo Schnee im Winter und Regen im Frühling für ausreichende Feuchtigkeit für Getreidefelder und Viehweiden sorgen – hier siedelte die Bevölkerung weiter verstreut als in den südlichen Regionen künstlicher Bewässerung. Noch lange nachdem die großen Stromtäler von Horizont zu Horizont mit menschlichen Siedlungen bedeckt waren, blieb der ganze Norden Europas ohne nennenswerte Verbindung zum Mittelmeergebiet und zum Vorderen Orient, genauso wie später Amerika zu Europa: Grenzland, bedeckt von jungfräulichen Wäldern. (Doch die Bevölkerungsdichte lag hier höher als in der gemäßigten Klimazone Nordamerikas, wo der Mangel an domestizierten Tieren dazu führte, daß das Bevölkerungswachstum noch langsamer voranschritt.)

Die ersten Staaten in Nordeuropa entstanden nicht aus der Zusammenballung von Menschen, die einem für alle verbindlichen Lebensstil anhingen. All diese Staaten wurden nur gegründet, um der militärischen Bedrohung der Mittelmeer-Reiche begegnen zu können und die verlockenden Möglichkeiten zu Handel und Plünderung auszuschöpfen, die der gewaltige Reichtum von Griechenland und Rom bot.

Obwohl die meisten Historiker die politische Organisation der Gallier, Franken, Germanen und Briten während der Eisenzeit als

»Häuptlingstümer« bezeichnen, handelte es sich doch um Gesellschaften, die offensichtlich die Schwelle zum Staatswesen bereits überschritten hatten. Sie sollten eher mit Feudalstaaten wie dem Königreich Bunyoro verglichen werden, als mit Stammesgesellschaften wie den Trobriandern oder Cherokee. Etwa um 500 v. Chr. hatten sich bei den Völkern Europas ganz deutlich soziale Schichten herausgebildet. Ebenso wie die wedischen Einwanderer in das Indus-Tal waren die Franken, Gallier, Germanen und Briten in drei erbliche Kasten unterteilt. Da war zunächst die Krieger-Aristokratie, zum anderen eine Priesterkaste, die Druiden, die mit der Abhaltung von Ritualen, der Bewahrung geschichtlicher Überlieferung und der Zeitrechnung beauftragt waren, und schließlich gab es das gemeine Volk, das in Dörfern oder verstreuten ländlichen Siedlungen lebte, die Teil der Domäne eines lokalen Häuptlings waren. An der Spitze der Gesellschaft stand ein erblicher Kriegerkönig, der Mitglied des Herrscherhauses oder der königlichen Sippe war.

Während der König und seine Krieger-Häuptlinge das Image großmütiger Freigebigkeit aufrechtzuerhalten suchten, das charakteristisch ist für die Kumpanei archaischer Stammesgrößen, besaßen sie in Wirklichkeit ein Monopol auf den Besitz der Ausrüstung, die unerläßlich war zur Aufrechterhaltung von Recht und Ordnung und zur Ausrichtung militärischer Feldzüge. Sie übten die alleinige Kontrolle aus über Streitwagen, Pferde, Rüstungen und Eisenschwerter. Das gemeine Volk war verpflichtet, Abgaben an Getreide und Vieh zu entrichten und Arbeitsdienst zu leisten, wann immer die Häuptlinge oder der König dazu aufriefen. Wenn ihnen ihr Leben lieb war, erfüllten sie pünktlich und zuvorkommend die Forderungen ihrer halsabschneiderischen Herren. Die Gesellschaft war jenseits des Punktes angelangt, auf dem sich die Machthaber auf die spontane Abgabe-Bereitschaft ihrer Gefolgsleute verlassen konnten. Allerdings gab es noch genug unbewohnte Wälder, in die sich Gefolgsleute ebenso wie erzürnte Häuptlinge zurückziehen konnten, wenn ihnen ihre Verbindlichkeiten zu einseitig wurden.

Daß sich die nordeuropäischen Kleinstaaten nicht zu monolithischen despotischen Reichen entwickelt haben, lag gewiß nicht am Mangel geeigneter Führerpersönlichkeiten. Das altenglische Heldenepos Beowulf, die nordischen Sagas und Homers Ilias wimmeln von frustrierten Fürsten, die der Historiker Marc Bloch »seltsame kleine Potentaten« genannt hat. Die Könige und Anführer der Kelten können wohl zu den unbarmherzigsten Gestalten der Geschichte gerechnet werden: Sie stürzten sich selber in die Schlacht, plünderten Städte unter Mordgeschrei und Trompetenklang, schlachteten Männer und Knaben ab und zerrten Mädchen und Frauen in ihre Streitwagen, die mit frisch abgeschlagenen Köpfen dekoriert waren. Für den Historiker Piggott waren sie eine hinterhältige, rülpsende, reizbare, alles in allem unmögliche Bande – »mit Händen, die schon beim eingebildeten Anzeichen einer Provokation zum Schwertgriff zucken ... ihre schmierigen Schnauzbärte abwischend, die ein Zeichen des Adels waren«.

Indessen blieben die keltischen Königreiche klein und voneinander isoliert. Das Volk stellte sich unter den Schutz bald des einen, bald des anderen Häuptlings. Neue Bündnisse zeigten den Aufstieg neuer Herrscherhäuser und den Sturz alter an. Ganze Bevölkerungsteile solcher Reiche verließen ihre Heimat und wanderten geschlossen von einer Region zur anderen – die Belgen nach Britannien, die Helvetier in die Schweiz, die Kimbern, Teutonen und Ambronier nach Gallien und die Skythen nach Transsylvanien. Die Römer schlossen diese locker verbundenen, wandernden feudalen Königtümer zu kaiserlichen Provinzen zusammen, bauten die ersten großen Befestigungsanlagen und die ersten anständigen Straßen, und sie führten Währungssysteme, regelmäßige Steuereinziehung und Gerichte ein. Manche von diesen Neuerungen glich einem dünnen Anstrich, den man auf Gebiete aufgetragen hatte, die noch kaum auf eine straff durchorganisierte Staatsmacht vorbereitet waren. Die romanisierten Nachkommen der Franken, Gallier, Kelten und Germanen betrieben außerhalb der Provinz-Hauptstädte ihre auf bescheidenem Ackerbau beruhende Subsistenzwirtschaft in einzeln gelegenen Dörfern. Der Handel mit selbstgefertigten Gütern und landwirtschaftlichen Produkten blieb rudimentär, verglichen mit den rund ums Mittelmeer gelegenen Teilen des Römischen Reiches. Fast niemand konnte lesen und schreiben. Mit dem Untergang Roms im fünften nachchristlichen Jahrhundert fiel Europa nördlich der Alpen nicht in seine »dunklen Anfangszeiten« zurück, sofern es aus ihnen überhaupt je so ganz herausgekommen war. Es verfiel von neuem in Feudalismus.

Stammeshäuptlinge und Könige, ehemalige römische Statthalter, Generäle, Feldherren, Bauernführer und Banditen modelten mit Waffengewalt die früheren römischen Provinzen in neue Feudalreiche um. Allerdings blieb diese Wiederherstellung der alten Verhältnisse eine halbe Sache. Unter der Herrschaft Roms war die Bevölkerung angewachsen. Viele Völker mit halbnomadischer Lebensweise waren dazu gebracht worden, ihre Wanderungen aufzugeben, seßhaft zu werden und sich dem Ackerbau zu widmen. Verglichen mit der vor-römischen Zeit waren die neuen Feudalreiche straffer und stärker durchorganisiert. Die Bauern wurden einfach zu Leibeigenen der neuen Oberschicht gemacht, die auf den großen Gütern und Domänen saß. Für die Bauern bedeuteten diese Güter zwar einen verbrieften Schutz gegen Plünderung und Vertreibung, dafür hatten die Bauern als Unterstützung ihres Gebietsoberhauptes mit seinen Knechten und Handwerkern reichliche Mengen an Nahrung, Arbeitszeit und Rohmaterial bereitzustellen. Treueschwüre wurden zwischen Knechten und ihren Herren, zwischen Fürsten und Königen zelebriert, und solche Gelübde gaben der neuen politischen Hierarchie ihre Form.

Indessen unterschied sich nach wie vor die nach-römische politische Organisation Europas von derjenigen der Wasserkulturen – trotz der despotischen Merkmale, wie sie durch die Leibeigenschaft in das früh-europäische Feudalsystem eingeflossen sind. Zentrale Dienststellen für Raub und Beute innerhalb wie außerhalb der Landesgrenzen sowie kommunale Faktoreien und Manufakturen waren bezeichnenderweise nicht vorhanden. Es gab keine überregionalen Behörden zur Steuereinziehung, für den Kriegsdienst, zum Straßen- und Kanalbau oder für die Gerichtsverwaltung. Die Produktionseinheiten des Landes waren die politisch unabhängigen, in sich geschlossenen Gutsdomänen, die mit Regenwasser wirtschafteten. Die mächtigen Fürsten und Könige hatten keinerlei ökonomische Handhabe zur Unterbrechung oder Stützung der Wirtschaftsaktivitäten, wie sie täglich in der kleinen unabhängigen Mikrowelt einer jeden Domäne abfielen.

Ganz im Gegensatz zu den Gewaltherrschern der Wasserkulturen konnten die Könige des mittelalterlichen Europas das Wasser auf den Feldern weder an- noch abstellen. Der Regen kümmerte sich

herzlich wenig um die Beschlüsse des Königs in seiner Befestigungs-
anlage. Ferner gab es nichts im Wirtschaftsleben, was die Organisation riesiger Arbeiterheere hätte erzwingen können. Wittfogel stellt
die These auf, daß im Gegensatz zu den Wasserkulturen die verein-
zelten und weiträumig verstreuten Aktivitäten des Regen-Ackerbaus
keinerlei Anlaß zur Zusammenarbeit auf staatlich gelenkter Basis
gegeben haben. Auf diese Weise vermochte die feudale Aristokratie
allen Versuchen zu widerstehen, nationale Zentralregierungen aufzu-
bauen. Anstatt zu einem orientalischen Gewaltherrscher heranzurei-
fen, blieb der europäische König im Rahmen seiner Rolle des Ersten
unter Gleichen. So wie König Johann von England, um die Krone zu
retten, im Jahre 1215 sein Reich vom Papst zu Lehen nehmen und
den Feudalherren ihre alten Rechte in der Magna Charta Liber-
tatum bestätigen mußte, so hatten sich auch die übrigen europäischen Feudalherrscher darin zurückzuhalten, in das Adelsrecht auf
Steuereintreibung störend einzugreifen. Die Magna Charta, die König Johann ohne Land von den englischen Feudalherren abgenötigt
wurde, verhinderte vermutlich die Entstehung einer despotischen
Zentralherrschaft, und zwar nicht durch die Garantie parlamentari-
scher Kontrollinstanzen – zu dieser Zeit war noch gar kein Parlament
in Sicht –, sondern vielmehr mit der Garantie, daß jeder Feudalherr
die vollen Kompetenzen eines Lehnsherrn auf seinem eigenen Gelände behalten werde.

Trotz seines fragwürdigen Rufes eines »dunklen Zeitalters« war
das frühe Mittelalter eine Zeit, in der sich die Bevölkerung vermehrt
und sich die landwirtschaftliche Produktion intensiviert hat. Um 500
n. Chr. gab es im transalpinen Europa vermutlich nur etwa sechs Personen pro Quadratkilometer. Bereits im Jahre 1086 hatte England
eine Bevölkerungsdichte von etwa 20 Köpfen pro Quadratkilometer
zu verzeichnen. Erst um 500 n. Chr. wurden Eisenäxte und Hand-
sägen für jeden Bauern erschwinglich. Neue Siedlungen drangen vor in
unwegsame Wald-, Moor- und Sumpfgebiete. Aktivitäten wie Holz-
fällen, Hausbau und die Konstruktion von Schutzwehren erfuhren
eine Blütezeit. Die Erfindung des Hufeisens steigerte den Nutzwert
des Pferdes als Zugtier. Die Entwicklung des Grobschmiedens führte
zur Verwendung eines ganz neuartigen Pfluges: ein schweres Ar-
beitsgerät, mit Eisenplatten beschlagen und auf Rädern montiert.

Mit ihm konnten tiefe Furchen in den Ton- und Lehmboden gezogen werden, jenen Boden, der so bezeichnend ist für regenreiche, waldige Gebiete. Da jetzt die Furchen tief genug ausgehoben werden konnten, wurde das nochmalige Querpflügen überflüssig. Das im Ackerbau rationellste Feld wurde jetzt jenes, dessen Flächenform die geringste Anzahl von Pflugwendungen pro Morgen verlangte. Dies konnte nur ein Feld sein, das wesentlich länger als breit war. Diese neue Felderform verbesserte die Methode des Fruchtwechsels. Die Notwendigkeit der Brache konnte drastisch reduziert werden. Dieses neue Ackersystem paßte wunderbar zu den Anbaugepflogenheiten der großen Gutshöfe. Jede Bauernfamilie hatte Zugang zur Schmiede des Gutshofes, zum Großpflug, zu den Zugtieren und zu den benachbarten Feldern. All das hätte ein Bauer von einer unabhängigen Basis aus sich nicht leisten können. Hier stellt sich die Frage, warum sich dieses System nur bis ins 14. Jahrhundert hat halten können.

Erklärungen für den Zusammenbruch des Feudalismus beginnen gewöhnlich mit der Feststellung, daß Handel und Gewerbe im 10. und 11. Jahrhundert zur Blüte gelangten. Hier nun habe die Sucht nach Profit all die gewohnten feudalen Verpflichtungen umgewandelt in Marktbeziehungen, die von Angebot und Nachfrage gesteuert werden. In diesem Zusammenhang führt der Historiker Immanuel Wallerstein aus, daß der Feudalismus nicht aufzufassen sei als ein System, das dem Handel widerspreche. Feudale Herrscher hatten sich schon immer für das Wachstum der Städte ausgesprochen sowie für die Entwicklung einer städtischen Handwerks- und Kaufmannszunft. Diese Stände konnten dazu beitragen, daß die Feldproduktion eines Gutshofes aufging in eine Massenproduktion von Gütern und Diensten, welche eine einzelne Domäne nicht mehr imstande war zu leisten. Rein ideologisch standen die Gutsherren den Vorgängen von Kaufen und Verkaufen und dem Gewinnmachen durchaus nicht feindselig gegenüber. Es bleibt also zu klären, weshalb Städte und Großmärkte mehr als 500 Jahre dazu brauchten, die Feudalordnung zu unterwandern.

Die Antwort liegt vielleicht darin, daß Städte und Großmärkte so lange nur allmählich wuchsen, als die Leibeigenen und freien Bauern aus ihrem traditionellen Ackerbau einen vergleichsweise hohen

Lebensstandard halten konnten. Die eigentliche Entfaltung von Wirtschaft und Handel bis zu jenem Grad, bei dem das Feudalregime ernsthaft gefährdet wurde, hatte auf eine beträchtliche Bevölkerungsdichte zu warten. Von dem Zeitpunkt an, da die Bevölkerung in der Tat spürbar zunahm, verringerte sich die generelle Leistungsfähigkeit. Die landwirtschaftliche Rendite ging ebenfalls zurück, und zwar gleichermaßen für die Bauern wie für die Gutsherren. Diese Entwicklung stimulierte die Feudalherren, zusätzliche Einkommensquellen aufzuspüren. In England, der Keimzelle des Kapitalismus, war eine sehr bedeutende Quelle die Aufzucht von Wollschafen. Dies allerdings schränkte das zum Ackerbau bereitliegende Land spürbar ein, verkleinerte die bäuerlichen Pachtgüter, ließ die Landbevölkerung verarmen und setzte schließlich Umsiedlungen in die Städte und zu den großen Wollmanufakturen in Gang. Meine Darstellung verdankt eine Menge dem Werk von Richard G. Wilkinson. In seinem Buch »Armut und Fortschritt« zeigt er auf, daß die Fruchtbarkeit des Ackerbodens und der Ertrag der Saat im 13. Jahrhundert in England spürbar zurückgingen. Das ausbalancierte System des mittelalterlichen Ackerbaus war ins Ungleichgewicht geraten. Die Erweiterung der pflügbaren Anbauflächen vollzog sich nicht im Gleichgewicht mit dem Zuwachs an Weideland und Haustieren zur Bereitstellung genügender Mengen an Dünger. Die Brachezeit zur Regeneration des Bodens wurde übersprungen und unfruchtbares Land kultiviert. Anstrengungen wurden unternommen, um die Ausbeute des Ackerlandes anzuheben: Die Landwirte düngten mit Kalk, sie mergelten den Boden, sie pflügten mit Strohasche, sie setzten die Saat dichter, schließlich experimentierten sie mit neuartigem Saatgut. Doch all diese Anstrengungen halfen nichts. Zwar nahm die Gesamtproduktion durchaus zu, die Bevölkerung aber wuchs desto schneller. Allein von den letzten Jahrzehnten des 12. bis hin zu den ersten Jahrzehnten des 14. Jahrhunderts verdreifachte sich der Weizenpreis. In demselben Zeitraum stiegen die englischen Wollexporte um 40 Prozent. Ein Anstieg der Getreidepreise mußte zur Folge haben, daß jene Familien, die nicht genügend Land für die eigene Versorgung besaßen, an die Schwelle der absoluten Armut gespült wurden.

In der Diskussion über den Bevölkerungsanstieg bei den Yanomamo-Indianern habe ich bereits dargelegt, daß der Zeitraum jeweils unmittelbar vor und nach Anreicherung und Erschöpfung eines vorindustriellen Wirtschaftssystems mit Spitzenraten an Tötungen neugeborener Mädchen charakterisiert werden könnte. Obwohl diese These bei den Yanomamo nicht verifiziert werden konnte, sind indessen für England im späten Mittelalter exakte Daten vorhanden. Nach Josiah Russel kulminierte das Geschlechterverhältnis bei Kleinkindern im Zeitraum zwischen 1250 und 1358 im Index 130 zu 100. Für ein volles weiteres Jahrhundert blieb dieser kopflastige Index konstant. Seit Kindestötungen in der jüdisch-christlichen Tradition als Mord bewertet wurden, unternahmen die Eltern natürlich jede Anstrengung für den Anschein, daß der Tod unerwünschter Babies rein zufällig eintrat. Barbara Kellum führt in ihrer Studie über Kindestötungen im England des 13. und 14. Jahrhunderts aus, daß der Untersuchungsrichter herbeigerufen wurde, wenn ein Kind zu Tode verbrüht war durch einen umgekippten Topf mit siedendem Wasser, wenn ein Kind in einer Milchkanne ertrank oder wenn es in einen Brunnen fiel. Die häufigste Ursache des »versehentlichen« Kindersterbens, nämlich Ersticken, wurde seelsorgerisch behandelt vom Gemeindepastor. Tod durch Ersticken wurde routinemäßig auf das versehentliche »Drauflegen« zurückgeführt. In diesem Fall wurde die Mutter lediglich durch öffentliche Ermahnung seitens ihrer Gemeinde und durch Buße bestraft: Nahrungsbeschränkung auf Brot und Wasser.

Der Hintergrund der Theorie des »Drauflegens« war jener, daß eine Mutter das Recht hatte, ihr Baby in ihrem eigenen Bett zu nähren und zu pflegen und es während der Nacht an ihrer Seite zu behalten. Sie hatte jedoch darauf zu achten, daß sie nicht einschlief und dabei auf ihr Baby zu rollen drohte. Wenn nun dennoch ein Baby unter diesen Umständen starb, so war der Nachweis einer mörderischen Absicht praktisch nicht zu erbringen. Müttern mit der klaren Absicht, ihre Babies zu behalten und großzuziehen, passierte es offensichtlich nicht, daß sie auf ihre Babies rollten. Selektive Kindestötung, und nicht Unfälle, ist die einzig plausible Erklärung für das auffallende Ungleichgewicht des Geschlechter-Index bei Kindern im späten Mittelalter Englands. Trotz der hohen Tötungsrate weiblicher Babies wuchs die englische Bevölkerung bis zum Jahre 1348 stetig an. Dann nämlich raffte die größte Pestepidemie in der Geschichte Europas einen Großteil der Bevölkerung hinweg. Über die Beziehung zwischen falscher Ernährung und Widerstandskraft gegen Krankheit wissen wir ausreichend Bescheid, so daß angenommen werden kann, daß ein bedeutender Anteil der Sterblichkeitsrate in der großen Pestepidemie auf die Verschlechterung des Ernährungsstandards zurückzuführen ist. Ohne Frage bestand ein Zusammenhang zwischen dem Bevölkerungstrend vom Land zur Stadt und der Vergrößerung der Siedlungen einerseits und dem Ausbruch der Pest andererseits.

In den Nachwehen der Pestepidemie schlitterte Europa in eine Periode der politischen und ökonomischen Unruhe und Labilität. Die feudalen Herrschaftssysteme waren erschüttert von massiven Bauernaufständen, messianischen Bewegungen, von Kultausbrüchen mit Selbstgeißelung, Juden-Massakern, Kirchenspaltungen innerhalb des katholischen Glaubens, von Kreuzzügen zur Unterdrückung der Ketzerei, der Einrichtung der Inquisition und schließlich von einer endlosen Kette von Kriegen – der Hundertjährige Krieg, den König Eduard III. von England 1339 eröffnete und der sich bis ins Jahr 1453 hingeschleppt hat, war nur einer von vielen. Hinzu kommt, daß die Entwicklung der gutsherrschaftlichen Produktionsweise an ihre ökologischen Grenzen gestoßen war. Diese Krise, die jener neuen Wirtschafts- und Produktionsweise vorausging, die mit Kapitalismus zu bezeichnen ist, war im Grunde eine ebenso tiefgehende Krise wie jene, die der Neolithischen Revolution oder der Geburt von früheren Großreichen vorausging. Dies kann noch verdeutlicht werden: Es ist sicher nicht so, daß Umwelt und traditionelle Kräfte allein imstande sind, die Krise des Feudalismus im 14. Jahrhundert zu erklären. Andere Faktoren, wie die Ausbeutung der Bauern seitens der Feudalherren oder das Entstehen ganz neuer gesellschaftlicher und beruflicher Klassen wie Kaufleute und Bankiers, machten ebenfalls ihren Einfluß geltend. Bei der Entstehung dieser Krise spielte der drückende Einfluß der feudalen Adligkeit und des gerade erst entstehenden Kaufmannsstandes eine ebenso starke Rolle wie jene korrupten Ambitionen der chinesischen Führungsbürokratie bei der Zerstörung zahlreicher Dynastien. Vermutlich ist es denkbar, daß bei geringerem Druck der herrschenden Feudalklasse auf die Bauern die Bevölkerungszunahme vorübergehend zum Stillstand gekommen wäre – zu einem Zeitpunkt, an dem eine Krise hätte abgewehrt werden und an dem sich der Lebensstandard deutlich über der völligen Verarmung hätte einpendeln können. Vielleicht war auch die kirchliche Opposition gegen die Kindestötung von Bedeutung für den Bevölkerungsanstieg und damit ein Krisenelement.

Die umweltbedingten Faktoren können indessen nicht ignoriert werden. Daß Bodenflächen für die Wollproduktion bereitgestellt wurden, wäre unbedeutend geblieben, wenn nicht die Kapazität der übrigen Bodenflächen, zusätzliche Erntemengen hervorzubringen, bereits längst erschöpft gewesen wäre. In solch einer Situation scheint es völlig zweifelsfrei, daß bei nur geringen klimatischen Unregelmäßigkeiten und Widrigkeiten ein leichter Druck auf die Bauern ausreichte, um die Basis für völlig neuartige Produktionsverfahren zu legen. Es ist klar, daß der Kreislauf von Ankurbelung, Erschöpfung und neuartigen Produktionsmethoden bereits bei klassenlosen, staatlich noch nicht organisierten Dorfgesellschaften in Gang gesetzt wurde. So darf der Schluß gezogen werden, daß die Gutswirtschaft sowohl in politisch-ökonomischer als auch in umweltbedingter Hinsicht ein vom Wesen her unstabiles System darstellt. Beim gegenwärtigen Wissensstand besteht kein Anlaß, der einen oder anderen Einflußgröße mehr Bedeutung beizumessen.

Es bleibt die Frage, warum sich der Bevölkerungsschwund nach der großen Pestepidemie nicht in das Auf und Ab der demographischen und wirtschaftlichen Entwicklung integriert hat. Ähnlich war ja die Situation in den Bewässerungskulturen gewesen, wo heftige Schwankungen des Lebensstandards nach oben und nach unten den Hintergrund zu den dynastischen Veränderungen abgaben. Mit anderen Worten, es taucht die Frage auf, warum der Feudalismus von einem völlig neuartigen System abgelöst wurde, anstatt nach Ablauf der Krise eine Erneuerung zu erfahren. Auch in dieser zentralen Frage liefert Wittfogels Theorie den Schlüssel zum Verständnis, wenn er auf die gegensätzlichen Umweltbedingungen im Feudalismus einerseits und bei den Bewässerungskulturen andererseits aufmerksam macht. Das Zusammenspiel von Umweltsituation und politisch-wirtschaftlichen Faktoren darf auch hier nicht außer acht bleiben.

In den Bewässerungskulturen standen Armut und dynastischer

Zusammenbruch in einem nicht zufälligen Zusammenhang mit der Vernachlässigung und dem Verfall der Wasserbauwerke. Als erstes wurden dann immer die einzelnen Bewässerungssysteme wieder auf Vordermann gebracht. Dies war Sache der neu eingesetzten Dynastie, die zwar nicht frei von Altruismus handelte, wohl aber zunächst unabhängig von der Maximierung ihrer eigenen politischen Machtstellung und ihres wirtschaftlichen Wohlergehens. Indem sich das neue Regime um die Wiederherstellung der hydraulischen Infrastruktur kümmerte, band sie fast automatisch die gesamte Bevölkerung in die Regeneration des despotisch angelegten Wirtschaftssystems ein. Andererseits lag das Problem während der Krise des europäischen Feudalismus darin, daß die einzelnen geprellten Hofbesitzer kein Land mehr besaßen und sehr viel ehemaliges Ackerland, das man eigentlich zum Anbau von Feldprodukten dringend benötigte, nunmehr mit Haustieren belegt wurde. Doch konnten die ersten wirtschaftspolitischen Maßnahmen der englischen Gutsherren – sie waren natürlich in erster Linie den Kaufleuten und Fabrikanten gewogen – nicht gerade darauf abzielen, die Schafe zu vertreiben, die Bauern auf ihre ehemaligen Ländereien zurückzurufen und die Produktion von Wolle zu stoppen. Die Maximierung ihrer politischen Machtstellung und ihres wirtschaftlichen Wohlergehens lag nicht in rückwärts gerichteten Schritten, sondern in eindeutiger Richtung nach vorne: in brutalen Versuchen, Geld zu machen und Kapital anzuhäufen durch noch mehr Schafe und noch mehr Wollverarbeitungsfabriken. Das bedeutet also, das gutsherrschaftliche System wurde nicht erneuert und wiederhergestellt; es wurde vielmehr ersetzt durch ein Verwaltungssystem mit den Eckpfeilern der naturwissenschaftlich fundierten Technologie, der Maschinenproduktion, des Kapitalismus und der parlamentarischen Demokratie.

Im Kapitalismus wird die Verteilung der meisten Güter und Dienstleistungen von Unternehmen gesteuert, welche Zugang zu beträchtlichen Geldmitteln und Wirtschaftsgütern haben und diese mehr oder minder kontrollieren. Das Planziel solcher Unternehmen ist darauf gerichtet, noch mehr Kapital anzuhäufen, und zwar so schnell und rationell wie irgend möglich und bei Maximierung der eigenen Gewinnspanne. Nun kann ein Unternehmen in dem Augenblick seine Gewinne anheben, in dem es einen technologischen Vorsprung über seine Mitbewerber gewinnt und sein Management die Stückkosten zu senken versteht. So wird alsbald der technische Fortschritt zur Schlüsselposition für die Anhäufung von Kapital und damit für den Geschäftserfolg. Andererseits liefert wissenschaftliches Know-how den Schlüssel zum Fortschritt. Kapital, Wissenschaft und technischer Fortschritt repräsentieren mithin drei sich gegenseitig beeinflussende und verstärkende Faktoren, die sich in Europa aus der Krise des Feudalismus entwickelt haben.

Zahlreiche Merkmale dieser drei Faktoren gab es auch in den Bewässerungskulturen. So kannten zum Beispiel die Chinesen Privateigentum an Grund und Boden sowie preissteuernde Märkte für Landwirtschafts- und Manufakturprodukte. Es gab bei ihnen reiche Kaufleute, ein dicht geflochtenes Bankennetz und Händlergilden. Bauernfamilien kauften und verkauften auf den lokalen Märkten mit dem erklärten Ziel, einen möglichst hohen Gewinn zu erzielen. Die chinesischen Kaiser unterstützten den technischen und wissenschaftlichen Fortschritt. Tatsächlich wissen wir heute, daß Chinas Vorsprung auf technischem und wissenschaftlichem Gebiet bis ins 14. Jahrhundert ebenso groß war wie derjenige in Europa. Die zeitgenössische historische Forschung hat dargelegt, daß die Chinesen ein ganz entscheidendes technisches Detail des Uhrwerks entwickelt haben – nämlich die Hemmung, welche die Feder oder das Gewicht daran hindert, sich zu schnell abzuwickeln. Auch hatten die Chinesen bereits das Schießpulver erfunden, das dann später die Europäer in ihren Orient-Kriegen verwendeten. Chinesische Wassermühlen waren weitaus besser als europäische, da die Chinesen viel in ihre Staudämme, Kanäle und Bewässerungsanlagen investiert haben. Joseph Needham, der große Historiker auf dem Gebiet der chinesischen Technik und Wissenschaften, wertet die chinesische wassergetriebene Metallverhüttungsmaschine als direkten Vorläufer der Dampfmaschine. Auch andere bedeutende Erfindungen bucht Needham auf das Konto der Chinesen: die erste Rechenmaschine, das Kanal-Schleusentor, die Hängebrücke an Eisenketten, die erste mechanische Winde, das Steuerruder und schließlich das menschentragende Segelflugzeug. Bereits 1313 unternahmen die Chinesen Experimente mit wassergetriebenen Spinnmaschinen. Diese Aggregate waren immerhin die unmittelbaren Vorläufer der europäischen Jenny-Spinnmaschinen.

Trotz dieser beachtlichen technischen Leistungen bleibt es zweifelhaft, ob die Chinesen ohne die Herausforderung des europäischen Vorbildes jemals eine industriell angelegte Güterproduktion aufgebaut hätten. Um Gewinne zu erzielen und Kapital anzuhäufen, war der technische Vorsprung vor dem eigenen Mitbewerber niemals ein entscheidender Faktor im alten China. Die Schlüsselposition im chinesischen Wirtschaftsleben war vielmehr die rückhaltlose Unterstützung der landwirtschaftlichen Verwaltungsbürokratie. Wer nicht die richtigen Beziehungen zur Regierung hatte, konnte von korrupten Beamten rücksichtslos ausgeplündert werden. Handelslizenzen konnten willkürlich entzogen werden. Allzu gewinnträchtige Geschäfte schwebten permanent in Gefahr, von entsprechenden Regierungsstellen geschluckt zu werden. In China stand mithin die Entwicklung von privatem Handel und Gewerbe in direkter Abhängigkeit von der Verwaltungsbürokratie. Beides waren wichtige Aktivitäten, zugleich aber auch abhängig von der zentralisierten Wirtschaftspolitik. Nach Wittfogel konnten die Menschen in den Bewässerungskulturen noch am ehesten etwas mit jenen kapitalistischen Unternehmungen anfangen, die den Charakter eines niedlichen Nutzgärtchens ausstrahlten. Im übrigen aber kappten sie das üppige Laubwerk kapitalistischer Geschäftsaktivitäten herunter zu einem bloßen Stecken. Im nachmittelalterlichen Europa dagegen schritten Privatindustrie und Handel einher mit der Entwicklung der parlamentarischen Monarchien oder gingen ihnen sogar voran. Die Machtstellung europäischer Könige und Kaufleute nährte sich von dem Boden feudaler Grenzen und Beschränkungen. Beide wetteiferten miteinander um Einfluß und Kontrolle über die Wirtschaftspolitik der nachfeudalen Ära.

Die englischen, französischen und spanischen Monarchen etwa konnten zwar brutal in das Leben ihrer Staatsbürger eingreifen, doch stellte die Opposition äußerst wohlhabender Kaufleute und Bürger mit großem Besitz auch eine Grenze ihrer Willkür dar. Wittfogel ist der Ansicht, daß die Herrscher des europäischen Absolutismus ebenso unbarmherzig ihre Ränke schmiedeten und ebenso gnadenlos töteten wie die entsprechenden Potentaten im Fernen Osten. Aber ihrer Machtausübung bei Verfolgungen und Aneignungen waren vom Landadel, von der Kirche und von den Städten Grenzen gesteckt. Deren Unabhängigkeit konnten die regierenden Autokraten einschränken, nicht aber zerstören. Als Europas Könige ihr Mandat als von Gottes Gnaden und uneingeschränkte Autorität beanspruchten, wurde das Bürgertum in Frankreich und England stutzig. Hätte es Pharaonen oder Inka-Herrscher in Europa gegeben, so hätten sie über kurz oder lang auf ihre Rechte, die Allmacht des Kosmos zu verkörpern, verzichten müssen. Andernfalls wäre ihr Leben unter der Guillotine beendet worden.

In anthropologischer Betrachtung stellten die bürgerlich-parlamentarischen Demokratien Europas im 17. und 18. Jahrhundert eine seltene Umkehrung der Entwicklung von Freiheit und Sklaverei dar. Gerade dieser Trend aber war charakteristisch für die Staatsentwicklung vor 6000 Jahren. Wittfogel hat jenem Disput zwischen Marx und Engels widersprochen, daß jegliche Geschichte immer nur die Geschichte von Klassenkämpfen sei. Seiner Beobachtung nach ist Klassenkampf zu verstehen als Luxusaktivität von dezentralisierten und offenen Gesellschaften. Es kann gewiß nicht geleugnet werden, daß es Klassenkampf, zumindest in versteckter Form, auch in Bewässerungsgesellschaften gab. Doch haben die unteren Klassen erst in der jüngsten Geschichte Europas und der USA sich die Freiheit nehmen können, öffentlich für mehr Kontrolle des Regierungsapparats zu kämpfen. Wer die Praktiken der Speichelleckerei und Kriecherei verabscheut, wer die Weiterentwicklung wissenschaftlicher Erkenntnisse über Kultur und Gesellschaft begrüßt, wer das Recht zu studieren, zu diskutieren, zu debattieren und zu kritisieren bejaht, wer schließlich der Meinung ist, daß die Gesellschaft höher zu bewerten sei als der Staatsapparat – niemand von denen kann es sich leisten, den Aufstieg der europäischen und amerikanischen Demokratien als ganz normales Ergebnis einer friedlichen Entwicklung zu verkennen. Gleichermaßen problematisch ist die Annahme, daß der Kapitalismus die Endstufe der kulturellen Evolution darstelle. Es läßt sich nicht verleugnen, daß die Konzentration der kapitalistisch angelegten Produktionsweise mittlerweile jenen wertvollen Rechten und Freiheitswerten bedrohlich wird, die bis jetzt, wenngleich erst seit kurzer Zeit, unter dem Vorzeichen des Kapitalismus zur Blüte gelangt sind.

Die strengsten Kritiker des Kapitalismus – unter ihnen Karl

Marx – haben immer schon eingeräumt, daß die ungeheure Massierung von Gütern und Fabriken, verbunden mit europäischen Handelsgesellschaften, Banken und anderen Einrichtungen mit Kontrollfunktion, eine Entwicklung ohne Beispiel war. Nie zuvor hatten derartig zahlreiche Menschen mit größerer Anstrengung versucht, die Produktion in Unternehmen mit einer derartig großen Mannigfaltigkeit noch schneller ansteigen zu lassen. Das Geheimnis dieses riesenhaften produktiven Sprungs nach vorn liegt wahrscheinlich darin, daß sich ehrgeizige Persönlichkeiten zugunsten des rein egoistischen Profitstrebens von politischen, sozialen und moralischen Schranken und Rückbindungen losgelöst haben. Europäische Unternehmer waren die ersten Menschen der gesamten Weltgeschichte, die sich mit ihrem Geschäft befassen konnten, ohne beunruhigt sein zu müssen, ob irgendeine Regierungsbehörde im Begriff war, sie gehörig zurechtzustutzen. Nicht weniger wichtig war es, daß diese Leute Reichtum anhäufen konnten, ohne sich Gedanken darüber machen zu müssen, ihren Besitz mit jenen Freunden und Verwandten zu teilen, die ihnen auf dem Weg zum Reichtum geholfen hatten. Diese Unternehmer scharten Reichtum um sich, indem sie ihre Gefolgsleute – heutzutage Angestellte genannt – immer noch ein bißchen härter arbeiten ließen. Im Gegensatz zu den Mumis auf den Salomon-Inseln brauchten die europäischen Unternehmer nicht zu betteln, zu schmeicheln und verführerisch zu sein. Mit verfügbarem Kapital in der Hand konnte der Unternehmer Hilfe kaufen und arbeitende Hände mieten – und die dazugehörigen Rücken, Schultern, Füße und Gehirne obendrein. Der Unternehmer brauchte nicht zu versprechen, alles Erworbene beim nächsten Betriebsfest wieder abzugeben und zu verteilen. Da seine Gefolgsleute weder Verwandte noch Dorfgefährten des Häuptlings waren, war es denkbar einfach für ihn, deren Ansprüche auf einen größeren Anteil der Gesamtproduktion zu übergehen. Denn sie hatten nur einen höchst geringen Spielraum. Abgeriegelt vom Zugang zu Land- und Fabrikbesitz konnten die Lohnempfänger überhaupt nicht arbeiten, wenn sie nicht den Anspruch der Unternehmer auf das Gelbe vom Ei von vornherein akzeptierten. Die Lohnempfänger konnten sich großartige Feste nicht erlauben, sie hatten vielmehr um ihr Existenzminimum zu kämpfen. Im Endeffekt war der Unternehmer derartig ungebunden, daß er die Anhäufung von Kapital höher bewertete als die Verpflichtung zu einer gerechten Aufteilung des Reichtums an seine Arbeiter und Angestellten. Der Kapitalismus ist ein System, das an einen unbegrenzten Produktionszuwachs im Namen einer uneingeschränkten Gewinnsteigerung gebunden ist. Die Güterproduktion indessen kann nicht bis ins Unendliche gesteigert werden. Wenngleich sie frei von den Einschränkungen durch Despoten und Notleidende sind, bleiben für die kapitalistisch orientierten Manager doch die Schranken der Natur. Die Ertragsbasis der Güterproduktion läßt sich nicht beliebig ausdehnen. Jeder Quantitätszuwachs an Boden, Wasser, Mineralstoffen und Fabriken, der in einen ganz bestimmten Herstellungsprozeß per Zeiteinheit eingebracht wird, begründet eine Produktionserweiterung. Und es war gerade die Aufgabe dieses Buches, zu zeigen, daß jede Produktionserweiterung unvermeidlich zu abnehmender Leistungsfähigkeit führt. Daß eine solche Leistungsabnahme wiederum einen ungünstigen Einfluß auf den Lebensstandard ausübt, wird wohl nicht bestritten.

Man muß ganz klar sehen, daß die Erschöpfung der Rohstoffe zu abnehmenden Gewinnspannen führt. Diese Beziehung wird nicht immer von vornherein verstanden, da nach dem Gesetz von Angebot und Nachfrage eine aufkommende Knappheit auf der Angebotsseite alsbald zu höheren Preisen führt. Höhere Preise wiederum drosseln den Pro-Kopf-Verbrauch. Hier kommt das Symptom des sinkenden Lebensstandards in den Blick. Gewinne können in dieser Situation vorübergehend nur dann gehalten werden, wenn der sinkende Pro-Kopf-Verbrauch damit kompensiert wird, daß der Gesamtumsatz gesteigert werden kann, und zwar entweder durch einen Bevölkerungsanstieg oder durch die Eroberung von neuen internationalen Märkten. Früher oder später jedoch wird die Preissteigerungskurve – angeheizt durch die völlige Ausbeutung der Rohstoffe – schneller nach oben klettern als die Nachfragekurve. Und dann muß die Gewinnspanne wieder fallen.

Die klassische Antwort der Unternehmer auf eine fallende Gewinnspanne ist genau die gleiche wie in jeder völlig übersteigerten Produktionssituation auch. Um die Rohstoff-Ausbeutung und die sinkende Produktivität – beides manifestiert sich in der sinkenden Gewinnspanne – aufzufangen, versucht der Unternehmer, durch arbeitssparende Maschinen die Produktionskosten zu senken. Obgleich diese Maschinen mehr Kapital erfordern und somit höhere Anlaufkosten verzeichnen, führen sie tatsächlich zu einer Stückkosten-Senkung des betreffenden Produkts.

Es kann also ein System, das an eine permanente Rationalisierung gebunden ist, nur dann sinnvoll überleben, wenn es stets dem technischen Fortschritt verbunden bleibt. Seine Fähigkeit zur Aufrechterhaltung des Lebensstandards hängt ab vom Ausgang des Wettrennens zwischen technischem Fortschritt und der unerbittlichen Verschlechterung der Produktionsbedingungen. Unter den gegenwärtigen Umständen sieht es so aus, als ob die Technologie im Wettlauf unterliegen würde.

15. Kapitel

Die industrielle Seifenblase

Alle rasch sich intensivierenden Produktionssysteme, seien sie nun sozialistisch, kapitalistisch, hydraulisch, neu- oder altsteinzeitlich, stehen vor ein und demselben Dilemma. Der pro Zeiteinheit in die Produktion investierte zusätzliche Energiebetrag wird die Selbsterneuerungs-, Selbstreinigungs- und Selbstregenerationsfähigkeit des Ökosystems unweigerlich überfordern. Gleichgültig, um welche Produktionsweise es sich handelt, es gibt nur ein Mittel, um die katastrophalen Folgen der nachlassenden Effizienz zu vermeiden: Man muß zu effizienteren Technologien übergehen. Während der letzten 500 Jahre befand sich die wissenschaftliche Technologie des Westens im Wettkampf mit einem Produktionssystem, das die Intensivierung so rasch und unablässig betrieben hat wie kein anderes in der Geschichte unserer Gattung.

Dank Wissenschaft und Technik ist der durchschnittliche Lebensstandard in den Industrieländern heute höher, als er in der Vergangenheit je gewesen ist. Vor allem auf diese Tatsache stützt sich unser Glaube, daß der Fortschritt unvermeidlich sei – ein Glaube, dem Sozialisten übrigens ebensosehr anhängen wie Kapitalisten. In diesem Zusammenhang möchte ich jedoch unterstreichen, daß die Hebung des Lebensstandards erst vor 150 Jahren begann, während der Wettlauf zwischen dem raschen technologischen Wandel und der Intensivierung schon seit 500 Jahren im Gange ist. Während des größten Teils der nachfeudalen Epoche lag der Lebensstandard nahe bei der Armutsgrenze und sank oftmals unerhört tief, obwohl sinnreiche, arbeitssparende Maschinen in ununterbrochener Folge eingeführt wurden.

Die zwischen 1500 und 1830 in England eingeführten wichtigen technologischen Veränderungen wurden, wie Richard Wilkinson gezeigt hat, durchweg zwangsläufig als eine direkte Reaktion entweder auf Ressourcenknappheit oder auf Bevölkerungsdruck und ständigen Fortpflanzungsdruck vorgenommen. Hinter der gesamten Entwicklung stand ein zunehmend akuter Mangel an landwirtschaftlicher Nutzfläche, der die Menschen zwang, ihren Lebensunterhalt in städtischen Produktionszweigen zu verdienen. Die Perioden der stärksten technologischen Innovation waren zugleich Zeiten der stärksten Bevölkerungszunahme, der höchsten Lebenshaltungskosten und des massivsten Leidens für die Armen.

Während des 16. Jahrhunderts, als die Bevölkerungszahl erstmals seit der Pest wieder zunahm, wuchsen Bergbau und verarbeitende Industrie so rasch wie während der industriellen Revolution des 18. Jahrhunderts. Die Messingproduktion und die metallverarbeitenden Zweige florierten. Mit dem Übergang von kleinen Schmiedeessen zu großen Hochöfen trat die Eisenindustrie in die Phase der Massenproduktion ein. Eine rasche Expansion und Intensivierung erlebten sowohl die Glasherstellung wie die Salzsiederei, das Brauereiwesen und die Ziegelproduktion. England hörte auf, Rohwolle zu exportieren, und wandte sich der Herstellung fertiger Tuche zu. Die Wälder Englands konnten jedoch den enorm gestiegenen Verbrauch an Holz und Holzkohle als Bau- beziehungsweise Brennstoff nicht verkraften. Um den großen Holzmangel des 17. Jahrhunderts zu lindern, wurde der Kohlenbergbau intensiviert. Die Bergleute gruben, um an die Kohlen heranzukommen, tiefere Schächte, wodurch die Flöze unter den Grundwasserspiegel gerieten. Um das Wasser abzuziehen, trieben die Bergleute seitliche Abflußstollen in die Hügel hinein. Als die Bergwerke für eine derartige Entwässerungsmethode zu tief wurden, versuchten sie es mit Saugpumpen, die mit Pferdekraft angetrieben wurden, dann mit Wasserrädern und schließlich mit dampfgetriebenen Unterdruckpumpen.

Währenddessen wurde die Mehrzahl der Fabriken weiterhin mit Wasserkraft betrieben. Mit zunehmender Bodenknappheit stieg der Preis der Wolle. Bald wurde es günstiger, Baumwolle aus Indien einzuführen, als in England Schafe zu züchten. Für den Betrieb der Baumwollfabriken wurde zusätzliche Wasserkraft benötigt. Doch bald wurden geeignete Standorte für Wassermühlen rar. Erst daraufhin schufen Watt und Boulton die erste Dampfmaschine, deren Zweck es war, die Drehbewegung für die Spinnmaschinen zu erzeugen.

Mit der wachsenden Industrie nahm der Umfang des Handels zu. Lasttiere reichten nicht mehr aus. Immer stärker setzten die Kaufleute Fuhrwerke und Frachtwagen ein. Diese rissen jedoch Löcher in die Straßen und verwandelten sie in Morast. Deshalb wurden Gesellschaften gegründet, die für andere Formen des Transports sorgen sollten. Sie errichteten ein Netz von Kanälen und experimentierten mit Pferde-Schienenbahnen. Während für die Kanalboote und die Fuhrwerke eine große Zahl von Zugtieren benötigt wurde, ging die für die Futtererzeugung nutzbare Ackerfläche weiter zurück. Die Pferde mit Heu zu füttern, wurde bald teurer, als die Lokomotiven mit Kohle zu füttern. Erst damit begann – im Jahre 1830 – das Zeitalter der Dampflokomotive.

Das alles war, wie Wilkinson sagt, »im Grunde ein Versuch, mit den wachsenden Schwierigkeiten fertigzuwerden, auf die eine expandierende Gesellschaft stieß«. Vor 1830 schaffte es die von einigen der klügsten Geister Englands ersonnene Technologie nie wirklich, dem gefräßigen Appetit des Systems auf natürliche Ressourcen beizukommen. Und 500 Jahre nach dem Schwarzen Tod hatte sich an der Not und dem Elend der englischen Arbeiterklasse im Grunde nichts geändert.

Das landläufige Urteil zeichnet vom Lebensstandard des 18. Jahrhunderts ein rosigeres Bild, weil es vor allem die Zunahme des städtischen Mittelstandes im Auge hat. Der absolute Umfang des Mittelstandes ist zweifellos seit 1500 stetig gewachsen, doch fiel sein Anteil an der europäischen Gesamtbevölkerung vor dem zweiten Drittel des 19. Jahrhunderts nicht ins Gewicht. Vor diesem Zeitpunkt erinnerte die Verteilung des Wohlstandes stark an die Situation in zahlreichen unterentwickelten Ländern von heute. Die Geschäftigkeit und die Annehmlichkeiten des städtischen Lebens im London oder Paris des 18. Jahrhunderts hätten einen leicht täuschen können, so wie man sich heute von den Wolkenkratzern in Mexiko City oder Bombay leicht täuschen läßt. Unter dem Glanz, den 10 Prozent der Bevölkerung genossen, verbargen sich jedoch das nackte Existenzminimum und das Elend der restlichen 90 Prozent.

Besonders der Aufstieg der Mittelklasse in den Vereinigten Staaten droht unsere historische Wahrnehmung zu verzerren, da er sich dort rascher vollzog als in Europa. Die Verhältnisse in den amerikanischen Kolonien waren indessen eine Ausnahme. Die Amerikaner übernahmen einen Kontinent, der bis dahin nicht eng bevölkert war. Selbst ein Volk der Bronzezeit wäre imstande gewesen, einer Wildnis, die so reichlich mit fruchtbaren Böden, Wäldern und Bodenschätzen ausgestattet war, Jahrhunderte eines wachsenden Lebensstandards abzugewinnen. Welche Ergebnisse die ersten drei Jahrhunderte des raschen technologischen Wandels tatsächlich zeitigten, war allein in Europa abzulesen, wo der wissenschaftliche und technologische Fortschritt nicht nur die Lage der Bauern nicht zu verbessern vermochte, sondern darüber hinaus in den Städten neue Formen von Not und Entwürdigung hervorbrachte.

Einige Tatsachen scheinen unbestreitbar zu sein. Je größer die Maschinen wurden, um so länger und schwerer mußten diejenigen, die sie bedienten, arbeiten. Um 1800 waren Fabrikarbeiter und Bergleute täglich zwölf Stunden lang angespannt, unter Bedingungen, die ein sich selbst achtender Buschmann, Trobriander, Cherokee oder Iroquois nicht hingenommen hätte. Nachdem sie den Tag über mit dem unablässigen Wimmern und Rattern der Räder und Achsen, mit Staub, Qualm und üblen Gerüchen gekämpft hatten, kehrten die Bediener der neuen, arbeitssparenden Maschinen in ihre von Läusen und Flöhen heimgesuchten schäbigen Hütten zurück. Genau wie früher konnten sich nur die Wohlhabenden Fleisch leisten. Die Rachitis, eine neu aufgetretene verkrüppelnde Erkrankung der Knochen, hervorgerufen durch einen Mangel an Sonnenschein und Vitamin D in der Nahrung, breitete sich in den Städten und Fabrikdistrikten aus. Auch die Fälle von Tuberkulose und anderen Erkrankungen, die für unzureichende Ernährung typisch sind, häuften sich.

Weiterhin wurde der direkte und indirekte Kindesmord in einem vermutlich ebenso großen Umfang wie im Mittelalter praktiziert. Die meisten Fälle, die nach dem Gesetz als fahrlässige oder vorsätzliche Kindestötung hätten gelten können, wurden fälschlich als Unfälle ausgegeben. Zwar stand die Methode, ein Kind »versehentlich« im Bett zu erdrücken, weiterhin hoch im Kurs, doch daneben wurden unerwünschte Kinder auch mit tödlichen Mengen von Schnaps oder Opiaten gefüttert, oder man ließ sie vorsätzlich verhungern. Nach William Langer war es »im 18. Jahrhundert nichts Ungewöhnliches, in den Straßen oder auf den Misthaufen Londons und anderer

Großstädte Kindesleichen liegen zu sehen«. Die Aussetzung am Portal einer Kirche hätte man wohl vorgezogen, doch war die Gefahr, dabei entdeckt zu werden, zu groß. Endlich beschloß das Parlament einzuschreiten und errichtete Findelhäuser, bei denen man unerwünschte Kinder loswerden konnte, ohne ein Risiko einzugehen. Auf dem europäischen Kontinent waren zum Beispiel in die Mauern der Findelhäuser drehbare Kästen eingelassen, in die man die Kinder hineinlegen konnte.

Der Staat war jedoch außerstande, die Kosten der Kindererziehung bis zur Volljährigkeit zu tragen, und die Findelhäuser wurden in der Praxis rasch zu Schlachthäusern, deren Hauptaufgabe es war, den Ausschließlichkeitsanspruch des Staates auf das Tötungsrecht zu bekräftigen. Zwischen 1756 und 1760 verzeichnete das erste Findelhaus Londons 15 000 Aufnahmen; davon erreichten nur 4400 das Jugendalter. Außerdem wurden Tausende von Findelkindern von den Ammen in kirchlichen Armenhäusern getötet. Von den Kirchenbediensteten wurden die Kinder aus Ersparnisgründen solchen Frauen zugewiesen, die den Beinamen »Mörderammen« oder »Metzgerinnen« erhalten hatten, weil »nie ein Kind lebend ihrer Fürsorge entkam«. Auf dem Kontinent nahm selbst noch in den Anfängen des 19. Jahrhunderts die Zahl der Aufnahmen in Findelhäusern stetig zu. In Frankreich stieg sie von 40 000 im Jahre 1784 auf 138 000 im Jahre 1822. Bis 1830 waren in ganz Frankreich 270 der erwähnten schwenkbaren Kästen im Gebrauch, und in den zehn Jahren von 1824 bis 1833 wurden 336 297 Kinder legal ausgesetzt. »Kinder, die von ihren Müttern in dem Kasten zurückgelassen wurden, waren fast so sicher dem Tode ausgeliefert, als wenn man sie im Fluß ertränkt hätte.« Zwischen 80 und 90 Prozent der Kinder in diesen Institutionen starben während ihres ersten Lebensjahres.

Noch 1770 hatte Europa eine – wie die Demographen sagen – »prämoderne« Bevölkerungsstruktur: hohe Geburten- und Sterbeziffern (etwa 45 bzw. 40 pro 1000), eine jährliche Zuwachsrate von 0,5 Prozent und eine Lebenserwartung von etwa 30 Jahren. Weniger als die Hälfte der Neugeborenen wurde älter als 15 Jahre. In Schweden, dessen Volkszählungen im 18. Jahrhundert verläßlicher sind als die anderer Länder, starben 21 Prozent der Kinder, deren Geburt beurkundet wurde, innerhalb des ersten Lebensjahres.

Nach 1770 gerieten Teile Europas in eine Anfangsphase der »demographischen Wende«. Die Sterbeziffer ging merklich zurück, während die Geburtenziffer nahezu unverändert blieb. Das bedeutete nicht unbedingt, daß der Lebensstandard sich besserte. Bevölkerungsstatistische Untersuchungen über den Anfang der Umkehrphase in modernen unterentwickelten Ländern zeigen, daß sinkende Sterbeziffern und ein entsprechend steigendes Bevölkerungswachstum mit unveränderten und sogar mit sich verschlechternden Gesundheits- und Wohlfahrtsbedingungen einhergehen können. So hat kürzlich Benjamin White in einer Untersuchung der verarmten Bauern Mitteljavas festgestellt, daß Eltern bereit sind, weitere Kinder aufzuziehen, wenn der Nutzen nur geringfügig über den Kosten liegt. Dieser Zusammenhang zwischen Kinderzahl und Einkommen vermag mit zu erklären, warum zahlreiche unterentwickelte Länder für eine Bevölkerungskontrolle mit Hilfe von Methoden freiwilliger Familienplanung anscheinend nicht zu gewinnen sind. Dort, wo der Nettonutzen der Kinderaufzucht die Kosten übersteigt, ist eine Familie, der es irgendwie gelingt, eine größere Kinderzahl aufzuziehen, ein wenig besser gestellt als die Nachbarn, selbst wenn in der Zwischenzeit der Lebensstandard der Gesamtbevölkerung sinkt. Am Ende des 18. Jahrhunderts herrschte in Europa starke Nachfrage nach Kinderarbeit. Es gab eine Vielzahl von Tätigkeiten, die, unter Vertrag eines Unternehmers, als »Heimindustrie« ausgeübt wurden: Wollekämmen, Baumwollespinnen, Kleidung und andere Dinge anfertigen; dabei halfen die Kinder mit. Als die Arbeitsstätten in die Fabriken verlegt wurden, waren vielfach Kinder die Hauptquelle von Arbeitskraft, da sie nicht soviel Lohn beanspruchten wie Erwachsene und fügsamer waren. Man darf deshalb wohl annehmen, daß die sinkenden Sterbeziffern während der Anfangsphase der industriellen Revolution nicht gänzlich auf eine nennenswerte Verbesserung der Ernährungs-, Wohnungs- und Gesundheitsbedingungen, sondern zumindest teilweise auf die gestiegene Nachfrage nach Kinderarbeit zurückzuführen ist. Kinder, die man zuvor vernachlässigt, ausgesetzt oder im Säuglingsalter getötet hätte, erhielten nun das zweifelhafte Privileg, bis zu jenem Alter heranzuwachsen, in dem sie beginnen konnten, einige Jahre lang in einer Fabrik zu arbeiten, bis sie der Tuberkulose erlagen.

Es war für jedermann sichtbar, daß mit der Mechanisierung und der wissenschaftlichen Ingenieurkunst, die in den ersten drei Jahrhunderten nachfeudaler Entwicklung eingeführt wurden, nicht viel gewonnen war. Schließlich lieferten das auf dem europäischen Kontinent weitverbreitete Leid und das Elend den Zündfunken für die Französische Revolution. In Englands Fabrikdistrikten sangen die Arbeiter im Jahre 1810 »Brot oder Blut«. Wenn die verelendeten Massen etwas zu essen haben wollten, mußten sie es in wachsendem Maße stehlen. In England stieg die Zahl der jährlichen Verurteilungen wegen Diebstahls zwischen 1805 und 1833 um 540 Prozent; zwischen 1806 und 1833 wurden 26 500 Menschen gehenkt, überwiegend wegen Entwendungen kleinerer Geldbeträge. Furcht vor der Revolution und die entsetzliche Lage der Arbeiterklasse inmitten von technischem Fortschritt und wirtschaftlichem Wachstum veranlaßten 1798 den englischen Gelehrten Thomas Malthus, seine berühmt gewordene Theorie zu veröffentlichen, daß Not und Elend unvermeidlich seien. Die Nahrungsmittel, so bemerkte Malthus, hätten sich in arithmetischer Reihe vermehrt, die Bevölkerungszahlen jedoch sehr viel schneller. Daß ein Gleichgewicht zwischen Bevölkerungszahlen und Nahrungsangebot unmöglich sei, behauptete Malthus nicht, sondern er hob warnend hervor, daß die Bevölkerungszahl, wenn man sie nicht durch Enthaltsamkeit einschränke, durch Kriege, Kindesmord, Hungersnöte, Seuchen, Abtreibungen und unerwünschte Formen der Empfängnisverhütung herabgedrückt würde. Bezüglich der Vergangenheit hatte Malthus vollkommen recht. Er irrte sich jedoch insofern, als er nicht vorhersah, daß die industrielle Produktion in Verbindung mit neuen Formen der Empfängnisverhütung bald für ein rasches und beispielloses Ansteigen des Lebensstandards sorgen sollte. Den Prophezeiungen von Malthus und anderen Ökonomen aus dem Anfang des 19. Jahrhunderts, die man später als »Elendslehre« bezeichnete, hielten Karl Marx sowie andere Reformer und Radikale entgegen, daß Not und Elend unter den europäischen Bauern und Arbeitern auf Gesetzmäßigkeiten beruhten, die nicht für das menschliche Dasein überhaupt, sondern für die politische Ökonomie des Kapitalismus charakteristisch seien. Nach Auffassung von Marx machten die Kapitalisten ihre Profite durch die Ausbeutung der Arbeitskraft; im Kapitalismus würden die Löhne stets auf das

Niveau des Existenzminimums herabgedrückt werden, gleichgültig, ob die Bevölkerungszahl stieg oder sank. Marx unterstrich nachdrücklich, daß die internen Gesetzmäßigkeiten des Kapitalismus unausweichlich zur Konzentration des Reichtums in den Händen weniger Plutokraten und zur Verelendung aller anderen führen würde. Genau wie Malthus vermochte er nicht den raschen und beispiellosen Anstieg des Lebensstandards vorherzusehen, der sich bald darauf vollziehen sollte.

Malthus und Marx – der eine vom Gesetz der Reproduktion, der andere vom Gesetz der Produktion besessen – erkannten beide nicht, daß mit der industriellen Revolution eine völlig neue Beziehung zwischen Produktion und Reproduktion entstand. Im Unterschied zu allen früheren Veränderungen der Produktionsweise führte die industrielle Revolution des 19. Jahrhunderts zu einem enormen Aufschwung der Arbeitsproduktivität, der nicht von einer Beschleunigung, sondern von einer Verlangsamung des Bevölkerungswachstums begleitet wurde. Von einem Höhepunkt, der zu Beginn des 19. Jahrhunderts bei etwa 1,0 Prozent im Jahr lag, sank die Zuwachsrate auf 0,5 Prozent ein Jahrhundert später, obwohl die pro Kopf zur Verfügung stehende Nahrungsmenge und die Anzahl anderer lebenswichtiger Dinge weit schneller stiegen. Zwar trug die Auswanderung nach Amerika in ganz Europa zur Verringerung der Zuwachsrate bei, doch ist der Rückgang überwiegend auf ein Absinken der Geburtenziffer von 45 pro 1000 auf weniger als 20 pro 1000 zurückzuführen.

Man bezeichnet diese Erscheinung als Umkehr der demographischen Entwicklungstendenz. Überall in der Welt machen Ökonomen und Politiker ihre Hoffnungen auf eine wirtschaftliche Entwicklung an der Erwartung fest, daß infolge der Einführung effizienterer Technologien die Geburtenziffer sinkt. Aber in anthropologischer Sicht könnte nichts anomaler sein. Bislang war ein rasches Ansteigen der Bevölkerungsdichte noch bei jeder größeren Veränderung der Arbeitsproduktivität als Begleit- oder Folgeerscheinung zu beobachten. Das scheint gültig zu sein sowohl für den Übergang von der Alt- zur Jungsteinzeit, für die Yanomamo beim Übergang von Stein- zu Stahlwerkzeugen, für die Mittelamerikaner beim Übergang von der Brandrodung zu *chinampas* wie für die Chinesen beim Übergang von der natürlichen Beregnung zur Bewässerung. Und es scheint besonders für Europa seit der Bronzezeit zu gelten; mit Sicherheit war vom frühen Mittelalter bis zum Beginn des 19. Jahrhunderts jede Periode raschen technologischen Wandels zugleich eine Periode raschen Bevölkerungswachstums.

Ich möchte zu erklären versuchen, warum es zur demographischen Umkehr kam. Mir scheint, daß diese durch das Zusammentreffen dreier ungewöhnlicher Kulturereignisse ausgelöst wurde: der Brennstoffrevolution, der Revolution der Empfängnisverhütung und der Revolution des Erwerbslebens. Ich will darauf jeweils gesondert eingehen.

Unter der Brennstoffrevolution verstehe ich die hundert-, tausend-, ja sogar millionenfache Steigerung der Arbeitsproduktivität, die durch den Einsatz von Dampf-, Diesel-, Benzin-, Elektro- und Düsenmotoren in Landwirtschaft, Industrie, Bergbau und Verkehr erzielt wurde. Die Verwendung dieser Motoren in zumindest so großem Umfang, daß auch nur der relativ langsame Bevölkerungszuwachs der letzten 100 Jahre ausgeglichen wurde, war nur möglich dank der plötzlichen Freisetzung riesiger Mengen zuvor ungenutzter Energie, die in der Erde in Form von Kohle und Erdöl gespeichert war. Daß die Nutzung einer so gewaltigen Energie in einem so kurzen Zeitraum nicht zu einem wenigstens bescheidenen Anstieg des Lebensstandards für eine nennenswerte Zahl von Menschen hätte führen sollen, kann ich mir kaum vorstellen. Daß Kohle und Öl aber gerade nichterneuerbare Energiequellen sind (im Unterschied zu Holz, Wasser, Wind und tierischer Muskelkraft, auf die frühere Generationen sich beschränkt hatten), ist ein gewichtiger Umstand, auf den ich noch zurückkommen werde.

Unter der Revolution der Empfängnisverhütung verstehe ich die Erfindung zuverlässiger und preiswerter Möglichkeiten, die Fruchtbarkeit mit mechanischen und chemischen Mitteln einzuschränken. Für das Kondom wurde im 18. Jahrhundert in London umfangreich geworben, doch wurde es aus Schafdarm hergestellt und vorwiegend als Schutz gegen Syphilis verwendet. Mit der Erfindung der Vulkanisierung im Jahre 1843 konnte industrielle Technologie zur Massenproduktion von »Gummis« eingesetzt werden. Gegen Ende des 19. Jahrhunderts begann die Mittelschicht, daneben auch Vaginalduschen und Vaginalpessare zu verwenden, und in den Anfängen des

20. Jahrhunderts gingen auch Familien der Arbeiterklasse dazu über. Wie man aus dem deutlichen Rückgang der Säuglingssterblichkeit ersehen kann, nahm die Häufigkeit der Kindestötung ab. Auch die Geburtenziffer sank. Vor 1830 lag die englische Geburtenziffer nahe bei 40 pro 1000, eine Ziffer, wie man sie heute etwa in unterentwickelten Ländern wie Indien und Brasilien findet. Bis 1900 war sie auf 30 pro 1000 und bis 1970 unter 20 pro 1000 gesunken.

Mit seiner Untersuchung über die Verwendung von Empfängnisverhütungsmitteln in Indien hat Mahmood Mandami gezeigt, daß die bloße Verfügbarkeit wirksamer und verhältnismäßig schmerzloser und billiger Empfängnisverhütungsmittel allein nicht ausreicht, um eine solche einschneidende Senkung der Geburtenziffer zu bewirken. Die moderne Empfängnisverhütung senkt die Kosten des Eingriffs in den Reproduktionsprozeß. Immerhin müssen die Familien aber motiviert sein, in den Gang der Natur eingreifen zu wollen; sie müssen den Wunsch haben, eine geringere Kinderzahl aufzuziehen.

Das ist der Punkt, wo die Revolution des Erwerbslebens eingreift. Wie schon angedeutet, ist die Motivation für die Einschränkung der Fruchtbarkeit im wesentlichen eine Frage des Verhältnisses zwischen Nutzen und Kosten der Elternschaft. Mit der Industrialisierung stiegen die Kosten der Kinderaufzucht, besonders, nachdem Gesetze die Kinderarbeit begrenzt und den Schulbesuch obligatorisch gemacht haben, weil die Kenntnisse, die ein Kind erwerben muß, um seinen Lebensunterhalt zu verdienen und für seine Eltern nützlich sein zu können, eine längere Ausbildungszeit erfordern. Zugleich verändert sich der ganze Rahmen und die Art und Weise, in der die Menschen ihren Lebensunterhalt verdienen. Die Familie hört auf, Ort irgendeiner nennenswerten Produktionstätigkeit zu sein (abgesehen von der Essenszubereitung und der Kinderzeugung). Arbeit ist nicht mehr etwas, das auf dem Hof oder im Geschäft der Familie von den Familienangehörigen erledigt wird. Sie wird vielmehr in einem Büro, einem Geschäft oder einer Fabrik in Gesellschaft von Angehörigen fremder Familien geleistet. Deshalb beruht der Nutzen, der aus der Kinderaufzucht zurückfließt, immer stärker auf dem wirtschaftlichen Erfolg der Kinder als Einkommensverdiener und auf ihrer Bereitschaft, den Eltern in den gesundheitlichen und finanziellen Krisen, mit denen sie auf ihre alten Jahre rechnen müssen, auszuhelfen.

Die Verfügbarkeit einer schmerzlosen Empfängnisverhütung und die veränderte Struktur der wirtschaftlichen Aufgaben – die Revolution der Empfängnisverhütung und die Revolution des Erwerbslebens – liefern die Erklärung für zahlreiche verwirrende Aspekte des gesellschaftlichen Lebens von heute. Aufgrund der gestiegenen Lebenserwartungen und der schwindelerregenden Gesundheitskosten wird es immer unrealistischer, von den Kindern zu erwarten, daß sie ihren alternden Eltern Komfort und Sicherheit gewähren. Deshalb sind wir dabei, das vorindustrielle System, in dem Kinder sich um ihre alten Eltern kümmerten, durch Renten- und Krankenversicherungssysteme zu ersetzen. Wenn diese Entwicklung abgeschlossen sein wird, kann von einem nennenswerten Rückfluß in der Eltern-Kinder-Bilanz nicht mehr die Rede sein.

In den Vereinigten Staaten belaufen sich die Kosten, die Eltern für die Aufzucht eines Mittelschicht-Kindes bis zum College-Alter aufwenden, zur Zeit auf 80 000 Dollar, von denen nur ein winziger Teil in Form von Geld, Gütern oder Dienstleistungen zurückfließt. (Ich will nicht bestreiten, daß die Imponderabilien wie etwa die Freude, Kinder groß werden zu sehen, ebenfalls das Verhalten beeinflussen. Aber wer will behaupten, daß die Freude, zehn Kinder aufwachsen zu sehen, die dann Kellner in einem Drive-in-Restaurant werden, größer ist als die Freude, ein Kind aufwachsen zu sehen, das dann Chirurg wird? Oder daß es für eine Frau lohnender ist, einen Chirurgen aufzuziehen, als selbst Chirurgin zu sein und keinen aufzuziehen?) Das ist der Grund, warum die Geburtenziffer der USA weiterhin sinkt und Scheidungen, Partnerbeziehungen ohne Trauschein, kinderlose Ehen, Homosexualität und homosexuelle Partnerschaften insgesamt zunehmen. Das ist außerdem der Grund, weshalb experimentelle Formen des Familienlebens, sexuelle »Befreiung« und die »Kluft zwischen den Generationen« gleichfalls plötzlich von sich reden machen.

Um es zusammenzufassen: Wir können jetzt erkennen, wie die Technologie im Wettlauf gegen Intensivierung, Erschöpfung der Ressourcen und sinkende Effizienz die Oberhand gewann. Das industrielle System zapfte eine ungeheure neue Quelle billiger Energie an, und zugleich war es in der Lage, diese Goldader unter einer Bevölkerung aufzuteilen, deren Vermehrung weit unter ihrer Reproduktionsfähigkeit lag. Aber der Wettlauf ist noch längst nicht vorbei. Der Vorsprung kann nur ein vorübergehender sein. Allmählich beginnen wir einzusehen, daß eine Bindung an Maschinen, die mit fossilen Brennstoffen betrieben werden, auch eine Bindung an Ressourcenerschöpfung, sinkende Produktivitäten und sinkende Profitraten im höchsten nur vorstellbaren Ausmaß bedeutet. Kohle und Erdöl lassen sich nicht rezyklieren, sie können nur schneller oder langsamer aufgebraucht werden.

Fachleute sind sich natürlich nicht einig darüber, wie lange die nutzbaren Vorräte an Kohle und Öl bei dem gegenwärtigen Verbrauchstempo ausreichen werden. Dr. M. King Hubert von der Shell Oil Company und der United States Geological Survey rechnen damit, daß bei der Erdöl- und Kohleförderung der Höhepunkt im Jahre 1995 bzw. 2100 eintreten wird. Die eigentliche Frage ist nicht, wann der letzte Tropfen Öl oder wann die letzte Tonne Kohle gefördert werden. Die Erschöpfung der Ressourcen wird sich schon längst in unerträglicher Weise auf den Lebensstandard ausgewirkt haben, ehe der letzte Grashalm, das letzte Pferd oder das letzte Rentier verschwunden sein werden. Je weiter und je tiefer wir nach Kohle und Öl forschen, um so kostspieliger wird die gesamte industrielle Aktivität. Unter diesen Umständen beschleunigt der Umfang, in dem Energie für die Erzeugung von Nahrungsmitteln und anderen Energiequellen eingesetzt wird, nur das Tempo, mit dem sinkende Produktivitäten sich in steigenden Kosten für Güter und Dienstleistungen niederschlagen. Mit der zunehmenden Knappheit von Kohle und Öl werden deren Kosten steigen. Und da in der Industriegesellschaft praktisch jedes Produkt und jede Dienstleistung auf einem hohen Einsatz von Energie aus diesen Quellen beruhen, wird der Durchschnittsbürger infolge der Inflation die Güter und Dienstleistungen, die er heute als wesentlich für Gesundheit und Wohlergehen betrachtet, immer weniger bezahlen können.

Wie rasch und wie tief der Lebensstandard in den Industrieländern sinken wird, hängt davon ab, wie lange die Umstellung auf alternative Energiequellen hinausgezögert wird. Die Möglichkeit einer tiefen Verelendung ist nicht auszuschließen. Tatsache ist, daß die

Verknappung fossiler Brennstoffe rasch und unausweichlich auf uns zukommt, und dennoch schränken wir das Ausmaß, in dem wir diese Ressourcen vergeuden, nicht ein. Wir sind sogar dabei, den Einsatz von fossilen Brennstofftechnologien rasch auszuweiten, und wir versuchen, gegen die steigenden Preise dadurch anzukommen, daß wir immer verschwenderischer fossile Brennstoffe in »arbeitssparende« Maschinen und Produktionsprozesse hineinpumpen.

Die Nahrungsmittelproduktion – um den kritischsten Punkt zu nennen – ist inzwischen völlig von unserem Ölnachschub abhängig geworden. Als erstes wurden die landwirtschaftlichen Traktoren, Hebe-, Förder- und Transportvorrichtungen erfaßt. Inzwischen haben wir den Punkt erreicht, daß die Düngung des Bodens mit chemischen Düngemitteln und der Schutz der Pflanzen durch Herbizide, Pestizide, Insektizide und Fungizide ebenfalls völlig von einem stetig wachsenden Angebot an Petrochemikalien abhängen. Die sogenannte »Grüne Revolution« ist eine Erdölrevolution, bei der höhere Ernteerträge je Hektar dadurch ermöglicht werden, daß man ständig riesige Mengen von fossiler Brennstoffenergie in die Produktion von Pflanzenarten hineinpumpt, die speziell wegen ihrer Reaktionsfähigkeit auf den Einsatz von Petrochemikalien herangezüchtet werden.

David Pimentel von der Cornell University hat gezeigt, daß in den Vereinigten Staaten für die Erzeugung und Bereitstellung einer Dose Mais, die 270 Kalorien enthält, eine Energie von 2790 Kalorien aufgewendet wird. Ein noch gewaltigeres Energiedefizit erfordert die Erzeugung von Rindfleisch: 22 000 Kalorien, um 100 Gramm (in denen, wie in der Maisdose, ebenfalls 270 Kalorien enthalten sind) zu erzeugen. Das Schwindelerregende dieser Produktionsweise kann man daraus ersehen, daß sämtliche bekannten Erdölreserven innerhalb von elf Jahren erschöpft wären, wenn der Rest der Welt auf einmal den für die amerikanische Landwirtschaft typischen Energieeinsatz nachahmen würde. Mit etwas anderen Worten: je rascher die unterentwickelte Welt sich industrialisiert, um so schneller muß die industrielle Welt eine neue Produktionsweise entwickeln.

Epilog
und moralisches Selbstgespräch

Vor der Brennstoffrevolution waren Pflanzen und Tiere die hauptsächliche Energiequelle für die Menschen. In Millionen von Bauernhöfen und Dörfern über die ganze Erde verstreut, nahmen Pflanzen und Tiere die Energie der Sonne auf und verwandelten sie in für den menschlichen Gebrauch und Verzehr geeignete Formen. Ebenso weitläufig verteilt waren auch andere Energiequellen wie etwa der Wind und das talwärts stürzende Wasser. Wollte ein Despot die Menschen von ihrem Energienachschub abschneiden, war das nur möglich, wenn er ihnen den Zugang zum Land und zu den Meeren verwehrte. Das war ein äußerst schwieriges und unter den vorherrschenden Klima- und Geländebedingungen sehr aufwendiges Unterfangen. Die Kontrolle über das Wasser war jedoch leichter zu bewerkstelligen. Und mit der Kontrolle über das Wasser hatte man auch die Kontrolle über die Pflanzen und Tiere. Da Pflanzen und Tiere die hauptsächlichen Energiequellen waren, bedeutete die Kontrolle über das Wasser zugleich Kontrolle über die Energie. Insofern waren die Despotien der hydraulischen Gesellschaft Energiedespotien, aber nur in einem sehr indirekten und primitiven Sinn.

Die Brennstoffrevolution hat eine direktere Form der Energiedespotie möglich gemacht. Energie wird heute unter der Aufsicht weniger Ämter und Firmen gesammelt und verteilt. Sie fließt aus verhältnismäßig wenigen Bergwerken und Bohrlöchern. Es genügt, einige Ventile zuzudrehen, einige Schalter umzulegen, und Hunderte Millionen von Menschen sind von diesen Bergwerken und Bohrlöchern abgeschnitten, zum Hungern und Frieren verurteilt, in Dunkelheit gestürzt und zur Unbeweglichkeit verdammt. So als wäre das nicht schon alarmierend genug, sind die Industrieländer dabei, sich angesichts der drohenden Erschöpfung von Kohle und Erdöl auf Kernenergie umzustellen – eine weit stärker konzentrierte Energiequelle als die fossilen Brennstoffe. Es besteht bereits die Möglichkeit, das Verhalten des Einzelnen durch zentralisierte Überwachungsnetze und datenspeichernde Computer mit elektronischen Mitteln auszuforschen. Es ist äußerst wahrscheinlich, daß die Umstellung auf die Kernenergieerzeugung gerade jene grundlegenden materiellen Bedingungen schafft, unter denen die Möglichkeiten des Computers leicht dazu benutzt werden können, eine neue und dauerhafte Form der Despotie zu errichten. Nur wenn wir unsere grundlegende Form der Energieerzeugung dezentralisieren, wenn wir die Kartelle sprengen, die das gegenwärtige Energieerzeugungssystem monopolisiert haben, können wir jene ökologische und kulturelle Konstellation wiederherstellen, die zum Auftauchen der politischen Demokratie in Europa führte.

Die Frage ist somit, wie wir uns gegen wahrscheinliche Entwicklungstendenzen für unwahrscheinliche Alternativen entscheiden können. Ein geschichtlicher Rückblick aus anthropologischer Sicht macht, wie ich meine, klar, daß die großen Umwälzungen des gesellschaftlichen Lebens bislang niemals den bewußt gewählten Zielen der historisch Beteiligten entsprachen. Das Bewußtsein spielte kaum eine Rolle bei jenen Entwicklungen, durch welche Kindesmord und Krieg zu Mitteln der Regulierung der Horden- und Dorfbevölkerung wurden: Frauen wurden den Männern unterworfen; aus denen, die am schwersten arbeiteten und am wenigsten erhielten, wurden diejenigen, die am wenigsten arbeiteten und am meisten erhielten; aus »großen Fürsorgern« wurden große Gläubige; aus Opferfleisch wurde verbotenes Fleisch; aus Tieropferern wurden Vegetarier; aus arbeitssparenden Geräten wurden Instrumente der Sklaverei; die Bewässerungswirtschaft wurde zur Falle der hydraulischen Despotie.

Selbstverständlich waren unsere Vorfahren psychologisch nicht weniger bewußt als wir, in dem Sinne, daß sie wachsam waren, sich Gedanken machten und aufgrund der Erwägung der unmittelbaren Kosten bzw. Nutzen alternativer Handlungsweisen Entscheidungen trafen. Wenn ich sagte, daß ihr Bewußtsein für die Richtung, welche die kulturelle Entwicklung nahm, keine Rolle spielte, so heißt das nicht, daß sie Dummköpfe waren. Ich meine damit, daß sie sich des Einflusses der Produktions- und Reproduktionsweisen auf ihre Einstellungen und Werte nicht bewußt waren und daß ihnen völlig entging, welche langfristigen kumulativen Wirkungen Entscheidungen haben, die getroffen werden, um kurzfristige kumulative Wirkungen von Entscheidungen zu maximieren, die ihrerseits getroffen werden, um kurzfristige Kosten/Nutzen-Beziehungen zu maximieren. Wenn man die Welt bewußt verändern will, muß man zunächst bewußt verstanden haben, wie die Welt beschaffen ist. Fehlt es an einem solchen Verständnis, so ist das ein schlechtes Vorzeichen.

Mir ist, weil ich einen kulturellen Determinismus vertrete, zuweilen vorgeworfen worden, ich würde die menschlichen Werte auf einen mechanischen Reflex reduzieren und die Individuen als bloße Marionetten darstellen. Solche Auffassungen sind jedoch meinem Verständnis der kulturellen Prozesse fremd. Ich weise nur nachdrücklich darauf hin, daß das Denken und Verhalten der Individuen stets durch kulturelle und ökologische Zwänge und Möglichkeiten kanalisiert wird. Wie diese Kanäle beschaffen sind, hängt weitgehend von den einzelnen Produktions- und Reproduktionsweisen ab. Dort, wo die Produktionsweise »große Männer« als Umverteiler erfordert, werden ehrgeizige Männer heranwachsen, um sich mit ihrem Reichtum zu brüsten und ihn restlos zu verschenken. Dort, wo die Produktionsweise »große Männer« als Unternehmer erfordert, werden ehrgeizige Männer heranwachsen, um sich mit ihrem Reichtum zu brüsten und ihn ganz für sich zu behalten. Ich behaupte nicht, den Grund zu kennen, warum Soni ein großer Festgeber wurde oder warum John D. Rockefeller ein großer Hamsterer von Besitztümern wurde. Ebensowenig weiß ich, warum *Hamlet* von dem einen und nicht von einem anderen Individuum geschrieben wurde. Ich habe durchaus nichts dagegen, daß solche Fragen von einem ewigen Geheimnis umgeben bleiben.

Bei der kulturellen Kausalität handelt es sich um etwas anderes. Viele Humanisten und Künstler schrecken vor der Auffassung zurück, daß die kulturelle Entwicklung bisher durch unbewußte, unpersönliche Kräfte bestimmt wurde. Der determinierte Charakter der Vergangenheit läßt sie die Möglichkeit einer ebenso determinierten Zukunft befürchten. Doch ihre Befürchtungen sind unangebracht. Nur wenn wir uns den determinierten Charakter der Vergangenheit bewußt machen, können wir zu erreichen hoffen, daß die

Zukunft weniger von unbewußten und unpersönlichen Kräften bestimmt wird. Andere behaupten, die Geburt einer Wissenschaft von der Kultur bedeute den Tod der moralischen Eigenverantwortung. Mir dagegen ist unerfindlich, wie man mit einem Mangel an Einsicht in die bislang wirksamen gesetzmäßigen Abläufe die Grundlage für die Errichtung einer zivilisierten Zukunft bilden kann. Deshalb sehe ich in der Geburt einer Wissenschaft von der Kultur den Anfang und nicht das Ende der moralischen Eigenverantwortung. Diejenigen, die die historische Spontaneität bewahren möchten, sollten sich in acht nehmen: Wenn die Prozesse der kulturellen Entwicklung derart beschaffen sind, wie ich es erkannt zu haben glaube, handeln diese Verfechter der Spontaneität im moralischen Sinne fahrlässig, wenn sie andere dazu überreden wollen, so zu denken und zu handeln, als ob es solche Prozesse nicht gäbe.

Ich halte es für schädlich und falsch, wenn behauptet wird, alle kulturellen Formen seien gleichermaßen wahrscheinlich, und ein erleuchtetes Individuum könne durch bloße Willensanstrengung die Entwicklungsrichtung eines ganzen kulturellen Systems zu jedem Augenblick in einem seiner Philosophie gemäßen Sinn abändern. Konvergierende und parallel verlaufende Bahnen sind in der Kulturentwicklung gegenüber divergierenden Bahnen weit in der Mehrzahl. Die meisten Menschen sind Konformisten. Die Geschichte wiederholt sich in zahllosen Akten individuellen Gehorsams gegenüber der kulturellen Norm und Regel, und es ist selten, daß sich in Fragen, die eine radikale Änderung von tiefverankerten Überzeugungen und Praktiken erfordern, der Wille von Einzelnen durchsetzt.

Es stützt aber auch nichts von dem, was ich in diesem Buch geschrieben habe, die Auffassung, der Einzelne sei angesichts des unerbittlichen Gangs der Geschichte ohnmächtig, und die einzig angebrachte Reaktion auf die Konzentration der Macht in den Händen des Industriemanagements seien Resignation und Verzweiflung. Der die kulturelle Evolution bestimmende Determinismus war niemals gleichzusetzen mit jenem Determinismus, der in einem geschlossenen physikalischen System herrscht. Er ähnelt vielmehr den kausalen Abfolgen, welche die Evolution der Pflanzen- und Tierarten bestimmen. Geleitet von Darwins Prinzip der natürlichen Auslese, können Wissenschaftler rückblickend ohne weiteres die Kausalkette von Anpassungen rekonstruieren, die vom Fisch über die Reptilien zu den Vögeln führte. Aber welcher Biologe hätte angesichts eines primitiven Hais eine Taube vorhersehen können? Welcher Biologe hätte angesichts eines dem Spitzhörnchen ähnlichen Wesens den *homo sapiens* vorhersagen können? Die Intensivierung der industriellen Produktionsweise und der technologische Sieg über malthusianische Zwänge deutet unzweifelhaft auf eine Evolution neuer kultureller Formen hin. Genausowenig wie andere kann ich mit Sicherheit sagen, wie diese Formen aussehen werden.

Da evolutionäre Veränderungen sich nicht vollständig vorhersagen lassen, liegt es auf der Hand, daß die Welt Raum hat für das, was wir freien Willen nennen. Jede einzelne Entscheidung, die bestehende Ordnung zu akzeptieren, abzulehnen oder zu verändern, beeinflußt die Wahrscheinlichkeit, mit der sich eine bestimmte Entwicklungsmöglichkeit verwirklicht. Zwar ist der Verlauf der kulturellen Entwicklung niemals frei von systematischem Einfluß, doch gibt es bestimmte Momente, die vermutlich »offener« sind als andere. Am offensten sind, wie mir scheint, jene Momente, da eine Produktionsweise ihre Wachstumsgrenzen erreicht und rasch eine neue Produktionsweise ergriffen werden muß. Wir bewegen uns rapide auf einen solchen offenen Moment zu. Erst wenn wir ihn hinter uns haben, werden wir rückblickend erkennen, warum die Menschen sich für die eine und nicht für die andere Möglichkeit entschieden haben. Bis dahin haben Menschen, die persönlich tief von einer bestimmten Zukunftsvision erfüllt sind, vollkommen recht, wenn sie für ihr Ziel streiten, selbst wenn der Erfolg jetzt noch fern und unwahrscheinlich zu sein scheint. Im Leben besteht wie in jedem Spiel, dessen Ergebnis sowohl vom Glück wie von der Geschicklichkeit abhängt, die rationale Antwort auf schlechte Aussichten darin, sich noch mehr anzustrengen.

Quellenangaben und Anmerkungen

Kultur und Natur

In einem stärker fachlich orientierten Buch (Harris, 1979)* erörtere ich meine allgemeinen theoretischen und wissenschaftlichen Prämissen in ihrem Verhältnis zu alternativen Ansätzen. Eine frühere Arbeit (Harris, 1968) referiert die Entwicklung des kulturellen Materialismus bis in die sechziger Jahre. Das spezifische Thema dieses Buches, die Inbeziehungsetzung von kultureller Entwicklung zu Produktionsintensivierungen und Umwelterschöpfungen, lehnt sich eng an die theoretische Position von Michael Harner (1970) an. Weitere Wissenschaftler, die mir in der Hervorhebung der Beziehung zwischen Intensivierung und kultureller Entwicklung voraufgegangen sind, sind Esther Boserup (1965), Robert Carneiro (1970), Brian Spooner (1972), Philip Smith (1972), Colin Renfrew (1974), Richard Wilkinson (1973), M. N. Cohen (1975) und Malcolm Webb (1975). Beträchtliche Unterschiede in Definition, Gewichtung und Gegenstandsbreite trennen meinen Ansatz von all diesen Vorläufern. Sollten jedoch einer von ihnen oder sie alle in dem, was ich geschrieben habe, ein genaues Duplikat einer Theorie erblicken, deren Urheberschaft sie für sich beanspruchen, werde ich mich glücklich schätzen, ihren Vorrang in deren Formulierung anzuerkennen. Hinsichtlich eines Überblicks über kulturelle Unterschiede und Ähnlichkeiten siehe mein Lehrbuch (Harris, 1974).

Morde im Garten Eden

Eine Beschreibung heutiger Jäger-Sammler ist in Lee und De Vore (1968) und in Bicchieri (1972) gegeben. Siehe Steward (1955) und Service (1968) hinsichtlich der Theorie des Überschusses über die Subsistenz hinaus. Die Errungenschaften der späten Altsteinzeit sind in Prideaux (1973) und Marshack (1972) referiert. Marshall Sahlins (1972) sagt, die Jäger-Sammler seien die »ursprüngliche Wohlstandsgesellschaft«. Siehe Butzer (1971) hinsichtlich der Beziehung zwischen Eiszeit-Ökologie und Kultur. Hinsichtlich des Arbeitsverhaltens siehe Lee (1968, 1969), Johnson (1975) und Edmondson (1976); wegen der Mehinacu siehe Gregor (1969). Die Voradaption von

* Die vollständigen Quellenangaben sind in der Bibliographie unter dem Autor und der Jahreszahl verzeichnet.

Jäger-Sammlern an die Agrikultur ist bei Cohen (1975, S. 82ff.) erörtert. Wegen Bevölkerungsdichte-Daten der Jäger-Sammler siehe Kroeber (1939), Lee (1968) und David (1973). Wegen demographischer Verhältnisse, Krankheit und Gesundheit in der Steinzeit siehe Hassan (1973, 1975), Cockburn (1971), Wood (1975), Armalegos und McArdle (1975), Black (1975), Livingstone (1968), Dumond (1975), Boyd (1972), Howell (in Druck), Birdsell (1968, 1972) und Coale (1974). Hinsichtlich Abtreibung und mechanischer und chemischer Verhütungsmittel siehe Devereux (1955) und Nurge (1975). Zu Gerontozid siehe Hoebel (1954, S. 76–79) und Warner (1937). Zu Infantizid siehe Dickeman (1975a), Balikci (1967), Chagnon (1968) und Freeman (1971). Zum Herumtragen der Kinder durch die Mutter siehe Lee (1972). Hinsichtlich der Stillmethode siehe Frisch und McArthur (1974), Frisch (1975), Kolata (1974), Van Ginneken (1974) und Divale und Harris (1976).

Der Ursprung der Ackerbaus

Zum Aasverzehr siehe Shipman und Phillips-Conroy (1977) und Brain (in Druck). Siehe Butzer (1971, 1975) und Flannery (1969) wegen der nacheiszeitlichen Veränderungen. Zum Problem der pleistozänen Megafauna in der Neuen Welt siehe MacNeish (in Druck); das Zitat stammt aus Mosiman und Martin (1975, S. 308). Ich danke Richard MacNeish, daß er mir gestattet hat, sein Manuskript *Energy and Culture in Ancient Tehuacán* zu verwenden. Siehe auch MacNeish (1972) und die Berichte über das Tehuacán Valley Project des Peabody Museum of Archaeology. Hinsichtlich früher Domestikation im Nahen Osten habe ich mich auf Flannery (1973), David Harris (in Druck), Harlan (in Druck), Zohary und Hopf (1973), Ducos (1969) und Chaplin (1969) gestützt. Flannery (1973, S. 284) glaubt an die rätselhaften Veränderungen. Zu den Raten des Bevölkerungswachstums im Neolithikum siehe Carneiro und Hilse (1966), Smith und Young (1972) und Butzer (1976). Zur Tierdomestikation in den Anden siehe Pires-Ferreira et al. (1976). Ich bin mir der Möglichkeit bewußt, daß sich Agrikultur von Reis, Wurzelfrüchten und Baumfrüchten unabhängig in Südostasien entwickelt haben kann. Sollte dies zutreffen, müßte das spezifische Modell, das ich verwendet habe, modifiziert, aber nicht verworfen werden. Siehe Solheim (1970), Vishnu-Mittre (in Druck), Harlan (in Druck) und David Harris (in Druck). Eine unabhängige Entstehung von Landwirtschaft scheint für China wahrscheinlich zu sein, aber dies würde mein Modell stützen, sofern es stichhaltig ist. Siehe Ping-ti Ho (1975).

Warum Krieg?

Hinsichtlich friedfertiger Kulturen siehe Lesser (1968); zur Archäologie der Gewalttätigkeit siehe Roper (1969, 1975). Zu Jäger-Sammler-Krieg siehe Divale (1972). Zur Anthropologie des Krieges siehe Fried et al. (1968) und Nettleship et al (1975). Die Tiwi sind bei Hart und Pilling (1960) beschrieben; die Murngin bei Warner (1930); die Dani bei Heider (1972). Zur Solidarisierungsfunktion des Krieges siehe Wright

(1965) und Wedgwood (1930). Zu *Krieg als Spiel* siehe Lowie (1954). Robert Ardrey ist ein populärer Verfechter der Theorie vom *Krieg als menschlicher Natur.* Siehe Montagu (1976) hinsichtlich einer gründlichen Betrachtung und Widerlegung dieser Theorie. Zu den Streuungseffekten siehe Vayda (1961, 1971). Das Zitat stammt aus Birdsell (1972, S. 357f.). Siehe Livingstone (1968) hinsichtlich der Auswirkungen des modernen Krieges auf die Bevölkerung. Siehe Divale und Harris (1976) hinsichtlich Belegen des Zusammenhangs zwischen Krieg und Infantizid an weiblichem Nachwuchs. Zur Rolle der Frauen in der Produktion siehe Morren (1974) und Lee (1969).

Proteine und das »Gewalttätige Volk«

Die Zitate stammen aus Chagnon (1974, S. 127, 194f.). Zur Siedlungsgröße siehe Lathrap (1973) und Meggers (1971). Zum Zahlenverhältnis der Geschlechter siehe Chagnon (1973, S. 135), Lizot (1971) und Smole (1976). Das Zitat zu Auseinandersetzungen wegen Frauen stammt aus Chagnon (1968b, S. 151); zu peripheren Dörfern (1968b, S. 114). Das nächste Zitat ist aus Lizot (1971, S. 34f.). Siehe Neel und Weiss (1975) und Chagnon (1975). Siehe Smole (1976) zur Geschichte der Yanomamo-Kontakte mit Europäern. Das frühere Zitat stammt aus Chagnon (1968, S. 33). Hinsichtlich der Diskussion über tierisches Eiweiß im tropischen Wald schulde ich Daniel Gross (1975), Eric Ross (1976) und Jane Ross (1971) erheblichen Dank. Meine Quelle hinsichtlich des Konsums an tierischem Protein in den Vereinigten Staaten ist Pimentel et al. (1975, S. 754). Das Zitat stammt aus Smole (1976, S. 175). Die Geschichte der Helen Valero ist in Biocca (1970) wiedergegeben. Siehe auch Siskind (1973).

Die männliche Überlegenheit und der Ödipuskomplex

Hinsichtlich der »Exhumierung« der Theorieleiche siehe Reed (1975). Zu Beweisversuchen, daß die Unterordnung der Frau überbetont worden ist, siehe Friedl (1967), Lamphere (1975), Hoffer (1975) und Reiter (1975). Hinsichtlich Angriffen gegen männliche Verschleierer siehe Kaberry (1970) und Linton (1973). Die statistischen Angaben aus Murdock beziehen sich auf die Computer-Lochkarten-Fassung des *Ethnographic Atlas.* Siehe auch Murdock (1967). Das Standardwerk über Verwandtschaftsbeziehungen und Eheschließung ist Murdock (1949). Zu den Nagovisi siehe Nash (1974). Der Begriff »Mitgift« wird ebenfalls gelegentlich für den Anteil des elterlichen Erbes einer Frau benutzt, der ihr bei der Eheschließung übereignet wird. Dies sollte eher »antizipatorisches Erbe« als »Mitgift« genannt werden. Siehe Lévi-Strauss (1969). Hinsichtlich weiterer Ausführungen über asymmetrische Institutionen siehe die Einführung zu Rosaldo und Lamphere (1974) und Friedl (1975). Hinsichtlich der Kriegführung der Iroquois habe ich mich auf Scheele (1950) und Morgan (1962) gestützt. Siehe Divale (1975) und Divale et al. (1976) zu Matrilokalität und externer Kriegführung. Das Zitat zur Iroquois-Heirat stammt aus Morgan (1962, S. 325). Über Iroquois-Frauen siehe Brown (1975). Zu Hirtentum siehe Salzman (1971). Die irrende

Feministin ist zitiert nach Scheele (1950, S. 48). Das nächste Zitat stammt von Morgan (1962, S. 324). Das dann folgende Zitat ist aus Brown (1975, S. 240f.). Zum Ödipuskomplex siehe Hall und Lindzey (1967), Barnouw (1973) und Malinowski (1927). Ein anschauliches Beispiel für die umgekehrten Prioritäten im Freudianismus geben auch Walsh und Scandalis (1975).

Der Aufstieg der ursprünglichen Staaten

Ich danke Morton Fried (siehe insbesondere Fried, 1967) und Barbara Price (insbesondere Price, 1977) für ihre ausdauernde Unterstützung bei der Formulierung meiner Gedanken über den Ursprung des Staates. Hinsichtlich der Diskussion der Regionen, in denen sich möglicherweise ursprüngliche Staaten entwickelt haben, siehe Webb (1975). Die Umverteilung als Form des Austauschs war ursprünglich von dem Ökonomen Karl Polanyi definiert und von Polanyi et al. (1957) in die Anthropologie eingeführt worden. Der Zusammenhang zwischen Umverteilung und sozialer Auffächerung in Schichten wurde zuerst von Marshall Sahlins (1958) angenommen. Hinsichtlich der Zitate über *mumis* siehe Oliver (1955, S. 439, 411, 399, 421). Siehe Hogbin (1964) zu »Großmannstum« bei den Kaoka. Hinsichtlich der Trobriander siehe Malinowski (1920, 1922, 1935) und Uberoi (1962). Siehe Renfrew (1973) hinsichtlich Vergleichen zwischen Cherokee- und europäischen »Henge«-Kulturen. Die Zitate zu den Bunyoro stammen aus Beattie (1960, S. 34, 36). Mein Modell der Entwicklung ursprünglicher Staaten stützt sich auf Carneiro (1970), lehnt aber »soziale« Einkreisung als Alternative zu ökologischer Einkreisung ab. Webbs (1975) Modell kommt meinem am nächsten. Hinsichtlich Bevölkerungsschätzungen siehe Butzer (1976) und Sanders (1972). Siehe Briffault (1963) hinsichtlich des Matrilinearitäts-Arguments. Siehe Renfrew (1973) zu »fetten Frauen«.

Mittelamerika vor Kolumbus

Hinsichtlich des »romantischen Ansatzes« siehe Morely und Brainerd (1956), Thompson (1954), Coe (1968) und Covarrubias (1957). Hinsichtlich meiner grundlegenden Fakten zur Vorgeschichte Mittelamerikas habe ich mich auf Willey (1966) und Weaver (1972) gestützt. Meine ökologischen Interpretationen wären ohne die von William Sanders und Barbara Price (1968) entwickelte Synthese nicht möglich gewesen. Siehe Grennes-Ravitz und Coleman (1966) und Hammond (1974). Zu Schätzungen der Maya-Bevölkerung siehe Haviland (1969), Sanders (1972) und Cook (1972). Zur Theorie über den Maya-Handel siehe Rathje (1971), zu ihrer Widerlegung siehe Price (1977). Lundells (1937) Untersuchung über das Petén ist immer noch das beste verfügbare Material. Zu den frühesten Maya-Siedlungen siehe Gifford (1972) und Grove et al. (1976). Zu Brandrodung siehe Cowgill (1962), Boserup (1965), Meggers et al. (1973) und Conklin (1963). Zu »Menschen, die Wald essen« siehe Condominas (1957). Siehe Puleston (1974), Turner (1974) und Cook (1972). Zu Brotnußbäumen siehe

Puleston und Puleston (1971). Siehe Mathenay (1976). Zum Zusammenbruch des Maya-Reiches siehe Culbert (1973). Zum Aufstieg von Teotihuacán siehe Sanders (1972) und Sanders und Price (1968). Siehe Millon (1973), wobei allerdings sein hysterischer Angriff gegen die Verfechter des ökologischen Ansatzes außer acht zu lassen ist. Zu den *chinampas* siehe Palerm (1967). Zu den demographischen Strukturen im Tal von Mexico siehe Parson und Blanton (1969).

Das Königreich der Kannibalen

Michael Harner allein kommt das Verdienst (oder der Tadel) für die Entdeckung (oder Wiederentdeckung) des aztekischen Kannibalismus und für die Erklärung des aztekischen Kannibalismus, die ich in diesem Kapitel gebe, zu. Siehe Harner (1975, 1977a, b). Ich bin allerdings unabhängig von ihm noch einmal die ursprünglichen Quellen durchgegangen, insbesondere Díaz (1838, SS. 80–84), de Sahagún (1950, SS. 4, 589), Durán (1964, S. 121) und Tápia (1971). Zum Herzenverspeisen der Iroquois siehe Scheele (1950, S. 101). Zum präkolumbischen Kannibalismus siehe Flinn et al. (1976). Hinsichtlich einer Zusammenfassung des von-Staden-Berichts siehe Métraux (1945). Der jesuitische Missionar war Le Mercier, zitiert nach Thwaites (1959, Bd. 13, SS. 59–79). Siehe Sagan (1974). Hinsichtlich Kraft in Menschenfleisch siehe Dornstreich und Morren (1974). Siehe Cook (1946), Díaz (1965, S. 119), Tápia (1971, S. 583), Soustelle (1962, S. 101), Cook (1946, S. 283). de Sahagún (1952, S. 239–241, 1950, SS. 24, 29) und Durán (1964, S. 122).

Das Lamm der Gnade

Hinsichtlich Darstellungen des Kannibalismus in der Alten Welt siehe Tannahill (1975) und Sagan (1974). Ich habe mich auf zusammenfassende Darstellungen von Menschenopfern in Hastings *Encyclopedia of Religion and Ethics* (1921) gestützt. Siehe auch Lévi (1966), Rosengarten (1966) und Yerkes (1952). Zum »Kult des abgeschlagenen Kopfes« siehe Piggott (1965, S. 230). Zu Druiden siehe Piggott (1975). Siehe Gelb (1973). Die Zitate sind Hastings (1921) entnommen. Siehe W. Smith (1956), Schneider (1957) und Dyson-Hudson und Dyson-Hudson (1969). Das Zitat stammt aus Smith (1956). Siehe meine Darstellung der Ereignisse, die das letzte Abendmahl umgeben, in Harris (1974). Zu »niedrigen, verachtungswürdigen« Tieren siehe Tannahill (1975, S. 84). Hammurabis Worte sind aus Driver und Miles (1955, SS. 7–13) entnommen. Siehe Mencius (1970, SS. 483, 135f.). Zu den Inkas siehe Rowe (1947) und Mason (1957). Siehe Pires-Ferreira (1976).

Die Angaben zur Produktivität von Pflanzen im Vergleich zu Tieren stammen aus National Research Council (1975, S. 111ff.). Zur Erörterung der Rolle des Proteins in der Kost siehe Taylor und Pye (1966) und FAO/WHO (1973). Zur Effizienz und Physiologie des Schweins siehe National Research Council (1975), Pond und Manes (1974) und Mount (1968). Hinsichtlich der archäologischen Belege zum domestizierten Schwein siehe Epstein (1971, Bd. 2, S. 349f.), Ducos (1969) und Zeuner (1963). Zur allgemeinen Theorie von Tabus auf jagdbaren Tieren siehe E. Ross (1976). Zu Auswirkungen der Intensivierung auf die Umwelt im Nahen Osten siehe Zeuner (1963, S. 134f.), Whyte (1961, SS. 69–76) und Reifenberg (1955). Zur Kritik an der Schweine-Theorie siehe Alland (1974, S. 67). Zum Schwein in Ägypten siehe Epstein (1971, S. 342); zum Schwein in Mesopotamien siehe Epstein (1971, S. 354) und Hawkes (1973, S. 101). Zum Schlamm- und Salz-Problem siehe Whyte (1971) und Jacobsen und Adams (1958). Zur Produktionsintensivierung im frühen Mesopotamien siehe Young (1972).

Der Ursprung der Heiligen Kuh

Siehe Allchin (1968, S. 321), Allchin und Allchin (1968, SS. 114, 259), Hawkes (1973), Marshall (1931) und Thapar (1966). Siehe Prakash (1961, S. 15f.) und Bose (1961, S. 109). *The Cambridge History of India* ist als Standardquelle anzusehen. Zur Gupta-Periode siehe Prakash (1961, S. 175f.) und Maitz (1957, S. 94f.). Hinsichtlich historischer Demographie siehe Davis (1951), Spengler (1971) und Nath (1929). Zu Entwaldung und Mahabharata-Dürre siehe Bose (1961, S. 131f.). Zur kulturellen Ökologie des Rindes in Indien siehe M. Harris (1974, 1971, 1966), Raj (1971, 1969), Heston (1971), Dandekar (1969), Odend'hal (1972) und Indische Botschaft (1975). Siehe Gandhi (1954). Zur Diskussion der Laktase siehe Harrison (1975). Hinsichtlich des Vergleichs der chinesischen und der indischen Ökosysteme siehe Buck (1964), Raj (1969), Singh (1971), Gavan und Dixon (1975), Shen (1951, S. 290), Phillips (1945) und Sprague (1975). Das Mao-Zitat ist aus Raj (1971, S. 717) übernommen. Hinsichtlich des heutigen Ganges-Tals siehe Varma (1967).

Die »Wasser«-Falle

Hinsichtlich der Entwicklungstrends der Weltbevölkerung siehe Spengler (1974). Siehe David (1951), Butzer (1976) und Bielenstein (1947). Für den Rest dieses Kapitels habe ich mich stark auf Karl Wittfogels *Oriental Despotism* gestützt. Siehe auch Wittfogel (1931, 1960, 1970, 1972). Das Marx-Zitat stammt aus dem Artikel »Die britische Herrschaft in Indien« (New York Daily Tribune, 1853). Siehe Wittfogel (1972, S. 62). Siehe Adams (1966, S. 68) und Butzer (1976). Perkins (1968) macht den gleichen Fehler hinsichtlich Chinas. Zu den Fluten des Gelben Flusses siehe Bielenstein

(1947). Ich bin für den Rat und die Kritik meines Sinologen-Anthropologen-Kollegen-Freundes Myron Cohen außerordentlich dankbar. Zur Wertung der Auswirkung der Wasser-Theorie auf die Forschung siehe Wittfogel (1972) und Ulmen (1975). Siehe auch M. Harris (1968) und Price (1971). Zur Klärung der Wasser-Theorie siehe Mitchell (1973). Zur Bewässerung in Tehuacán siehe Woodbury und Neely (1972).

Der Ursprung des Kapitalismus

Siehe Piggott (1965, SS. 229, 235, 140). Zu Rom siehe Africa (1974). Siehe Bloch (1961, 1966). Siehe Wittfogel (1957, S. 30 ff.). Zur Demographie und Wirtschaft Europas im Mittelalter siehe Wolf (1966, S. 30 ff.) und Van Bath (1963). Siehe Wailes (1972) zur Geschichte des Pfluges. Siehe Wallerstein (1975, S. 20) und Lopez (1974). Zur »Krise des Feudalismus« siehe Wallerstein (1975, S. 21 ff.) und Postan (1972). Siehe Wilkinson (1973, S. 76 f.). Zum Infantizid siehe Russel (1948), Kellum (1974), Langer (1974), Trexler (1973a, b), Shorter (1975, S. 168 ff.) und Dickeman (1975). Zu Hexerei, Messianismus und Bauernaufständen 1300 bis 1500 siehe M. Harris (1974). Hinsichtlich des Zusammenhangs zwischen der ökologischen Krise des Feudalismus und dem »Schwarzen Tod« siehe Russel und Russel (1973). Siehe auch Nohl (1961). Zur chinesischen Technologie siehe Needham (1970), Needham und Ling (1959), Elvin (1974) und Wittfogel (1957, SS. 78, 329).

Die industrielle Seifenblase

Wilkinson (1973, S. 76 ff., 112 ff.). Zu den Lebensbedingungen in Europa siehe Braudel (1972, 1973), Engels (1958), Eden (1928), Pinchbeck (1969), Polanyi (1944) und Langer (1972, SS. 96, 98). Zu Sterblichkeit in Schweden und demographischem Übergang siehe Llewellyn-Jones (1974). Siehe auch Ehrlich und Ehrlich (1970) und Ford und DeJong (1970). Zum Sterblichkeitsrückgang im achtzehnten Jahrhundert siehe Langer (1963) und Glass und Eversley (1965). Siehe White (1973, 1975). Zu Heimindustrie siehe Landes (1966). Die Kriminalstatistiken stammen aus Rusche und Kirchheimer (1939). Zum sozialen Kontext der Malthusianer siehe Polgar (1975) und Beales (1959). Zur Kontroverse Marx-Malthus siehe Meek (1971). Zur Geschichte der Empfängnisverhütung siehe Llewellyn-Jones (1974). Zum Fruchtbarkeitsrückgang siehe Banks (1953) und Coale (1969). Zu den kulminierenden Auswirkungen und den Schätzungen der steigenden Kosten der Kinderaufzucht siehe Minge-Kalman (1977). Zur Erschöpfung der Kohle- und Ölvorräte siehe National Petroleum Council (1973), Penner und Icerman (1974), Hubert (1976) und Commoner (1976). Zur »Verölung« der Nahrung siehe M. Harris (1973), Jennings (1976), Wade (1973), Pimentel et al. (1973, 1975), Pimentel (1976), Borgstrom (1973), Steinhart und Steinhart (1974) und Leach (1975).

Bibliographie

Adams, Robert McC. 1966: *The Evolution of Urban Society: Early Mesopotamia and Prehispanic Mexico.* Chicago: Aldine.

Africa, Thomas W. 1974: *The Immense Majesty: A History of Rome and the Roman Empire.* New York: Thomas Y. Crowell.

Alland, Alexander 1974: »Adaptation«. Annual Review of Anthropology 4: 59–73.

Allchin, Bridget und Raymond Allchin 1968: *The Birth of Indian Civilization.* Baltimore: Penguin.

Allchin, F. R. 1968: »Early Domestic Animals in India and Pakistan.« In Ucko und Dimbleby (Herausg.), S. 317–21.

Angel, J. Lawrence 1975: »Paleoecology, Paleodemography and Health.« In Polgar (Herausg.), S. 167–90.

Armalegos, George und Allan McArdle 1975: »Population, Disease, and Evolution.« American Antiquity 40, 2: 1–10.

Balikci, Anselm 1967: »Female Infanticide on the Arctic Coast.« Man 2: 615–25.

Banks, J. A. 1953: *Prosperity and Parenthood.* London: Routledge.

Barnouw, Victor 1973: *Culture and Personality.* Homewood, Ill.: Dorsey Press.

Beales, H. L. 1959: »The Historical Context of the Essay on Population.« In D. V. Glass (Herausg.), *Introduction to Malthus*, S. 1–24. London: Frank Case.

Beattie, John 1960: *Bunyoro: An African Kingdom.* New York: Holt, Rinehart & Winston.

Bicchieri, M. G. (Herausg.) 1972: *Hunters and Gatherers Today.* New York: Holt, Rinehart & Winston.

Bielenstein, Hans 1947: »The Census of China During the Period 2–742 A.D.« Bulletin of the Museum of Far Eastern Antiquities 19: 125–65.

Biocca, Ettore 1970: *Yanomama: The Narrative of a White Girl Kidnaped by Amazonian Indians.* New York: Dutton.

Birdsell, Joseph 1968: »Some Predictions for the Pleistocene Based on Equilibrium Systems Among Recent Hunter-Gatherers.« In Lee und De Vore (Herausg.), S. 229–49. 1972: *Human Evolution: An Introduction to the New Physical Anthropology.* Chicago: Rand McNally.

Black, Francis 1975: »Infectious Diseases in Primitive Societies.« Science 187: 515–18.

Bloch, Marc 1961: *Feudal Society.* Chicago: University of Chicago Press. 1966: »The Rise of Dependent Cultivation and Seignorial Institutions.« In M. M. Postan

(Herausg.), *The Agrarian Life of the Middle Ages*, S. 235–90. London: Cambridge University Press.

Borgstrom, Georg 1973: *The Food and People Dilemma*. North Scituate, Mass.: Duxbury Press.

Bose, A. N. 1961: *Social and Rural Economy of Northern India, 600 B.C.–200 A.D.* Calcutta: K. L. Mukhopadhyay.

Boserup, E. 1965: *The Conditions of Agricultural Growth*. Chicago: Aldine.

Boyd, R. 1972: »Urbanization, Morbidity, and Natality.« In Ucko, Dimbleby und Tringham (Herausg.), S. 345–52.

Brain, C. K. (im Druck): »Some Aspects of the South African Australopithecine Sites and Their Bone Accumulations.« In C. Jolly (Herausg.), *Early Man in Africa*. London: Duckworth.

Braudel, Fernand 1973: *Capitalism and Material Life 1400–1800*. New York: Harper & Row. 1972: *The Mediterranean and the Mediterranean World in the Age of Phillip II*. New York: Harper & Row.

Briffault, Robert 1963: *The Mothers*. New York: Grosset & Dunlap.

Brown, Judith 1975: »Iroquois Women: An Ethnohistoric Note.« in Reiter (Herausg.), S. 235–51.

Buck, John 1964 (1937): *Land Utilization in China*. New York: Praeger (B. 1), Bd. 2 (Statistics) und Bd. 3 (Atlas). Chicago: University of Chicago Press.

Butzer, Karl 1971: *Environment and Archaeology: An Ecological Approach to Prehistory*. Chicago. Aldine. 1975: »Patterns of Environmental Change in the Near East During Late Pleistocene and Early Holocene Times.« In Fred Wendorff und A. Marks (Herausg.), *Problems in Prehistory: North Africa and the Levant*, S. 389–411. Dallas: Southern Methodist University. 1976: *Early Hydraulic Civilization in Egypt: A Study in Cultural Ecology*. Chicago: University of Chicago Press.

Cambridge History of India 1923–1927: *Cambridge History of India*. Cambridge: Cambridge University Press.

Carneiro, Robert 1970: »A Theory of the Origin of the State.« Science 169: 733–38.

Carneiro, Robert und D. Hilse 1966: »On Determining the Probable Rate of Population Growth During the Neolithic.« American Anthropologist 68: 177–81.

Chagnon, Napoleon 1968a: *Yanomamö: The Fierce People*. New York: Holt, Rinehart & Winston. 1968b: »Yanomamö Social Organization and Warfare.« In Fried, Harris und Murphy (Herausg.), S. 109–59. 1974: *Studying the Yanomamö*. New York: Holt, Rinehart & Winston. 1975: »Genealogy, Solidarity, and Relatedness: Limits to Local Group Size and Patterns of Fissioning in an Expanding Population.« Yearbook of Physical Anthropology 19: 95–110.

Chaplin, Raymond 1969: »The Use of Non-morphological Criteria in the Study of Animal Domestication from Bones Found on Archaeological Sites.« In Ucko und Dimbleby (Herausg.), S. 231–46.

Coale, Ansley 1970: »The Decline of Fertility in Europe from the French Revolution to World War II.« In S. J. Behrman, L. Corsa und R. Freedman (Herausg.), *Fertility and Family Planning: A World View*. Ann Arbor: University of Michigan

256

Press. 1974: »The History of the Human Population.« Scientific American 231: 41–51 (September).

Cockburn, T. A. 1971: »Infectious Diseases in Ancient Populations.« Current Anthropology 12: 45–62.

Coe, Michael 1968: *America's First Civilization: Discovering the Olmec.* New York: American Heritage.

Cohen, Mark N. 1975: »Population Pressure and the Origins of Agriculture.« In Polgar (Herausg.), S. 79–121.

Commoner, Barry 1976: *The Poverty of Power: Energy and the Economic Crisis.* New York: Alfred A. Knopf.

Condominas, George 1957: *Nous avons mangé la forêt de la Pérre-Genie Goo.* Paris: Plon.

Conklin, Harold 1963: *The Study of Shifting Cultivation.* Washington: Pan American Union.

Cook, Sherburne 1946: »Human Sacrifice and Warfare as Factors in the Demography of Pre-Colonial Mexico.« Human Biology 18: 81–102. 1972: *Prehistoric Demography.* Reading (Mass.): Addison-Wesley.

Covarrubias, Miguel 1957: *Indian Art of Mexico and Central America.* New York: Alfred A. Knopf.

Cowgill, Ursula 1962: »An Agricultural Study of the Southern Maya Lowlands.« American Anthropologist 64: 273–86.

Culbert, T. P. (Herausg.) 1973: *The Classic Maya Collapse.* Albuquerque: University of New Mexico Press.

Dandekar, V. M. 1969: »Cow Dung Models.« Economic and Political Weekly (Bombay) 2: 1267–71 (August).

David, Nicholas 1973: »On Upper Paleolithic Society, Ecology and Technological Change.« In Renfrew (Herausg.), S. 275–303.

Davis, Kingsley 1951: *The Population of India and Pakistan.* Princeton: Princeton University Press.

Devereux, George 1955: *A Study of Abortion in Primitive Societies.* New York: Julian Press.

Díaz, Bernal 1956: *The Discovery and Conquest of Mexico 1517–1521.* New York: Farrar, Straus & Giroux.

Dickeman, Mildred 1975a: »Demographic Consequences of Infanticide in Man.« Annual Review of Ecology and Systematics 6: 100–37. 1975b: »Female Infanticide and Hypergymy: A Neglected Relationship.« Vortrag auf dem Treffen der American Anthropological Association, San Francisco.

Divale, William 1972: »Systematic Population Control in the Middle and Upper Paleolithic.« World Archaeology 42, 2: 222–41. 1975: »An Explanation for Matrilocal Residence.« In Raphael (Herausg.), S. 99–108.

Divale, W. T., F. Chamberis und D. Gangloff 1976: »War, Peace and Marital Residence in Pre-Industrial Societies.« Journal of Conflict Resolution 20: 57–78.

Divale, William und M. Harris 1976: »Population, Warfare, and the Male Supremacist Complex.« American Anthropologist 78: 521–38.

257

Dornstreich, Mark und G. Morren 1974: »Does New Guinea Cannibalism Have Nutritional Value?« Human Ecology 2: 1–12.

Driver, G. R. und J. C. Miles (Herausg.) 1955: *The Babylonian Laws*, Bd. 2. Oxford: Clarendon Press.

Ducos, P. 1969: »Methodology and Results of the Study of the Earliest Domesticated Animals in the Near East (Palestine).« In Ucko und Dimbleby (Herausg.), S. 265–76.

Dumond, Don E. 1975: »The Limitation of Human Population: A Natural History.« Science 187: 713–20.

Durán, Diego 1964: *The Aztecs: The History of the Indies of New Spain.* New York: Orion.

Dyson-Hudson, Rada und N. Dyson-Hudson 1969: »Subsistence Herding in Uganda.« Scientific American 220 (2): 76–89.

Eden, Frederick 1928: *The State of the Poor.* London: G. Routledge & Sons.

Edmondson, W. C. 1976: *Land, Food and Work in East Java.* New England Monographs in Geography, 4. Armidale, N.S.W. Australia.

Ehrlich, Paul und A. Ehrlich 1970: *Population, Resources, Environment.* San Francisco: W. H. Freeman.

Elvin, Mark 1974: *The Pattern of the Chinese Past.* Stanford University Press.

Engels, Friedrich 1958: *The Condition of the Working Class in England.* London: Oxford University Press.

Epstein, H. 1971: *The Origin of the Domestic Animals of Africa.* 2 Bde. New York: Africana Publishing Corporation.

FAO/WHO 1973: *Energy and Protein Requirements.* FAO Nutrition Meetings Report Series, No. 52. Rom: Food and Agricultural Organization of the United Nations.

Flannery, Kent 1969: »Origins and Ecological Effects of Early Domestication in Iran and the Near East.« In Ucko und Dimbleby (Herausg.), S. 73–100. 1973: »The Origins of Agriculture.« Annual Review of Anthropology 2: 270–310.

Flinn, Lynn, C. Turner und A. Brew 1976: »Additional Evidence for Cannibalism in the Southwest: The Case of LA 4528.« American Antiquity 41: 308–18.

Ford, T. R. und G. F. DeJong (Herausg.) 1970: *Social Demography.* Englewood Cliffs: Prentice-Hall.

Freeman, M. 1971: »A Social and Economic Analysis of Systematic Female Infanticide.« American Anthropologist 73: 1011–18.

Fried, Morton H. 1967: *The Evolution of Political Society: An Essay in Political Anthropology.* New York: Random House.

Fried, Morton, M. Harris und R. Murphy (Herausg.) 1968: *War: The Anthropology of Armed Conflict and Aggression.* Garden City, N. Y.: Natural History Press.

Friedl, Ernestine 1967: »The Position of Women: Appearance and Reality.« Anthropological Quarterly 40: 97–108. 1975: *Women and Men: An Anthropologist's View.* New York: Holt, Rinehart & Winston.

Frisch, Rose 1975: »Critical Weights, A Critical Body Composition, Menarche and the Maintenance of Menstrual Cycles.« In Elizabeth Watts, F. Johnston und

G. Lasker (Herausg.), *Biosocial Interrelations in Population Adaptation*, S. 309–18. Den Haag: Mouton.

Frisch, Rose und J. McArthur 1974: »Menstrual Cycles: Fatness as a Determinant of Minimum Weight for Height Necessary for Their Maintenance or Onset.« Science 185: 949–51.

Gandhi, M. K. 1954: *How to Serve the Cow.* Ahmedabad: Navajivan Publishing House.

Gavan, J. D. und J. Dixon 1975: »India: A Perspective on the Food Situation.« Science 188: 541–49.

Gelb, Ignace 1972: »From Freedom to Slavery.« In D. O. Edzard (Herausg.), 18^{ieme} Rencontre Assyriologique Internationale. München: Bayerische Akademie der Wissenschaften. 1973: »Prisoners of War in Early Mesopotamia.« Journal of Near Eastern Studies 32: 70–98.

Gifford, James 1974: »Recent Thoughts Concerning the Interpretation of Maya Prehistory.« In Hammond (Herausg.), S. 77–98.

Glass, D. V. und D. Eversley (Herausg.) 1965: *Population in History.* Chicago: Aldine.

Gregor, Thomas A. 1969: »Social Relations in a Small Society: A Study of the Mehinacu Indians of Central Brazil.« Dissertation, Columbia University.

Grennes-Ravitz, Ronald und G. Coleman 1976: »The Quintessential Role of Olmec in the Central Highlands of Mexico.« American Antiquity 41: 196–205.

Gross, Daniel 1975: »Protein Capture and Cultural Development in the Amazon Basin.« American Anthropologist 77: 526–49.

Grove, David C. et al. 1976: »Settlement and Cultural Development at Chalcatyingo.« Science 192: 1203–10.

Hall, Calvin und G. Lindzey 1967: »Freud's Psychoanalytic Theory of Personality.« In Robert Hunt (Herausg.), *Personalities and Cultures: Readings in Psychological Anthropology,* S. 3–29. Garden City: Natural History Press.

Hammond, Norman 1974: »The Distribution of Late Classic Maya Major Ceremonial Centers.« In Hammond (Herausg.), S. 313–34.

Hammond, Norman (Herausg.) 1974: *Mesoamerican Archaeology: New Approaches.* Austin: University of Texas Press.

Harlan, Jack (im Druck): »Origins of Cereal Agriculture in the Old World.« In C. Reed (Herausg.), *Origins of Agriculture.* Den Haag: Mouton.

Harner, Michael 1970: »Population Pressure and the Social Evolution of Agriculturalists.« Southwestern Journal of Anthropology 26: 67–86. 1975: »The Material Basis for Aztec Sacrifice.« Vortrag auf dem Jahrestreffen der American Anthropological Association, San Francisco. (Im Druck): a) »The Ecological Basis for Aztec Sacrifice.« American Ethnologist. (Im Druck): b) Artikel in Natural History Magazine.

Harris, David (im Druck): »The Origins of Agriculture: Alternate Pathways Toward Agriculture.« In C. Reed (Herausg.), *Origins of Agriculture.* Den Haag: Mouton.

Harris, Marvin 1966: »The Cultural Ecology of India's Sacred Cattle.« Current Anthropology 7: 51–59. 1968: *The Rise of Anthropological Theory: A History of*

Theories of Culture. New York: Thomas Y. Crowell. 1971: »Comments on Alan Heston's ›An Approach to the Sacred Cow of India‹.« Current Anthropology 12: 199–201. 1973: »The Withering Green Revolution.« Natural History 82, 2: 20–22. 1974: *Cows, Pigs, Wars and Witches: The Riddles of Culture.* New York: Random House. 1975: *Culture, People, Nature: An Introduction to General Anthropology.* New York: Thomas Y. Crowell. 1979: *Cultural Materialism: The Struggle for a Science of Culture.* New York: Random House.

Harrison, Gail 1975: »Primary Adult Lactase Deficiency: A Problem in Anthropological Genetics.« American Anthropologist 77: 812–35.

Hart, C. W. M. und A. R. Pilling 1960: *The Tiwi of North Australia.* New York: Holt, Rinehart & Winston.

Hassan, Ferki 1973: »On Mechanisms of Population Growth During the Neolithic.« Current Anthropology 14, 5: 535–42. 1975: »Size, Density and Growth Rate of Hunting-Gathering Populations.« In Polgar (Herausg.), S. 27–52.

Hastings, James (Herausg.)1921: *Encyclopedia of Religion and Ethics.* New York: Charles Scribner & Sons.

Haviland, William 1967: »Stature at Tikal, Guatemala: Implications for Ancient Maya Demography and Social Organization.« American Antiquity 32: 316–25. 1969: »A New Population Estimate for Tikal, Guatemala.« American Antiquity 34: 429–33.

Hawkes, Jaquetta 1973: *The First Great Civilizations.* New York: Alfred A. Knopf.

Heider, Karl 1972: *The Dani of West Irian.* Reading, Mass.: Addison-Wesley.

Herskovits, Melville 1952: *Economic Anthropology.* New York: Alfred A. Knopf.

Heston, Allan et al. 1971: »An Approach to the Sacred Cow of India.« Current Anthropology 12: 191–209.

Himes, N. E. 1963: *Medical History of Contraception.* New York: Gamut Press.

Hoebel, E. Adamson 1954: *The Law of Primitive Man.* Cambridge: Harvard University Press.

Hoffer, Carol 1975: »Bundu: Political Implications of Female Solidarity in a Secret Society.« In Raphael (Herausg.), S. 155–64.

Hogbin, H. Ian 1964: *A Guadalcanal Society: The Kaoka Speakers.* New York: Holt, Rinehart & Winston.

Howells, Nancy Lee (im Druck): In Richard Lee und I. De Vore. Cambridge: Harvard University Press.

Hubert, M. 1976: »Scientist Is Hopeful on World Resources.« New York Times, December 2.

Indische Botschaft 1975: »Indian Economy and Cattle Use.« India News, November 7.

Jacobsen, Thorkild und R. Adams 1958: »Salt and Silt in Ancient Mesopotamian Agriculture.« Science 128: 1251–58.

Jennings, Peter 1976: »The Amplification of Agricultural Production.« Scientific American 235 (3): 180–95.

Johnson, Allen 1975: »The Allocation of Time in a Machiguenga Community.« Ethnology 14: 301–10.

Johnson, Frederick (Herausg.) 1972: *Chronology and Irrigation. The Prehistory of the Tehuacán Valley.* Bd. IV, S. 59–80. Andover: Robert S. Peabody Foundation. Austin: The University of Texas Press.

Kaberry, Phyllis 1970: *Aboriginal Woman, Sacred and Profane.* London: Routledge.

Kellum, Barbara 1974: »Infanticide in England in the Later Middle Ages.« History of Childhood Quaterly 1: 367–88.

Kolata, Gina 1974: »!Kung Hunter-Gatherers: Feminism, Diet and Birth Control.« Science 185: 932–34.

Kroeber, Alfred L. 1939: *Cultural and Natural Areas of Native North America.* Berkeley: University of California Press.

Lamphere, Louise 1975: »Women and Domestic Power: Political and Economic Strategies in Domestic Groups.« In Raphael (Herausg.), S. 117–30.

Landes, David (Herausg.) 1966: *The Rise of Capitalism.* New York: Macmillan.

Langer, William 1963: »Europe's Initial Population Explosion.« American Historical Review 69: 1–17. 1972: »Checks on Population Growth, 1750–1850.« Scientific American: 92–99. 1974: »Infanticide: A Historical Survey.« History of Childhood Quarterly 1: 353–65.

Lathrap, Donald 1973: »The ›Hunting‹ Economies of the Tropical Forest Zone of South America: An Attempt at Historical Perspective.« In Daniel Gross (Herausg.), *Peoples and Cultures of Native South America,* S. 83–95. New York: Natural History Press.

Leach, Gerald 1975: *Energy and Food Production.* Washington: Institute for Environment and Development.

Lee, Richard 1968: »Problems in the Study of Hunters and Gatherers.« In Lee und De Vore (Herausg.), S. 3–12. 1969: »!Kung Bushmen Subsistence: An Input-Output Analysis.« In A. Vayda (Herausg.), *Environment and Cultural Behavior,* S. 47–49. Garden City: Natural History Press. 1972: »Population Growth and the Beginnings of Sedentary Life Among the !Kung Bushmen.« In Spooner (Herausg.), S. 329–42.

Lee, Richard und I. De Vore (Herausg.) 1968: *Man the Hunter.* Chicago: Aldine.

Lesser, Alexander 1968: »War and the State.« In Fried, Harris und Murphy (Herausg.), S. 92–96.

Lévi, Sylvain 1966: *La doctrine du sacrifice dans les Brâhmanas.* Paris: Presses Universitaires de France.

Lévi-Strauss, Claude 1969: *The Elementary Structures of Kingship.* Boston: Beacon.

Linton, Sally 1973: »Women the Gatherer: Male Bias in Anthropology.« In Sue Ellen Jacobs (Herausg.), *Women in Perspective: A Guide for Cross Cultural Studies.* Urbana: University of Illinois Press.

Livingstone, Frank 1968: »The Effect of War on the Biology of the Human Species.« In Fried, Harris und Murphy (Herausg.), S. 3–15.

Lizot, Jacques 1971: »Aspects économiques et sociaux du changement cultural chez les Yanomamis.« L'Homme 11: 2–51.

Llewellyn-Jones, Derek 1974: *Human-Reproduction and Society.* London: Faber & Faber.

Lopez, Robert S. 1974: *The Commercial Revolution of the Middle Ages: 950–1350*. Englewood Cliffs, N. J.: Prentice-Hall.

Lowie, Robert 1954: *Indians of the Plains*. New York: McGraw-Hill.

Lundell, Cyrus 1937: *The Vegetation of Petén*. Washington, D. C.: Carnegie Institution.

MacNeish, Richard 1972: »The Evolution of Community Patterns in the Tehuacán Valley of Mexico, and Speculation about the Cultural Processes.« In P. J. Ucko, R. Tringham und G. W. Dimbleby (Herausg.), *Man, Settlement, and Urbanism*, S. 67–93. Cambridge, Mass.: Schenkman. (Im Druck): »Speculations About the Discovery of the New World by Paleoindians.« American Scientist. O. J.: *Energy and Culture in Ancient Tehuacan*. Manuskript.

Maitz, S. K. 1957: *Economic Life of Northern India in the Gupta Period. Cir.* A.D. *300–500*. Calcutta: World Press Private.

Malinowski, Bronislaw 1920: »War and Weapons Among the Natives of the Trobriand Islands.« Man 20: 10–12. 1922: *Argonauts of the Western Pacific*. New York: Dutton. 1927: *Sex and Repression in Savage Society*. London: Routledge and Kegan Paul. 1935: *Coral Gardens and Their Magic*, 2 Bde. London: Allen & Unwin.

Marshack, Alexander 1972: *The Roots of Civilization*. New York: McGraw-Hill.

Marshall, John 1931: *Mohenjo-daro and the Indus Civilization*, 3 Bde. London.

Mason, J. Alden 1957: *The Ancient Civilization of Peru*. Harmondsworth (England): Penguin.

Mathenay, Ray 1976: »Maya Lowland Hydraulic Systems.« Science 193: 639–646.

Meek, Ronald 1971: *Marx and Engels on the Population Bomb*. Berkeley: Ramparts Press.

Meggers, B. 1971: *Amazonia: Man and Culture in a Counterfeit Paradise*. Chicago: Aldine.

Meggers, Betty, E. Ayensu und W. Duckworth 1973: *Tropical Forest Ecosystems in Africa and South America: A Comparative Review*. Washington, D.C.: Smithsonian Institution Press.

Mencius 1970: *The Works of Mencius*. New York: Dover.

Métraux, Alfred 1945: »Tribes of the Middle and Upper Amazon River.« In J. H. Steward (Herausg.), *Handbook of South American Indians*, S. 687–712. Washington, D.C.: Bureau of American Ethnology Bulletin 143 (3).

Millon, René 1973: »The Study of Urbanism at Teotihuacan, Mexico.« In Hammond (Herausg.), S. 335–62.

Minge-Kalman, Wanda 1977: *The Evolution of Domestic Production: Changes During the Peasant to Worker Transition in Europe*. Dissertation, Columbia University.

Mitchell, William 1973: »The Hydraulic Hypothesis: A Reappraisal.« Current Anthropology 4: 532–34.

Montagu, Ashley 1976: *The Nature of Human Aggression*. New York: Oxford University Press.

Morely, S. G. und G. Brainerd 1956: *The Ancient Maya.* Palo Alto: Stanford University Press.

Morgan, Lewis H. 1962: *League of the Iroquois.* New York: Corinth Press.

Morren, George 1974: »Settlement Strategies and Hunting in a New Guinea Society.« Dissertation, Columbia University.

Mosimann, James G. und Paul S. Martin 1975: »Simulating Overkill by Paleoindians.« American Scientist 63, 3.

Mount, Lawrence 1968: *The Climatic Physiology of the Pig.* London: Edward Arnold.

Murdock, George P. 1949: *Social Structure.* New York: Macmillan. 1967: *Ethnographic Atlas.* Pittsburgh: University of Pittsburgh Press.

Nag, Moni (Herausg.) 1975: *Population and Social Organization.* Den Haag: Mouton.

Nash, Jill 1974: *Matriliny and Modernization: The Nagovisi of South Bougainville.* New Guinea Research Bulletin.

Nath, Pran 1929: *A Study in the Economic Condition of Ancient India.* London.

National Petroleum Council 1973: *U.S. Energy Outlook: Oil and Gas Availability.* Washington, D.C.: National Petroleum Council.

National Research Council 1974: *Agricultural Production Efficiency.* Washington, D.C.: National Academy of Sciences.

Needham, Joseph 1970: *Clerks and Craftsmen in China and the West.* Cambridge (England): Cambridge University Press.

Needham, Joseph und W. Ling 1959: *Science and Civilization in China.* Bd. III. Cambridge (England): Cambridge University Press.

Neel, James und K. Weiss 1975: »The Genetic Structure of a Tribal Population, the Yanomamo Indians.« American Journal of Physical Anthropology 42: 25–52.

Nettleship, Martin, R. Givens und A. Nettleship (Herausg.) 1975: *War, Its Causes and Correlates.* Den Haag: Mouton.

Nohl, Johannes (Herausg.) 1961: *Black Death: A Chronicle of the Plague Compiled from Contemporary Sources.* New York: Humanities Press.

Nurge, Ethel 1975: »Spontaneous and Induced Abortion in Human and Non-Human Primates.« In Raphael (Herausg.), S. 25–36.

Odend'hal, Stewart 1972: »Energetics of Indian Cattle in Their Environment.« Human Ecology: 1, 1: 3–32.

Oliver, Douglas 1955: *A Solomon Island Society: Kinship and Leadership Among the Siuai of Bougainville.* Cambridge: Harvard University Press.

Palerm, Angel 1967: »Agricultural Systems and Food Patterns.« *Handbook of Middle American Indians* 6: 26–52.

Parsons, Jeffrey und R. Blanton 1969: *Prehispanic Demography in the Eastern Valley of Mexico: The Texoco, Ixtapalapa, and Chalco Areas.* Unveröffentlichtes Manuskript.

Penner, S. S. und L. Icerman 1974: *Energy: Demands, Resources, Impact, Technology and Policy.* Reading, Mass.: Addison-Wesley.

263

Perkins, Dwight   1968: *Agricultural Development in China 1368–1968*. Chicago: Aldine.

Phillips, Ralph et al.   1945: *Livestock of China*. U.S. Department of State Publication 2249. Far Eastern Serie: 9. Washington, D.C.

Piggott, Stuart   1965: *Ancient Europe*. Edinburgh: The University Press. 1975: *The Druids*. New York: Praeger.

Pimentel, David, L. E. Hurd, A. C. Bellotti et al.   1973: »Food Production and the Energy Crisis.« Science 182: 443–49.

Pimentel, David, W. Dritschilo, J. Krummel und J. Krutzman   1975: »Energy and Land Constraints in Food Protein Production.« Science 190: 754–61.

Pimentel, David   1976: »Expert Says Only Hope to Feed World Is with Food Production Unlike That in U.S.« New York Times, December 8.

Pinchbeck, Ivy   1969: *Women Workers and the Industrial Revolution 1750–1850*. New York: Kelley Reprints.

Ping-ti Ho 1975: »The Indigenous Origins of Chinese Agriculture.« In C. Reed (Herausg.), *Origins of Agriculture*. Den Haag: Mouton.

Pires-Ferreira, J., E. Pires-Ferreira, und P. Kaulicke   1976: »Preceramic Animal Utilization in the Central Peruvian Andes.« Science 194: 483–90.

Polanyi, Karl   1944: *The Great Transformation*. New York: Rinehart.

Polanyi, Karl, C. Arensberg und H. Pearson (Herausg.)   1957: *Trade and Markets in the Early Empires*. Glencoe, Ill.: The Free Press.

Polgar, Steven   1975: »Birth Planning: Between Neglect and Coercion.« In Nag (Herausg.), S. 177–202.

Polgar, Steven (Herausg.)   1975: *Population, Ecology and Social Evolution*. Den Haag: Mouton.

Pond, W. G. und J. H. Manes   1974: *Swine Production in Temperate and Tropical Environments*. San Francisco: Freeman.

Postan, Michael   1972: *The Medieval Economy and Society: An Economic History of Britain in the Middle Ages*. London: Weidenfeld & Nicolson.

Prakash, Om   1961: *Food and Drinks in Ancient India: From Earliest Times to C. 1200 A.D.* Delhi: Munshi Ram Manohar Lal.

Price, Barbara   1971: »Prehispanic Irrigation Agriculture in Nuclear America.« Latin American Research Review 6: 3–60. 1977: »Turning State's Evidence: Problems in the Theory of State Formation.« Unveröffentlicht.

Prideaux, Tom (Herausg.)   1973: *Cro-Magnon Man*. New York: Time-Life.

Puleston, D. E.   1968: *Brosimum Alicastrum as a Subsistence Alternative for the Classic Maya of the Central Southern Lowlands*. Ann Arbor, Mich.: University Microfilms. 1974: »Intersite Areas in the Vicinity of Tikal and Uaxactum.« In Hammond (Herausg.), S. 301–11.

Puleston, D. E. und O. S. Puleston   1971: »An Ecological Approach to the Origin of Maya Civilization.« Archaeology 24: 330–37.

Raj, K. N.   1969: »Investment in Livestock in Agrarian Economies: An Analysis of Some Issues Concerning ›Sacred Cows‹ and ›Surplus Cattle‹. Indian Economic Review 4: 1–33. 1971: »India's Sacred Cattle: Theories and Empirical Findings.« Economic and Political Weekly 6: 717–722 (27. März).

Raphael, Dana (Herausg.) 1975: *Being Female: Reproduction, Power, Change.* Den Haag: Mouton.

Rathje, William 1970: »Socio-political Implications of Lowland Maya Burials: Methodology and Tentative Hypotheses.« World Archaeology 1: 359–74. 1971: »The Origin and Development of Lowland Classic Maya Civilization.« American Antiquity 36: 275–85.

Reed, Evelyn 1975: *Woman's Evolution.* New York: Pathfinder Press.

Reifenberg, A. 1953: »The Struggle between the Desert and the Sown.« Desert Research. Proceedings, International Symposium, Jerusalem, Mai 1952, S. 378–391. Jerusalem: Research Council of Israel Special Publication.

Reiter, Rayna (Herausg.) 1975: *Toward an Anthropology of Woman.* New York: Monthly Review Press.

Renfrew, Colin 1973: *Before Civilization.* New York: Alfred A. Knopf.

Renfrew, Colin (Herausg.) 1974: *The Explanation of Culture Change: Models in Prehistory.* Pittsburgh: University of Pittsburgh Press.

Roper, Marilyn 1969: »A Survey of the Evidence for Intrahuman Killing in the Pleistocene.« *Current Anthropology* 10: 427–59. 1975: »Evidence of Warfare in the Near East from 10,000 to 4,000 B.C.« In Nettleship, Givens und Nettleship (Herausg.), S. 299–344.

Rosaldo, M. Z. und L. Lamphere (Herausg.) 1974: *Women, Culture, and Society.* Stanford: Stanford University Press.

Rosengarten, Yvonne 1966: *Le régime des offrandes dans la société sumérienne d'après les textes presargoniques de Lagas.* Paris: E. de Boccard.

Ross, Eric (im Druck): »Food Taboos, Diet and Hunting Strategy: The Adaptation to Animals in Amazon Cultural Ecology.« Current Anthropology.

Ross, Jane 1971: »Aggression as Adaptation: The Yanomamo Case.« Vervielfältigt. Columbia University.

Rowe, John 1947: »Inca Culture at the Time of the Spanish Conquest.« In Julian Steward (Herausg.), *Handbook of South American Indians.* Bureau of American Ethnology Bulletin 143: 183–330.

Rusche, Georg und O. Kirchheimer 1939: *Punishment and Social Structure:* New York: Columbia University Press.

Russel, Josiah 1948: *British Medieval Population.* Albuquerque: University of New Mexico Press.

Russell, Claire und W. Russell 1973: »The Natural History of Violence.« In Charlotte Otten (Herausg.), *Aggression and Evolution,* S. 240–273. Lexington, Mass.: Xerox College Publishing.

Sagan, Eli 1974: *Human Aggression, Cannibalism, and Cultural Form.* New York: Harper & Row.

Sahlins, Marshall 1958: *Social Stratification in Polynesia.* American Ethnological Society Monographs. Seattle: University of Seattle Press. 1972: *Stone Age Economics.* Chicago: Aldine.

Salzman, Philip (Herausg.) 1971: »Comparative Studies of Nomadism and Pastoralism.« Anthropological Quarterly 44, 3: 104–210.

265

Sanders, William T. 1972: »Population, Agricultural History, and Societal Evolution in Mesoamerica.« In Spooner (Herausg.), S. 101–53.

Sanders, W. T. und B. Price 1968: *Mesoamerica: The Evolution of a Civilization.* New York: Random House.

Scheele, Raymond 1950: *Warfare of the Iroquois and Their Northern Neighbors.* Dissertation, Columbia University.

Schneider, Harold 1957: »The Subsistence Cattle Among the Pakot and in East Africa.« American Anthropologist 59: 278–300.

Service, Elman 1969: »The Prime-Mover of Cultural Evolution.« Southwestern Journal of Anthropology 24: 396–409.

Shen, T. H. 1951: *Agricultural Resources of China.* Ithaca: Cornell University Press.

Shipman, Pat und J. Phillips-Conroy 1977: »Hominid Tool-making Versus Carnivore Scavenging.« American Journal of Physical Anthropology 46: 77–86.

Shorter, Edward 1975: *The Making of the Modern Family.* New York: Basic Books.

Singh, R. L. (Herausg.) 1971: *India: A Regional Geography.* Varanasi, National Geographic Society of India.

Siskind, Janet 1973: *To Hunt in the Morning.* New York: Oxford University Press.

Smith, Philip E. 1972: »Land-use, Settlement Patterns, and Subsistence Agriculture: A Demographic Perspective.« In Ucko, Tringham und Dimbleby (Herausg.), S. 409–25.

Smith, Philip und C. Young, Jr. 1972: »The Evolution of Early Agriculture and Culture in Greater Mesopotamia: A Trial Model.« In Spooner (Herausg.), S. 5–19.

Smith, William 1956: *The Religion of the Semites.* New York: Meridan Books.

Smole, William J. 1976: *The Yanomamo Indians: A Cultural Geography.* Austin: University of Texas Press.

Solheim, William 1970: »Relics from Two Diggings Indicate the Thais Were the First Agrarians.« New York Times, 12. Januar.

Soustelle, Jacques 1962: *Daily Life of the Aztecs on the Eve of the Spanish Conquest.* Stanford: Stanford University Press.

Spengler, Joseph 1971: *Indian Economic Thought: A Preface to Its History.* Durham, N.C.: Duke University Press. 1974: *Population Change, Modernization, and Welfare.* Englewood Cliffs, N.J.: Prentice-Hall.

Spooner, Brian (Herausg.) 1972: *Population Growth: Anthropological Implications.* Cambridge: M.I.T. Press.

Sprague, G. F. 1975: »Agriculture in China.« Science 188: 549–55.

Steinhart, J. und C. Steinhart 1974: »Energy Use in the U.S. Food System.« Science 184: 307–15.

Stevenson, Robert 1968: *Population and Political Systems in Tropical Africa.* New York: Columbia University Press.

Stewart, Julian 1955: *Theory of Culture Change.* Urbana: University of Illinois.

Sweet, Louise 1967: »The Women of ›Ain and Dayr‹.« Anthropological Quarterly 40.

Tannahill, Reay 1975: *Flesh and Blood: A History of the Cannibal Complex.* New York: Stein & Day.

Taylor, C. M. und O. F. Pye 1966: *Foundations of Nutrition,* 6. Aufl. New York: Macmillan.

de Tápia, Andrés 1971: »Relación Hecha por el Señor Andrés de Tápia sobre la Conquista de México.« In J. G. Icozbalceta (Herausg.), *Colección de Documentos para la Historia de México:* Nendeln/Liechtenstein: Kraus reprint, Bd. 2, S. 554–94.

Thapar, Romila 1966: *A History of India.* Baltimore: Penguin.

Thompson, J. E. 1954: *The Rise and Fall of Maya Civilization.* Norman: University of Oklahoma Press.

Thwaites, Reuben 1959: *The Jesuit Relations and Allied Documents.* Bd. 13. New York: (1637) Pageant Book Co.

Trexler, Richard 1973a: »Infanticide in Florence: New Sources and First Results.« History of Childhood Quarterly 1: 98–116. 1973b: »The Foundlings of Florence, 1395–1455.« History of Childhood Quarterly 1: 259–84.

Turner, B. L., II 1974: »Prehistoric Intensive Agriculture in the Maya Lowlands.« Science 185: 118–24.

Uberoi, J. P. Singh 1962: *Politics of the Kula Ring: An Analysis of the Findings of Bronislaw Malinowski.* Manchester: Manchester University Press.

Ucko, Peter und G. W. Dimbleby (Herausg.) 1969: *The Domestication and Exploitation of Plants and Animals.* Chicago: Aldine.

Ucko, Peter, G. W. Dimbleby und R. Tringham (Herausg.) 1972: *Man, Settlement and Urbanism.* London: Duckworth.

Ulmen, G. L. 1975: »Wittfogel's Science of Society.« Telos 24: 81–114.

Van Bath, B. H. 1963: *The Agrarian History of Western Europe:* A.D. *500–1850.* London: Edward Arnold.

Van Ginneken, J. K. 1974: »Prolonged Breastfeeding as a Birth-Spacing Method.« Studies in Family Planning 5: 201–08.

Varma, K. N. 1967: *Population Problem in the Ganges Valley.* Agra: Shiva Lal Agarwala.

Vayda, Andrew P. 1961: »Expansion and Warfare among Swidden Agriculturalists.« American Anthropologist 63: 346–58. 1971: »Phases of the Process of War and Peace Among the Marings of New Guinea.« Oceania 42: 1–24.

Vishnu-Mittre (im Druck): »The Archaeobotanical and Palynological Evidences for the Early Origin of Agriculture in South and Southeast Asia.« In M. Arnott (Herausg.), *Gastronomy: The Anthropology of Food and Food Habits.* Den Haag: Mouton.

Wade, Nicholas 1973: »The World Food Situation: Pessimism Comes Back Into Vogue.« Science 181: 634–38.

Wailes, Bernard 1972: »Plow and Population in Temperate Europe.« In Spooner (Herausg.), S. 154–79.

Wallerstein, Immanuel 1974: *The Modern World-System.* New York: Academic Press.

Walsh, Maurice und B. Scandalis 1975: »Institutionalized Forms of Intergenerational Male Aggression.« In Nettleship, Givens und Nettleship (Herausg.), S. 135–56.

Warner, W. Lloyd 1930: »Murngin Warfare.« Oceania 1: 457–94. 1937: *A Black Civilization.* New York: Harper & Bros.

Watt, Kenneth 1968: *Ecology and Resource Management: A Quantitative Approach.* New York: McGraw-Hill.

Weaver, Muriel 1972: *The Aztecs, Maya, and Their Predecessors.* New York: Seminar Press.

Webb, Malcolm 1975: »The Flag Follows Trade: An Essay on the Necessary Integration of Military and Commercial Factors in State Formation.« In Jeremy Sabloff und C. C. Lamberg Karlovsky (Herausg.), *Ancient Civilization and Trade.* Albuquerque: University of New Mexico Press.

Webster, David 1975: »Warfare and the Evolution of the State.« American Antiquity 40: 464–70.

Wedgwood, Camilla 1930: »Some Aspects of Warfare in Melanesia.« Oceania 1: 5–33.

White, Benjamin 1973: »Demand for Labor and Population Growth in Java.« Human Ecology I, 3: 217–36. 1975: »The Economic Importance of Children in a Javanese Village.« In Nag (Herausg.), S. 127–46.

Whythe, R. D. 1961: »Evolution of Land Use in Southwestern Asia.« In L. D. Stamp (Herausg.), *A History of Land Use in Arid Regions.* UNESCO Arid Zone Research 17: 14.

Wilkinson, Richard 1973: *Poverty and Progress: An Ecological Perspective on Economic Development.* New York: Praeger.

Willey, Gordon 1966: *An Introduction to American Archaeology,* Bd. 1. Englewood Cliffs, N.J.: Prentice-Hall.

Wittfogel, Karl A. 1931: *Wirtschaft und Gesellschaft Chinas.* Leipzig: C. L. Hirschfeld. 1957: *Oriental Despotism: A Comparative Study of Total Power.* New Haven: Yale University Press. 1970: *Agriculture: A Key to the Understanding of Chinese Society Past and Present.* Canberra: Australian National University Press. 1972: »The Hydraulic Approach to Pre-Spanish Mesoamerica.« In F. Johnson (Herausg.), S. 59–80.

Wolf, Eric 1966: *Peasants.* Englewood Cliffs, N.J.: Prentice-Hall.

Wood, Corinne 1975: »New Evidence for the Late Introduction of Malaria into the New World.« Current Anthropology 16: 93–104.

Woodbury, Richard und J. Neely 1972: »Water Control Systems of the Tehuacan Valley.« In F. Johnson (Herausg.), S. 81–153.

Wright, Quincy 1965: *A Study of War.* Chicago: University of Chicago Press.

Wyon, John und J. Gordon 1971: *The Khanna Study: Population Problems in the Rural Punjab.* Cambridge: Harvard University Press.

Yerkes, Royden 1952: *Sacrifice in Greek and Roman Religions and Early Judaism.* New York: Scribners.

Young, Cuyler 1972: »Population Densities and Early Mesopotamian Origins.« In Ucko, Dimbleby und Tringham (Herausg.).

Zeuner, Frederic 1963: *A History of Domesticated Animals.* New York: Harper & Row.

Zohary, Daniel und M. Hopf 1973: »Domestication of Pulses in the Old World.« Science 182: 887–94.

Register

»I am the Greatest!«

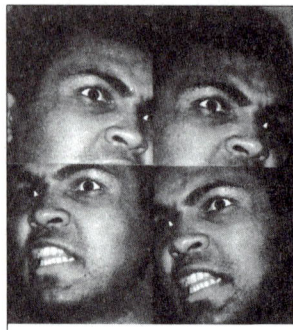

Jan Philipp Reemtsma
**MEHR ALS EIN
CHAMPION** Klett-Cotta
**ÜBER DEN STIL
DES BOXERS
MUHAMMAD ALI**

Jan Philipp Reemtsma:

Mehr als ein Champion

Über den Stil des
Boxers Muhammad Ali

179 Seiten, zahlreiche
Abbildungen, gebunden
ISBN 3-608-93374-3

Dieses Buch erzählt
vom Aufstieg, vom
Ruhm und Niedergang
des Muhammad Ali,
doch es ist keine Bio-
graphie. Eher ein gro-
ßer Essay über einen
Boxstil. Minutiös be-
schreibt Jan Philipp
Reemtsma die Choreo-
graphie der großen
Titelkämpfe. Und er
porträtiert auch die
Gegner Alis: Sonny
Liston, George Fore-
man, Ken Norton und
vor allem Joe Frazier,
den stärksten der ›big
punchers‹. Aufklärung
über einen Mythos; am
Ende wird deutlich,
was der Typus, den
Muhammad Ali reprä-
sentiert, zu tun hat mit
uns selbst.

Klett-Cotta

Natur und Umwelt

Frederic Vester:
**Neuland
des Denkens**
Vom technokratischen zum
kybernetischen Zeitalter

dtv

Frederic Vester:
**Unsere Welt
- ein vernetztes
System**

dtv

Maureen & Bridget
Boland:
**Was die Kräuter-
hexen sagen**
Ein magisches
Gartenbuch
dtv 10108

Jürgen Dahl:
**Nachrichten aus
dem Garten**
Praktisches, Nach-
denkliches und
Widersetzliches
aus einem Garten
für alle Gärten
dtv/Klett-Cotta
30077

Zeit im Garten
Zwölf Gänge durch
den Garten am
Lindenhof und
anderswo
dtv 30391

Dieter Heinrich /
Manfred Hergt:
**dtv-Atlas
zur Ökologie**
Mit 116 Farbtafeln
dtv 3228

Henry Hobhouse:
**Fünf Pflanzen ver-
ändern die Welt**
Chinarinde, Zucker,
Tee, Baumwolle,
Kartoffel
dtv / Klett-Cotta
30052

Edith Holden:
**Vom Glück, mit
der Natur zu leben**
Naturbeobachtungen
aus dem Jahre 1906
dtv 30049

**Die schöne Stimme
der Natur**
Naturerlebnisse aus
dem Jahre 1905
dtv 30027

Frederic Vester:
**Unsere Welt – ein
vernetztes System**
dtv 10118

**Neuland des
Denkens**
Vom techno-
kratischen zum
kybernetischen
Zeittafel
dtv 10220

**Ballungsgebiete in
der Krise**
Vom Verstehen und
Planen menschlicher
Lebensräume
dtv 30007

Alles hängt mit allem zusammen

Asit Datta:
**Welthandel
und
Welthunger**

Aktualisierte
Neuausgabe

dtv sachbuch

dtv 30372

Täglich sterben weltweit 36000 Kinder an Hunger,
die erschreckende Bilanz globalen Handelns,
an dem auch jeder einzelne beteiligt ist. Asit Datta
macht die Zusammenhänge von Kolonialismus,
Welthandel und Welthunger anhand vieler über-
zeugender Beispiele und Analysen begreifbar.

Carl Friedrich von Weizsäcker im dtv

Foto: Isolde Ohlbaum

Aufbau der Physik
Das Standardwerk über die Einheit der Physik und ihren philosophischen Sinn, also ihre Rolle bei unserem Bestreben, uns der Einheit der Wirklichkeit zu öffnen.
dtv 4632

Bewußtseinswandel
Die hier gesammelten Aufsätze behandeln die zentrale Thematik um Krise, Chancen und Zukunft der Menschheit.
dtv 11388

Deutlichkeit
Beiträge zu politischen und religiösen Gegenwartsfragen
dtv 1687

Die Einheit der Natur
Mit diesem längst zum Klassiker gewordenen Buch beleuchtet der Physiker und Philosoph die Grundfrage der modernen Wissenschaft: die Frage nach der Einheit der Natur und der Einheit der Naturerkenntnis.
dtv 4660

Wahrnehmung der Neuzeit
Aufsätze um die wesentlichen Fragen und Probleme unserer Zeit.
dtv 10498

Der Mensch in seiner Geschichte
Ein autobiographischer Rückblick, der Antworten auf die wichtigsten Fragen der modernen Naturwissenschaften und Philosophie gibt: Wer sind wir? Woher kommen wir? Wohin gehen wir?
dtv 30378

Zeit und Wissen
Was heißt Sein? Was heißt Wissen? Was heißt Zeit? In einem Rundgang durch die Naturwissenschaften, die Philosophie, Religion und Kunst werden die fundamentalen Positionen aufgezeigt und ihr Zusammenhang erläutert. So verbindet sich eine umfassende Weltsicht mit dem Entwurf einer zukünftigen Philosophie.
dtv 4643

Naturgeschehen
Naturerkenntnis
Naturwissenschaft

Schämen sollen sich die Menschen, die sich
gedankenlos der Wissenschaft und Technik
bedienen und nicht mehr davon geistig erfaßt
haben als die Kuh von der Botanik der
Pflanzen, die sie mit Wohlbehagen frißt.

Albert Einstein

Timothy Ferris:
**Das intelligente
Universum**
dtv 30479

Karl Grammer:
Signale der Liebe
Die biologischen
Gesetze der Partner-
schaft
dtv 30498

Philip Johnson
Laird:
**Der Computer im
Kopf**
dtv 30499

Was ist Zeit?
Zeit und Verant-
wortung in Wissen-
schaft, Technik und
Religion
Hrsg. von Kurt Weis
dtv 30525

Jeanne Ruber:
**Was Frauen und
Männer so
im Kopf haben**
dtv 30524 (März)

Paul Davies /
John Gribbin:
**Auf dem Weg zur
Weltformel**
Superstrings, Chaos,
Komplexität
Über den neuesten
Stand der Physik
dtv 30506

What's What?
Naturwissenschaft-
liche Plaudereien
Herausgegeben von
Don Glass
dtv 30511 (Dez.)

Jean Guitton/Grichka
u. Igor Bogdanov:
**Gott und die
Wissenschaft**
Auf dem Weg zum
Meta-Realismus
dtv 30516
(Januar)

Darwin lesen
Eine Auswahl aus
seinem Werk
Herausgegeben von
Mark Ridley
dtv 30519
(Februar)

Physik, Chemie, Mathematik, Astronomie

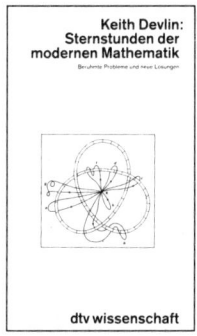

Keith Devlin:
Sternstunden der
modernen Mathematik
Berühmte Probleme und neue Lösungen

dtv wissenschaft

Arpad Szabó:
Das geozentrische
Weltbild
Astronomie, Geographie und Mathematik
der Griechen

dtv wissenschaft

WISSENSCHAFT

Hans Breuer:
dtv-Atlas zur Chemie
Band 1:
Allgemeine und
anorganische Chemie
Mit 117 Farbtafeln
dtv 3217
Band 2:
Organische Chemie
und Kunststoffe
Mit 89 Farbtafeln
dtv 3218

dtv-Atlas zur Physik

Band 1: Mechanik,
Akustik, Thermo-
dynamik, Optik
Mit 95 Farbtafeln
dtv 3226

Band 2:
Elektrizität, Magne-
tismus, Festkörper.
Moderne Physik
Mit 93 Farbtafeln
dtv 3227

Bernhard Bröcker:
dtv-Atlas zur
Atomphysik
Mit 116 Farbtafeln
dtv 3009

Keith Devlin:
Sternstunden der
modernen Mathematik
Berühmte Probleme
und neue Lösungen
dtv 4591

Hans-Joachim Flechtner:
Grundbegriffe der
Kybernetik
Eine Einführung
Mit 152 Abbildungen
dtv 4422

Joachim Herrmann:
dtv-Atlas zur
Astronomie
Mit 135 Farbtafeln
dtv 3006

Fritz Reinhardt /
Heinrich Soeder:
dtv-Atlas zur Mathematik
Band 1:
Grundlagen, Algebra
und Geometrie
Mit 118 Farbtafeln
dtv 3007
Band 2:
Analysis und
angewandte
Mathematik
Mit 104 Farbtafeln
dtv 3008

Arpad Szabó:
Das geozentrische
Weltbild.
Astronomie,
Geographie
und Mathematik
der Griechen
Mit zahlreichen
Abbildungen
dtv 4490

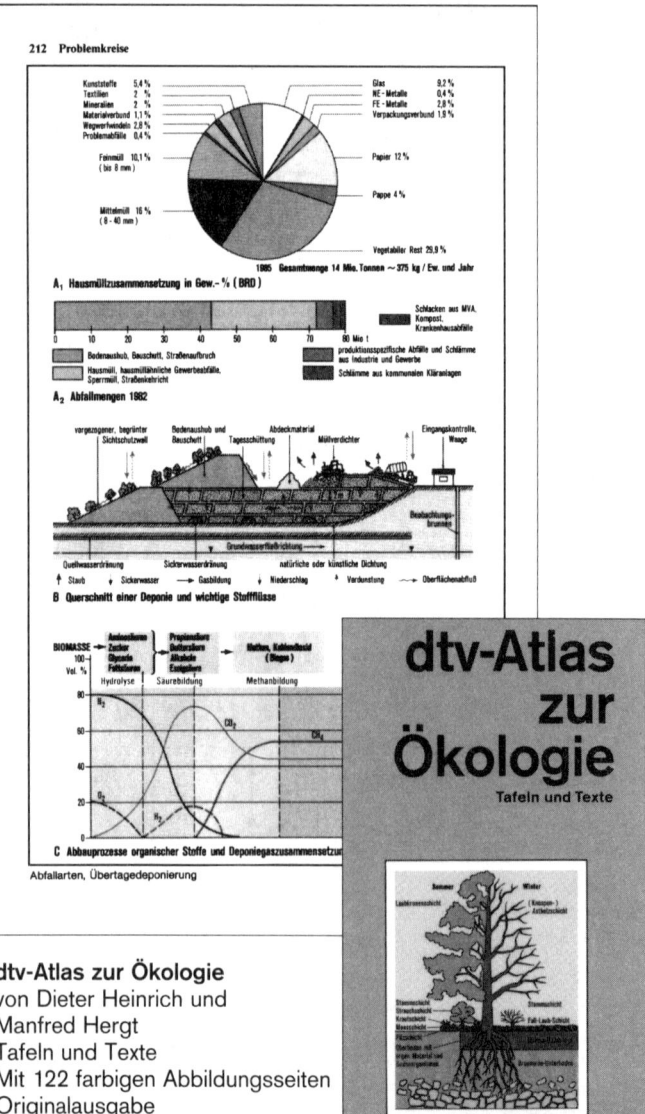

Konststoffe 5,4 %
Textilien 2 %
Mineralien 2 %
Materialverbund 1,1 %
Wegwerfwindeln 2,8 %
Problemabfälle 0,4 %

Glas 9,2 %
NE - Metalle 0,4 %
FE - Metalle 2,8 %
Verpackungsverbund 1,9 %

Feinmüll 10,1 %
(bis 8 mm)

Papier 12 %

Pappe 4 %

Mittelmüll 16 %
(8 - 40 mm)

Vegetabiler Rest 29,9 %

1985 Gesamtmenge 14 Mio. Tonnen ~ 375 kg / Ew. und Jahr

A₁ Hausmüllzusammensetzung in Gew.-% (BRD)

Schlacken aus MVA,
Kompost,
Krankenhausabfälle

0 10 20 30 40 50 60 70 80 Mio t

Bodenaushub, Bauschutt, Straßenaufbruch

Hausmüll, hausmüllähnliche Gewerbeabfälle,
Sperrmüll, Straßenkehricht

produktionsspezifische Abfälle und Schlämme
aus Industrie und Gewerbe

Schlämme aus kommunalen Kläranlagen

A₂ Abfallmengen 1982

vorgezogener, begrünter Sichtschutzwall
Bodenaushub und Bauschutt
Abdeckmaterial Tagesschüttung
Müllverdichter
Eingangskontrolle, Waage

Beobachtungsbrunnen

Grundwasserflußrichtung

Quellwasserdränung   Sickerwasserdränung   natürliche oder künstliche Dichtung

↑ Staub   ↓ Sickerwasser   → Gasbildung   ↓ Niederschlag   ↑ Verdunstung   → Oberflächenabfluß

B Querschnitt einer Deponie und wichtige Stoffflüsse

BIOMASSE
100
Vol. %

Hydrolyse   Säurebildung   Methanbildung

H_2

CO_2

CH_4

O_2

H_2

C Abbauprozesse organischer Stoffe und Deponiegaszusammensetzung

Abfallarten, Übertagedeponierung

**dtv-Atlas
zur
Ökologie**
Tafeln und Texte

dtv-Atlas zur Ökologie
von Dieter Heinrich und
Manfred Hergt
Tafeln und Texte
Mit 122 farbigen Abbildungsseiten
Originalausgabe
dtv 3228

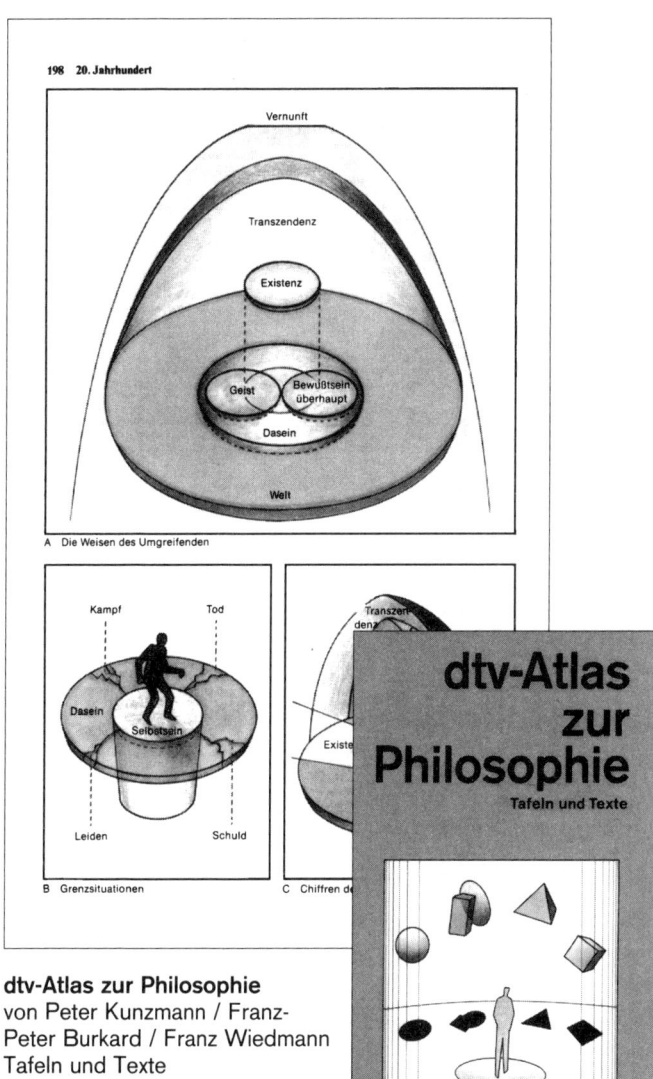

A Die Weisen des Umgreifenden

B Grenzsituationen

C Chiffren d

dtv-Atlas zur Philosophie
von Peter Kunzmann / Franz-
Peter Burkard / Franz Wiedmann
Tafeln und Texte
Mit 111 farbigen Abbildungsseiten
Originalausgabe
dtv 3229

dtv-Atlas
zur
Philosophie

Tafeln und Texte

Überfluß oder Mangel an Gütern hängen von der Produktivität der Arbeit ab

Adam Smith
Der Wohlstand der
Nationen

dtv klassik

dtv 2208

»Niemand sollte eigentlich über wirtschaftliche und politische Grundzusammenhänge mit Sachverstand urteilen oder die ökonomische Wissenschaft studieren, in ihr forschen oder gar darüber lehren wollen, ohne den ›Wohlstand der Nationen‹ zu kennen.«